Sabine Adler
Die Ukraine und wir

Sabine Adler

Die Ukraine und wir

Deutschlands Versagen
und die Lehren für die Zukunft

Ch.Links VERLAG

Auch als **e book** erhältlich

Die Deutsche Nationalbibliothek verzeichnet diese Publikation
in der Deutschen Nationalbibliografie; detaillierte bibliografische
Angaben sind im Internet über www.dnb.de abrufbar.

Ch. Links Verlag ist eine Marke der Aufbau Verlage GmbH & Co. KG

© Aufbau Verlage GmbH & Co. KG, Berlin 2022
www.christoph-links-verlag.de
Prinzenstraße 85, 10969 Berlin
Umschlaggestaltung: zero-media.net, München,
Foto © Natascha Zivadinovic
Satz: Nadja Caspar, Ch. Links Verlag
Druck und Bindung: Druckerei F. Pustet, Regensburg
Gedruckt auf säurefreiem, chlorfrei gebleichtem Papier

ISBN 978-3-96289-180-0

Inhalt

Vorwort

Den Krieg in der Ukraine hat niemand vorhergesehen, zumindest nicht in dem Ausmaß, nicht in der Brutalität. Dass Russlands Präsident Wladimir Putin erneut Truppen in das westliche Nachbarland einmarschieren lassen würde, war jedoch anzunehmen. Immer mehr russische Soldaten wurden zu Manövern an die Grenze geschickt und danach entgegen internationaler Verpflichtungen nicht wieder abgezogen. Moskau gab sich nicht einmal die Mühe, so zu tun, als ob.

Am 24. Februar 2022 begann die russische Invasion in die Ukraine als Überfall von drei Seiten.

Die USA hatten die Öffentlichkeit Monate im Voraus detailliert gewarnt. Die Bundesregierung versuchte nach Kräften, gemeinsam mit der Europäischen Union und den USA Wladimir Putin von seinem immer aggressiver werdenden Kurs gegenüber der Ukraine und der NATO abzubringen. Aber auf die unmittelbare Not der Ukraine und auf die Bitte, ihr sofort zu helfen, reagierte Deutschland spät und anhaltend zögerlich.

Wie konnte es zu dieser Eskalation kommen? Was haben wir übersehen? Welche Fehler wurden in Deutschland und in der Europäischen Union gemacht? Diese Fragen werden seit Beginn des Krieges in der Öffentlichkeit heftig diskutiert und stehen im Zentrum dieses Buchs. Für die Beantwortung reicht es nicht, nur auf die aktuelle Situation zu schauen. Dafür muss auch in die Geschichte zurückgeblickt werden. Nicht nur bis 2014, als Putin die Krim okkupiert und den Krieg in der Ostukraine angeheizt hat, nicht nur bis 2013, als die Ukraine das

EU-Assoziierungsabkommen nicht unterzeichnete, oder bis 2008, als der Ukraine und Georgien der NATO-Beitritt verwehrt wurde. Und selbst über 2005 hinaus, das Jahr, in dem der Geradenoch-Bundeskanzler Gerhard Schröder mit Wladimir Putin das erste Nord-Stream-Projekt auf den Weg gebracht hat, muss Rückschau gehalten werden: bis zu den Tschetschenienkriegen, bis zum Zerfall der Sowjetunion, von der eben nicht nur Russland übriggeblieben ist, und selbstverständlich bis zum Zweiten Weltkrieg, aus dem sich Deutschlands Verantwortung für die Ukraine in ganz besonderer Weise ergibt. Sie ist bis heute nicht vollumfänglich wahrgenommen worden.

Die Entwicklung der vergangenen 25 Jahre habe ich als Korrespondentin sowohl von Russland als auch von der Ukraine sowie von Berlin aus beobachtet. Dieser regelmäßige Perspektivwechsel zwischen Deutschland und Osteuropa hat meine Wahrnehmung unseres Verhältnisses zu der bedrängten Ukraine geprägt. Auch davon wird in diesem Buch die Rede sein.

Sabine Adler, Berlin im Juni 2022

Das Trauerspiel

... beginnt mit einem Witz, bei dem einem das Lachen im Hals steckenbleibt. Fast ein Jahr lang wird die Welt Zeuge eines gigantischen russischen Truppenaufmarsches entlang der ukrainischen Grenze. Im Januar 2022 stehen dort mindestens 130 000 bis an die Zähne bewaffnete Soldaten. Angesichts dieser Bedrohung wird die Bitte der Ukrainer um deutsche Waffen lauter und dringlicher. Am 19. Januar fragt die Regierung in Kiew erneut nach und wird präzise: Kann Deutschland mit Helmen und Schutzwesten helfen? Später erweitert der ukrainische Botschafter in Berlin Andrij Melnyk die Liste um Kriegsschiffe und Luftabwehrsysteme. In der Hauptstadt stellt man sich taub.

Die Ohren stehen schon seit 2014 auf Durchzug. Nur bei Einzelnen, sehr wenigen, kommen die Hilferufe an. Robert Habeck zeigt sich offen. Im Mai 2021 – noch vor dem Bundestagswahlkampf – war er an der Front in der Ostukraine. Dort nimmt der grüne Realo nicht nur den Krieg, der seit sieben Jahren nicht enden will, in Augenschein, sondern hört auch die Nöte der ukrainischen Bevölkerung an der Demarkationslinie zu den Separatistengebieten. Noch auf der Reise macht er sich stark für die Menschen, die um Unterstützung für ihre Verteidigung gegen die prorussischen Besatzer bitten. »Waffen zur Verteidigung, zur Selbstverteidigung, kann man meiner Ansicht nach der Ukraine schwer verwehren«, sagte er dem Deutschlandfunk. »Die Ukraine fühlt sich sicherheitspolitisch alleingelassen, und sie ist alleingelassen.«

In Deutschland wird er dafür mit Schimpf und Schande empfangen. Die damals CDU-geführte Bundesregierung verweist auf den Grundsatz, keine Waffen in Krisengebiete zu liefern. Eine politische Linie, die auch Habecks Co-Vorsitzende bei den Grünen vertritt. Anders als der Ex-Parteichef Jürgen Trittin distanziert sich Annalena Baerbock zwar nicht offen, aber doch vernehmlich genug von Habeck: »Das steht auch in unserem Programm, und das sehen wir als Parteivorsitzende beide so.« Habeck lenkt der Kanzlerkandidatin Baerbock zuliebe ein.

Im Unterschied zu dem Grünen plagen den damaligen SPD-Fraktionsvize Sören Bartol keine Zweifel. Anders als Habeck hat er die Ukraine noch nie besucht, genauso wenig wie die allermeisten Bundestagsabgeordneten, nicht vor und nicht nach der Annexion der Krim, nicht während der Kämpfe im Osten, nicht seit Russlands Einmarsch. Bei Habeck sehe man, wohin solch eine Reise führe: »Habeck besucht die Ukraine und schon kündigt er den Konsens auf. Das ist naiv.« Deutschland sei gut beraten, auf Diplomatie zu setzen.

Berlins ehemaliger Regierender Bürgermeister Michael Müller von der SPD warnt am 21. April 2022 in der *Berliner Zeitung* ebenfalls vor Ukraine-Reisen. Nicht, weil dort Krieg herrscht und es zu gefährlich wäre, sondern weil Anton Hofreiter (Bündnis 90/Die Grünen), Agnes-Marie Strack-Zimmermann (FDP) und Michael Roth (SPD) voller Emotionen und mit Forderungen in Richtung Bundesregierung zurückgekommen seien, was nun wirklich nicht hilfreich sei. Strack-Zimmermann, die als weitaus fähigere Verteidigungsministerin gilt, als es Müllers Parteifreundin Christine Lambrecht ist, redet daraufhin im *Tagesspiegel* Klartext: »Gerne biete ich dem Neu-Sicherheitsexperten Michael Müller an, Emotionen zu entwickeln, um zu verstehen, dass ein brutaler Angriffskrieg Russlands gegen die Ukraine nichts ist, was uns kaltlassen kann.«

Die Linken-Abgeordnete Sevim Dagdelen empört Habecks

Empathie mit den Ukrainern, die seit sieben Jahren die Okkupanten im Osten ihres Landes, wenn schon nicht verdrängen, so doch an einem weiteren Vormarsch hindern wollen. »Wer von Russlandhass verblendet die ultrarechten Milizen in der Ukraine ignoriert und behauptet, das Land verteidige die Sicherheit Europas und müsse daher aufgerüstet werden, ist eine reale Gefahr für die Sicherheit in Deutschland und Europa.« Nicht von Russland, sondern von Habeck, Strack-Zimmermann, Roth, Hofreiter, kurz von jenen, die der Ukraine bei der Verteidigung gegen den Aggressor helfen wollen, geht für Die Linke die eigentliche Sicherheitsgefahr aus. Dagdelen ist nicht die Einzige, die es lieber sähe, wenn sich die Ukrainer Putin opferten, in der Hoffnung, dass sein Appetit dann gestillt wäre. Sie verkaufen das als Friedenslösung und verweisen zudem auf Deutschlands historische Verantwortung. Daria Kaleniuk kann es nicht mehr hören. Die junge Ukrainerin, die das Kiewer Anti-Corruption Action Center leitet, bringt es auf die Palme, dass sich Deutschland wegen seiner Täterrolle im Zweiten Weltkrieg bei der militärischen Zusammenarbeit zurückhält, sie findet, dass das »eine der dümmsten Aussagen ist, die je gemacht wurden«. Auf Twitter fragt sie bereits im Januar 2022: »Deutschlands Geschichte hat schon einmal Millionen Ukrainer ums Leben gebracht, und jetzt sollen wegen Deutschlands Geschichte weitere sterben?«

Im Auswärtigen Amt liegt derweil Kiews Liste mit den benötigten Waffen, Helmen und Schutzwesten, doch das Ministerium schweigt. Schließlich setzt die Verteidigungsministerin ein »ganz deutliches Signal«. Christine Lambrecht verkündet am 26. Januar, dass die Ukraine 5000 Helme bekommt. Präsident Selenskyj traut seinen Ohren nicht, ringt um Fassung. Vitali Klitschko poltert los: »Ein absoluter Witz!« Der Bürgermeister der ukrainischen Hauptstadt spricht aus, was man nicht nur in Kiew denkt: »Was will Deutschland als Nächstes zur Unterstützung schicken? Kopfkissen?«

Während in Deutschland weiter über Waffenhilfe diskutiert wird, tauchen kontinuierlich mehr bewaffnete russische Soldaten an der ukrainischen Grenze auf. Inzwischen wird das Land von drei Seiten bedroht. Von Osten, wo sich die russischen Truppen nach Manövern und entgegen mehrfacher Ankündigung nie wirklich zurückgezogen haben. Von Süden, wo die Halbinsel Krim seit der russischen Annexion 2014 zu einem Militärstützpunkt hochgerüstet wurde. Und selbst im Norden steht russisches Militär, in einem fremden Land, in Belarus. Dort hält sich der Wahlbetrüger Alexander Lukaschenko nur noch mit Hilfe von Wladimir Putin an der Macht, dem er im Gegenzug sein Land als Aufmarschgebiet zu Füßen gelegt hat. Rund 200 Kilometer bis Kiew sind ein Katzensprung. Die Motoren laufen schon, zunächst für ein belarussisch-russisches Manöver. Parallel beginnen am 4. Februar in Peking die Olympischen Winterspiele. Putin verspricht Xi Jingping, sie nicht mit einem Krieg zu überschatten. Auch bei den Spielen in Sotschi 2014 schickte er seine »grünen Männchen« – Spezialkräfte der russischen Streitkräfte in grünen Uniformen ohne Hoheitszeichen – erst einen Tag nach der Abschlussfeier auf die Krim. Der Countdown läuft.

Polen, Lettland, Litauen und Estland liefern zu diesem Zeitpunkt längst Waffen in das bedrohte Land. Tallin hätte sogar schon im Dezember 2021 damit angefangen. Die Balten wollten der Ukraine neun Haubitzen schenken. Aber weil die aus NVA-Beständen stammen, mussten die Esten erst Berlin um Erlaubnis bitten, denn das deutsche Rüstungsrecht schreibt eine Endverbleibserklärung vor. Wer Waffen in Deutschland kauft und dann weitergibt, muss sagen, an wen, und dafür die Genehmigung abwarten. Berlins Beamte lassen sich Zeit. Mitte Februar 2022, als die drei baltischen Regierungschefs den neuen Kanzler Olaf Scholz in Berlin besuchen, bekommt die estnische Kollegin Kaja Kallas immer noch keine Antwort, ob sie die alten, sehr einfach konstruierten Geschütze nun nach Kiew schicken darf oder nicht. 218 Stück hatte die Bundesrepublik 1992 an Finnland verkauft, 42 der Haubitzen übernahmen 2009 die Esten, die nun exakt neun davon weitergeben wollen. Möglichst schnell. Die neue Bundesregierung steht auf der Bremse und agiert wie die alte in der Coronakrise: vor allem bürokratisch. Von Führung keine Spur.

Deutschland wird zur internationalen Lachnummer, erst die Helme, dann die Haubitzen. Das ukrainische Haus droht in Flammen aufzugehen, doch Deutschland reicht die Wasserflasche, statt die Feuerwehr zu holen. Die Ampelkoalition macht sich mit einem verhängnisvollen Fehlstart in der Welt bekannt, zu dem anfangs auch Annalena Baerbock beiträgt. Am 7. Februar erklärt die Außenministerin bei ihrem Besuch in Kiew einmal mehr, dass es aus Deutschland keine Waffenlieferungen geben werde. Sie grenzt sich damit erneut von Robert Habeck ab. Eine massive Aufrüstung der Ukraine durch Berlin würde die russische Seite als Provokation deuten und Krieg wahrscheinlicher machen. Eine militärische Hilfe könne auch die Rolle Deutschlands als Vermittler beschädigen. Was jedoch kaum noch möglich ist, denn die Reputation auf der Weltbühne ist bereits nachhaltig ramponiert. Der deutsche Autoritätsverlust bedeutet weit mehr als nur ein Imageproblem. Der Auftritt als internationaler Schlichter, den sich Berlin nicht zuletzt wegen des angeblich so guten Drahts zu Moskau wünscht, ist zu Ende, bevor er überhaupt richtig begonnen hat. Später – der Krieg in der Ukraine dauert mittlerweile schon fast zwei Monate – kommt es noch schlimmer.

Frank-Walter Steinmeier wird ausgeladen, als er sich Mitte April spontan einer Reise des polnischen Amtskollegen Andrzej Duda von Warschau aus in die ukrainische Hauptstadt anschließen möchte. Das deutsche Staatsoberhaupt ist zu diesem Zeitpunkt in Kiew ein unerwünschter Gast. Ein Skandal, ein Affront.

Hatte sich der Bundespräsident nach dem Überfall Russlands doch eindeutig auf die Seite der Ukraine gestellt und später eigene Fehler in der Russlandpolitik eingeräumt. Bei den Deutschen scheint er damit durchzukommen. Obwohl Bundespräsidenten schon aus sehr viel nichtigeren Anlässen das Schloss Bellevue räumen mussten. Die Ukrainer machen es Steinmeier nicht so leicht. Für sie ist er das Gesicht der deutschen Appeasement-Politik mit Moskau schlechthin. Zudem hat sich kein Politiker so dauerhaft und unbeirrt für die Energieabhängigkeit von Russland eingesetzt, gegen alle Warnungen. Steinmeier ist nun angezählt.

Auf Kanzler Olaf Scholz wartet Wolodymyr Selenskyj indes. Vor lauter Rücksichtnahme auf die Russland-Versteher in seiner Partei lässt der Sozialdemokrat aber wertvolle Zeit verstreichen, die die Ukraine nicht hat. Scholz versucht sich erst einmal in Krisendiplomatie und reist Mitte Februar nach Moskau an Putins weißen Tisch. Über die sechs Meter lange Marmorplatte hinweg kann er sich mit dem russischen Präsidenten nur über ein Headset verständigen. Seit der Covid-Pandemie begibt sich Wladimir Putin höchst ungern unter Menschen und wenn er es tut, hält er übertrieben große Distanz. Die russische Jugend nennt ihn deswegen den »Opa im Bunker«. Weder der französische Präsident Emmanuel Macron, der schon vor Scholz im Kreml war, noch der israelische Premier Naftali Bennet, der nach ihm kommen wird, dringen zu Putin durch. Der Deutsche auch deshalb nicht, weil er drei Worte in Moskau nicht in den Mund nimmt: Nord – Stream – Zwei. Ein rechtzeitiges Aus für die zweite Gaspipeline von Russland nach Deutschland hätte den Herrscher im Kreml vielleicht aufhorchen lassen. Aber es kam nicht. Nicht nach der Krim-Annexion, nicht zu Beginn des Krieges in der Ostukraine, nicht nach dem Abschuss des Passagierflugzeuges MH 17, nicht nach der Nowitschok-Vergiftung von Alexej Nawalny. Kein noch so ungeheuerliches Vergehen war für Bundeskanzlerin Angela

Merkel Anlass genug, die Reißleine zu ziehen, und ihr Nachfolger hält bislang fest an diesem Kurs.

Putins Antennen bleiben deshalb weiter auf Senden statt auf Empfang geschaltet. Er folgt nur einer Agenda, nämlich seiner. Die in rascher Folge wechselnden Gesprächspartner lässt er teilhaben an seinen Erkenntnissen aus einer Vielzahl von Geschichtsbüchern über das zaristische Russland und die kommunistische Sowjetunion, die er während der Corona-Selbstisolation gelesen hat. Beiden Imperien, die es in der einen wie anderen Ausdehnung nicht mehr gibt, trauert er nicht nur nach, er will Russland schon seit geraumer Zeit nach ihrem Vorbild restaurieren. Ohne die Ukraine ist das unmöglich. Das Nachbarland wird Putins Obsession, vor allem, als er 2013 seinen wichtigsten Mann in Kiew verliert: Viktor Janukowitsch, den Moskau treu ergebenen Präsidenten.

Von Deutschland wird die Ukraine, obwohl sie das zweitgrößte Land Europas ist, jahrelang übersehen. Erst als der Krieg an die EU-Grenze heranrückt, als Millionen ukrainischer Frauen und Kinder nach Polen, Deutschland und in andere EU-Länder fliehen, während ihre Männer die Heimat verteidigen, wird die Ukraine endlich wahrgenommen. Anders als die Politik verstehen die Bürgerinnen und Bürger in Deutschland umgehend, dass sie helfen müssen. Sie werden mit einer enormen Einsatzbereitschaft aktiv. Viele holen Kriegsflüchtlinge direkt an der ukrainisch-polnischen Grenze ab, bringen sie in ihren PKWs in Unterkünfte oder helfen auf Bahnhöfen, den Ankommenden die Orientierung zu erleichtern. Die Menschen spenden so viel Geld wie nie zuvor. Selten haben Wahlvolk und Politik so unterschiedlich auf eine neue Herausforderung reagiert. Die einen tun, was sie können, die anderen könnten mehr tun.

Tschetschenien als Blaupause für die Ukraine

Wenn es eine Weltmeisterschaft der Putin-Versteher gäbe, kämen die Sieger ziemlich oft aus Deutschland. Manchmal würde das Rennen vielleicht etwas knapper ausgehen, weil Victor Orbán aus Ungarn, Aleksandar Vučić aus Serbien oder Recep Tayyip Erdoğan aus der Türkei aufgeholt haben. Aber im Jahr 2001 und danach noch etliche Male hätte als Gewinner ganz klar Gerhard Schröder oben auf dem Treppchen gestanden. Schröder war und ist unangefochten, weil kein anderer ausländischer Regierungschef Wladimir Putin seinen Freund nennen kann. Jedoch, so eine Freundschaft will auch erarbeitet sein.

2001 hat Schröder den russischen Präsidenten nicht einfach nur nach Berlin eingeladen wie im Jahr zuvor, diesmal soll der Gast aus Moskau im Bundestag sprechen. Als Putin am 25. September an das Rednerpult tritt, ist er 48 Jahre alt und hat die längste Zeit seines Lebens im KGB verbracht. Er sieht anders aus als heute, deutlich schmaler, fast schmächtig. Zwei Wochen vor seiner Reise nach Berlin haben islamistische Terroristen die USA angegriffen und Passagierflugzeuge in die beiden Türme des World Trade Centers von New York sowie in das Pentagon in Washington gelenkt und wohl ein viertes über Pennsylvania abstürzen lassen. Als erstes ausländisches Staatsoberhaupt hat Putin mit seinem US-Amtskollegen George Bush telefoniert und ihm die Zusammenarbeit im Kampf gegen den Terrorismus angeboten. Eine beeindruckende Geste, die in den unterkühlten russisch-amerikanischen Beziehungen eine Wende einzuleiten scheint. Putin steht jetzt an vorderster Front mit den USA, an der Seite von Präsident Bush, um gemeinsam gegen den Terrorismus zu kämpfen. Eine Front, die nach seiner Darstellung auch längst durch den Nordkaukasus, durch Tschetschenien, verläuft, wo Russland mit aller Härte Krieg gegen Islamisten führt. Nach der Solidaritätserklärung gegenüber den USA verstummt die Kritik aus den westlichen Hauptstädten an den zahlreichen Menschenrechtsverletzungen Russlands in diesem Kampf.

Die Rede im Bundestag beginnt der Russe in seiner Muttersprache, wechselt aber gleich ins Deutsche. Nun können alle hören, wie gut er die Sprache des Landes beherrscht, in dem er jahrelang gelebt hat. Er spricht vom Ende des Kalten Krieges, wofür er stehende Ovationen bekommt. Einzig die CDU-Vorsitzende Angela Merkel raunt ihrem Sitznachbarn im Bundestag zu: »Wir haben es der Stasi zu verdanken, dass er Deutsch kann.«

Während die Berliner Politiker Putin begeistert applaudieren, kämpfen seine Truppen gegen die Bevölkerung in Tschetschenien. Der Redner hat den Krieg erwähnt: Er sei die Antwort auf den Versuch, im Kaukasus ein Kalifat zu gründen. Doch die Methoden, den Islamisten das Handwerk zu legen, sind seit zwei Jahren extrem fragwürdig. Moskaus Soldaten verüben Verbrechen an der Zivilbevölkerung. Männer, deren Hände mit Stacheldraht gefesselt sind, werden in tschetschenischen Massengräbern gefunden, so wie 2022 in Butscha bei Kiew. In Grosny wird 1999 eine Geburtsklinik beschossen, dabei sterben 27 Mütter und Neugeborene, in Mariupol wiederholt sich ein ähnlicher Angriff 2022. Wer sich im Oktober 1999 noch in der tschetschenischen Hauptstadt aufhält, wird als Terrorist betrachtet. 20 Jahre später werden Ukrainer von Putin als Neonazis oder Faschisten bezeichnet. Den Tschetschenienkrieg im Jahr 2001 als Kampf gegen den internationalen Terrorismus zu verkaufen, ist Putins ganz eigene Wahrheit. Er schafft es, dass die Verbrechen an der Zivilbevölkerung aus der Tagespolitik verschwinden.

Tschetschenien könnte eine Blaupause für die Ukraine sein: Erst wird eine Region in Schutt und Asche gelegt, dann die Zivilbevölkerung durch Massaker weiter dezimiert und massiv eingeschüchtert und schließlich per Gewaltherrschaft unter Moskaus Knute gezwungen. Nach der kleinen Kaukasus-Republik hat sich Putin jetzt mit der Ukraine ein ungleich anspruchsvolleres Ziel gestellt, aber dem Mann im Kreml ist der Bezug zur Realität längst abhandengekommen. Er wird nicht freiwillig an den Verhandlungstisch zurückkehren, sondern nur, wenn eine Niederlage droht, seine Rechnung nicht aufgeht.

Für Bundeskanzler Gerhard Schröder, der Russland 1999 noch für die Gewalt in Tschetschenien kritisierte, ist sie 2001 längst kein Thema mehr. Schon ein halbes Jahr vor dem 11. September hat er mit Wladimir Putin den Petersburger Dialog ins Leben gerufen. Die beiden stehen sich nah, das gleiche Macho-Gehabe, die ähnliche Herkunft aus armer Familie. Das angeblich zivilgesellschaftliche Forum wird mit den deutsch-russischen Regierungskonsultationen verknüpft. Die Anwesenheit von Kanzler – später Kanzlerin – und russischem Präsidenten gilt den Organisatoren als maximale Aufwertung des Dialogs. Doch die Medien stören dabei, von Anfang an. Bereits bei der Gründungsveranstaltung im April 2001 in der Universität von Sankt Petersburg herrscht Peter Boenisch, Ex-Regierungssprecher von Helmut Kohl und nun Vorsitzender des Lenkungsausschusses, deutsche Journalistinnen und Journalisten an, dass man solche wie sie hier nicht brauchen würde. Die Berichterstattung mit ihren Negativschlagzeilen über den Krieg im Kaukasus würde nur die Stimmung verderben. Eine Kampfansage von oberster – deutscher! – Stelle. Von Stund an gelten sowohl Reporterinnen und Reporter wie auch NGOs, die ähnlich brüsk empfangen werden, als Störenfriede.

Die Wirtschaftsvertreter betrachten den Petersburger Dialog eher als einen Honoratiorenklub denn als Plattform für zivilgesellschaftlichen Austausch, als die das Gremium der Öffentlichkeit verkauft werden soll. Wer sich sein Interesse an Russland nicht mit Sponsorengeldern bezahlen lässt, wem es tatsächlich um einen offenen Meinungsaustausch geht, hat in den Augen derer den eigentlichen Zweck nicht verstanden und ist hier fehl am Platz. Da die deutsche Wirtschaft den Verein teilweise finanziert, gehört er ihr. So lautet, salopp gesagt, das Motto. Eine Visitenkarte als Mitglied des Petersburger Dialogs öffnet bei Moskauer Unternehmen viele Türen. Und natürlich will sich niemand dabei beobachten lassen, wie flugs Demokratie- und Freiheitsverständnis unter den Tisch fallen, wenn man Kontakte machen kann. Klar, dass Menschenrechtler und Medien da im Weg sind. Entsprechend feindselig werden sie behandelt. Die russische Seite macht es sich noch einfacher, sie lädt anfangs fast keine, später überhaupt keine Kremlkritiker mehr ein.

Wladimir Putin ist zu diesem Zeitpunkt seit knapp einem Jahr Präsident der Russischen Föderation. Vorher war er für ein paar Monate Ministerpräsident, ein Amt, das Präsident Boris Jelzin ihm im August 1999 anträgt, weil niemand sonst den maroden russischen Staat mehr führen will. Jelzin zieht von 1994 bis 1996 in den ersten Tschetschenienkrieg. Den zweiten Krieg in der Kaukasusrepublik bekommt Putin zum neuen Posten gratis dazu. Er ist, trotz Vergangenheit als Sicherheitsratschef und Direktor des Inlandsgeheimdienstes FSB, völlig unbekannt im eigenen Land. Russland befindet sich in einer Rubelkrise, der Ölpreis ist so niedrig, dass sich die Förderung als teurer als der Verkauf der Brennstoffe erweist. Im Kaukasus herrscht trotz des ersten Krieges noch immer keine Ruhe. Ganz im Gegenteil. Schon wieder wird gekämpft. Dieses Mal wollen ausländische Islamisten mit Tschetschenen und Dagestanern einen Islamischen Staat errichten. Alle infrage kommenden Politiker hatten nur abgewinkt, als Jelzin ihnen den Posten antrug. Putin griff zu. Für den scheidenden Präsidenten ist er vor allem deshalb der Richtige, weil er ohne viel Federlesens bereit ist, Jelzin eine lebenslange Immunität vor Strafverfolgung zuzusichern.

»Who is Mr. Putin?«, fragt 1999 alle Welt. Doch bald kennt man die Antwort. Anfang September explodieren in Moskau, Buinaksk und Wolgodonsk Wohnhäuser. Es sind Attentate, bei denen über 300 Menschen sterben, und die die russischen Sicherheitsbehörden tschetschenischen Terroristen zuschreiben. Ein Vorwurf, der nie gerichtlich belegt wird. Gerüchte halten sich hartnäckig, dass der russische Geheimdienst die Häuser in die Luft gesprengt hat, um einen neuen Vorwand für einen weiteren Tschetschenienkrieg zu bekommen. Duma-Abgeordnete und Journalisten, die diese Spur verfolgen, werden getötet. Der Ex-Agent Putin setzt sich in Szene. Russen und Russinnen sollen verstehen, dass er der Gegenentwurf ist zu dem amtierenden Staatsoberhaupt mit seinen Herz- und Alkoholproblemen. Um Stärke und Entschlossenheit zu demonstrieren, stößt Putin am 23. September 1999 in einer Fernsehansprache an die Nation eine Drohung aus: »Wir werden die Terroristen überall hin verfolgen. Ob wir sie nun in Flughäfen oder – entschuldigen Sie – in Toiletten zu fassen kriegen. Dann werden wir sie eben dort kaltmachen!« So mancher Zuschauer wird den eiskalten Blick aus dem vor Wut verzerrten Gesicht des Premiers nicht mehr vergessen und erkennt ihn bei den späteren Hassreden gegen die Ukraine wieder.

Die Ukrainer erleben gegenwärtig die gleiche Unbarmherzigkeit Putins wie zuvor die Tschetschenen, die noch dazu Bürgerinnen und Bürger seines eigenen Landes sind. An Tschetschenien hatten sich schon die Zaren die Zähne ausgebissen. Mit Gewalt zwingt der Ex-KGB-Spion das kleine aufmüpfige Volk im Kaukasus in die Knie. Erst nach zehn Jahren wird die »Antiterroroperation« beendet. Geführt wird sie von Alexander

Dwornikow. Auf diesen für seine Brutalität bekannten General verlässt sich Putin später auch in Syrien und in der Ukraine. Vieles hinsichtlich der Kriegsführung wiederholt sich. Die tschetschenische Hauptstadt Grosny wird völlig zerbombt, wie 2015 das syrische Aleppo und 2022 Mariupol, wo tschetschenische Spezialkräfte zum Einsatz kommen.

Es sind »Kadyrowzy«, Truppen von Ramsan Kadyrow, dem Putin die Kontrolle der abgestraften Rebellenrepublik anvertraut hat. Kadyrow genießt im Kreml Narrenfreiheit, er ist Putins Mann fürs Grobe. Er lässt Journalistinnen und Politiker erschießen, so wie 2006 Anna Politkowskaja, 2009 Natalja Estemirowa und 2015 Boris Nemzow. Abtrünnige Tschetschenen werden in Österreich und auch in Deutschland hingerichtet. Selimchan Changoschwili wird 2019 beim sogenannten Tiergartenmord in Berlin erschossen. Ermittlungen im In- und Ausland führen direkt oder indirekt nach Tschetschenien und damit zum Oberhaupt der russischen Teilrepublik, so im Fall des Mords an dem russischen Oppositionspolitiker Boris Nemzow, den beiden Journalistinnen und weiteren Kollegen der unabhängigen Zeitung *Nowaja Gaseta* oder dem Opfer im Berliner Tiergarten.

Auf das Konto des Präsidenten gehen aber auch noch ganz andere Gesetzesverletzungen. Doch ganz gleich, was sich Kadyrow zuschulden kommen lässt – Russlands Strafbehörden, die gegen die freie Presse oder die Opposition mit größter Härte vorgehen, schauen bei dem 1976 im tschetschenischen Zentoroi geborenen Statthalter weg. Die in der Ukraine zu Recht beklagte Korruption treibt in Tschetschenien wildeste Blüten. Ein Palast auf einem Grundstück von der Größe zweier Fußballfelder mitten im Zentrum von Grosny, Kosten umgerechnet mehr als vier Millionen Euro, gehört Fatima Chasujewa. Die 30-Jährige besitzt in anderen Städten noch weitere Wohnungen. Ihr offizielles Gehalt in der Präsidialadministration, wo sie arbeitet, beträgt keine 900 Euro. Wie die Bürokraft Besitzerin eines Palastes werden konnte, hat Maria Scholobowa herausgefunden. Sie ist Journalistin in der russischen investigativen Recherchegruppe »Projekt« und deckte 2021 einen großen Immobilien- und Korruptionsskandal um Kadyrow auf, mit dem Ergebnis, dass ihr Internet-Portal geschlossen wurde und sie ins Ausland fliehen musste.

Maria Scholobowas Rechercheteam hat getan, was Pflicht der Steuerbehörde und des Grundbuchamts gewesen wäre: zu ermitteln, ob mit diesem Palast alles seine Richtigkeit hat. Die Journalistin fragte nach und fand heraus: Kadyrow hat eine zweite Ehefrau, Fatima Chasujewa, parallel zu seiner ersten, und lebt mit ihr ganz offen zusammen. Russische Gesetze gelten auch für die Teilrepublik Tschetschenien, Polygamie ist verboten. Ramsan Kadyrow kümmert das nicht. Vielmehr hält er Vorträge darüber, wie mehrere Ehefrauen gleichzeitig behandelt werden müssen: gleich gut gekleidet, mit gleich wertvollen Häusern, beschenkt mit Pelzen und Autos. Der gläubige Muslim Kadyrow hat in Tschetschenien ein strenges traditionelles Regime eingeführt, es gelten die Gesetze der Blutrache, Frauen haben Kopftücher zu tragen. Medni Kadyrowa, die er zuerst geheiratet hat, gehorcht ihm. Ihre Religion erlaube dem Mann, so Kadyrowa, noch drei weitere Frauen zu ehelichen. Wenn er das möchte, sei sie einverstanden. Auch Medni Kadyrowa besitzt eine Reihe wertvoller Immobilien. Da die Ehen mit den zweiten, dritten oder vierten Frauen nur vor dem Imam, aber nicht auf dem Standesamt geschlossen werden, ist rechtlich vermeintlich alles in Ordnung. Fast jedenfalls, denn mit Hilfe der beiden Ehefrauen, ob in registrierter Ehe oder nicht, soll Kadyrow angeblich einen Teil seines Reichtums verschleiern. Er beläuft sich allein bei Immobilien auf 800 Millionen Rubel, knapp neun Millionen Euro. Das Oberhaupt der 1,5 Millionen Einwohner großen Teilrepublik verdiente im Jahr 2020 rund vier Millionen Euro. Im Jahr zuvor nur 1,6 Millionen Euro und 2018 sogar nur 80 000 Euro.

Wie diese großen Schwankungen entstehen, erfahren die Bürger nicht. Ein Fahrzeug besitzt der Autonarr, als der er sich häufig zur Schau stellt, nach seinen Angaben nicht. Kein einziger Wagen des imposanten Fuhrparks, in dem seit Beginn seiner politischen Karriere Sportwagen der teuersten Marken wie Bugatti, Ferrari oder Mercedes-Benz stehen, ist demnach sein eigener. Das russische Nachrichtenportal lenta.ru addierte die dort versammelten Pferdestärken und kam auf über 3800 PS, wobei dafür angeblich nur die Luxusmodelle gezählt wurden. Ebenso wenig tauchen die über 100 Pferde seines Rennstalls bei den offiziellen Angaben seines Besitzes auf. Sie gewinnen von 2014 bis 2018 in den Vereinigten Arabischen Emiraten und Russland fast eine Million Euro an Preisgeldern. Der Generalsekretär von Transparency Russland Ilja Schumanow wies in diesem Zusammenhang vorsichtig darauf hin, dass man sehr wohl Geld bei Pferderennen verdienen könne, aber das müsse dann auch versteuert werden.

Ramsan Kadyrow wird im Alter von 29 Jahren zunächst Ministerpräsident, dann mit 30 Präsident Tschetscheniens. Er folgt seinem Vater Achmed im Amt. Dieser kam bei einem Attentat ums Leben. Der Sohn fühlt sich als uneingeschränkter Herrscher in seinem Reich und darüber hinaus. Er stellt seine Besitztümer gern zur Schau, was für die Steuerprüfer eigentlich von Interesse sein sollte und zugleich Fragen nach ihrer Finanzierung aufwerfen müsste. Kreml-Sprecher Dmitri Peskow tut die Diskrepanz zwischen Kadyrows Einkommen und dessen Reichtum kurzerhand ab, wie der Bericht der Recherchegruppe »Projekt« belegt: »Recherchen sind das eine, die Deklarationen das andere. Alle Oberhäupter der Regionen füllen Deklarationen aus, die dann kontrolliert werden. Die Daten, die von staatlichen Antikorruptionseinheiten überprüft werden, sind viel zuverlässiger als die der Medien.«

Unabhängige Journalistinnen und Journalisten wie Maria

Scholobowa von »Projekt« leben in Russland gefährlich, deshalb arbeiten viele vom Ausland aus. Die vielfach prämierte Autorin ist mit ihrer Nachforschung zu Kadyrow ein hohes Risiko eingegangen. Denn russische Behörden interessieren sich oft nicht für die, die Gesetze verletzen, sondern für diejenigen, die das aufdecken. Was nie so augenfällig war wie bei der Vorgehensweise gegen den Antikorruptionsaktivisten Alexej Nawalny. Für Kadyrow bleiben derartige Veröffentlichungen bislang folgenlos. Er ist unantastbar. Wenn geheime Foltergefängnisse und außergerichtliche Tötungen bei den Strafverfolgungsbehörden schon nicht auf Resonanz stoßen, geschieht das bei seiner illegalen Bereicherung erst recht nicht.

Die tschetschenische Regierung orchestriert Massenverhaftungen, Verschleppungen, Misshandlungen von Personen wegen ihrer sexuellen Ausrichtung. Veronika Lapina vom LGBT-Netzwerk hat versucht, Ermittlungen anzustoßen. »Aber Russland hat entweder nicht die Kapazität oder nicht den Willen, sich damit zu befassen«, konstatiert sie. Seit 2017 wurden 235 Personen von tschetschenischen Sicherheitskräften willkürlich verhaftet, ins Gefängnis gesperrt und gefoltert, so viele haben sich jedenfalls an das in Sankt Petersburg ansässige Netzwerk gewendet. Betroffen sind größtenteils homo- oder bisexuelle Männer, deren Lebensweise nicht zum Geschlechterverständnis von Ramsan Kadyrow passt. Russische Strafverfolgungsbehörden nehmen sich dieser Verbrechen nicht an. Der Grund dafür ist eine Abmachung, zeigt sich die Menschenrechtsanwältin aus Sankt Petersburg überzeugt: Kadyrow sorgt dafür, terroristische und separatistische Umtriebe zu ersticken, und als Gegenleistung erhält er volle Handlungsfreiheit in Tschetschenien. Präsident Putin breitet seine Hände schützend über Ramsan Kadyrow.

Russland konnte Krieg in der Ostukraine führen, in Syrien, Georgien oder Tschetschenien – für die Deutschen war alles weit weg, zu speziell, nicht wichtig genug für eine kontinuierliche und intensive Beschäftigung. Diejenigen, die auf die Verbrechen hingewiesen haben, Konsequenzen forderten, nervten nur. Russland sei eben anders, zu groß, nicht demokratiefähig, lauteten die Erklärungen der Russland-Versteher, die nicht merkten, wie viel Überheblichkeit in ihren Worten mitschwang. Vor allem aber geht es ums Geschäft.

Der Ukraine keine Waffen zu liefern, hieße nicht, das Sterben schneller zu beenden, wie manche Pazifisten überzeugt sind, sondern es würde bedeuten, dass Putin ein weiteres Terror-Regime errichten kann – und zwar auf ukrainischem Territorium.

Putin, Schröder, Warnig –
ziemlich clevere Freunde

Trotz des 1999 beginnenden zweiten Tschetschenienkrieges geht der deutsche Bundeskanzler Gerhard Schröder nicht etwa auf Abstand zum Kreml, sondern nähert sich ihm immer mehr an.

Zehn Tage vor der Bundestagswahl 2005, von der abzusehen ist, dass ihr Ausgang knapp werden wird, zurren Schröder und sein inzwischen langjähriger Freund Wladimir Putin einen Deal fest. Sie bringen ein Geschäft unter Dach und Fach für den Fall, dass der Sozialdemokrat die Wahl verliert. In Schröders und Putins Anwesenheit unterschreiben am 8. September Vertreter der russischen Gazprom, der deutschen BASF-Tochter Wintershall und E.ON einen Vertrag, der die Verlegung einer Gasleitung auf dem Meeresboden der Ostsee von Wyborg nach Lubmin zum Ziel hat. Das deutsch-russische Abkommen besiegelt die Schaffung der Betreibergesellschaft Nord Stream. Geschäftsführer wird Matthias Warnig. Die Idee zu einer solchen 1224 Kilometer langen Pipeline stammt aus dem Jahr 1997 von dem russischen Gasförderer Gazprom und dem finnischen Öl- und Gasunternehmen Neste. Jetzt will Putin sie in die Realität umsetzen.

Am 9. Dezember 2005 erreicht den inzwischen ehemaligen Kanzler auf seinem Handy ein Anruf aus dem Kreml. Putin macht ihm zu später Stunde das Angebot, den Vorsitz des Aktionärsausschusses von Nord Stream zu übernehmen. Schröder findet das ein bisschen früh, keine drei Wochen nach dem Ausscheiden aus der Politik. Da er jedoch nie einen Hehl daraus gemacht hat, dass er in seinem neuen Leben hauptsächlich Geld verdienen will, stimmt Schröder trotzdem zu. Die Kritik lässt nicht lange auf sich warten, denn es ist das eine, sich als Politiker für die Energiesicherheit seines Landes einzusetzen, aber etwas anderes, von einem milliardenschweren Investitionsprojekt, das er gerade noch als Kanzler angeschoben hat, persönlich zu profitieren. Doch so schnell bläst Schröder nichts um. Er war immer stolz auf seine Freundschaft zu dem russischen Präsidenten, dessen engste Verbündete für die neue Pipeline nun zwei Deutsche sind. Das Duo Schröder–Warnig stellt für Putin die Idealbesetzung dar. Der Sozialdemokrat hat eine ansehnliche Karriere als niedersächsischer Ministerpräsident und Bundeskanzler hinter sich und ist für Putins Geschmack genau zum richtigen Zeitpunkt aus der Politik ausgestiegen. Und er bringt die nötige Chuzpe mit. Nur wenige Tage vor seinem Rücktritt hat der scheidende Kanzler noch eine Darlehensbürgschaft der Bundesregierung von über einer Milliarde Euro für Nord Stream eingetütet. Was im Berliner Politikbetrieb, der mitten in Koalitionsgesprächen steckt, vollkommen untergeht. Erst als das Finanzministerium den Wirtschaftsausschuss des Bundestages ein halbes Jahr später schriftlich informiert, platzt die Bombe. Den SPD-Genossen, die mit den beiden Unionsparteien eine Große Koalition eingegangen sind, ist die Milliardenbürgschaft oberpeinlich. Doch da ist der Altkanzler längst über alle Berge. Frank-Walter Steinmeier muss sich zum ersten Mal als Schröders wichtigster Mann in der neuen Bundesregierung bewähren und möglichst geräuschlos Scherben zusammenfegen. Aber darin hat der Chefdiplomat nach zwölf Jahren an Schröders Seite Übung.

Der Ex-Kanzler braucht neue Erfolgserlebnisse. Der Beratervertrag für den Schweizer Verlag Ringier, den er nur wenige Tage nach seinem Abgang als Regierungschef unterschreibt, ist ein ganz netter Anfang, aber es muss mehr her. Mit seinen 61 Jahren sprüht er noch vor Tatkraft, außerdem hat er beste Kontakte zu den Staats- und Regierungschefs der EU. Die will er am Laufen halten. Wenn er anruft, muss er sich schließlich nicht erst vorstellen. Ideale Voraussetzungen für Nord Stream. Vor allem die Ostsee-Anrainerstaaten werden jetzt gebraucht, denn sie sollen die Genehmigung für die Gasröhren auf ihrem Abschnitt des Meeresgrunds erteilen. Da man für ein von Russland initiiertes Projekt bei Polen, Litauen, Lettland und Estland von vornherein auf Granit beißen wird, hat man die Route für die Pipeline gleich anders festgelegt. Gefragt werden müssen Finnland, Schweden und Dänemark. Es trifft sich gut, dass deren Regierungschefs gerade aus der internationalen sozialdemokratischen Parteienfamilie stammen. Für Schröder eine lösbare Aufgabe.

Matthias Warnig, der Mann, der als künftiger Geschäftsführer von Nord Stream am 8. September unterschrieben hat, ist schon jetzt ein Schwergewicht in der russischen Wirtschaft. In welchem Maße er das Vertrauen des Präsidenten genießt, lässt sich an seinen Aufsichtsratsmandaten ablesen: beim weltgrößten Aluminium-Hersteller Rusal, den Banken Rossiya und VTB. Er sitzt im Vorstand der weltgrößten Firma für Ölleitungen Transneft und beim Ölproduzenten Rosneft. Außerdem ist er Vorstandsvorsitzender von Gazprom Schweiz. In viele der Unternehmen wird Schröder, der Genosse der Bosse, wie er schon zu seiner aktiven Zeit als Politiker genannt wurde, Warnig folgen.

Putin kennt den Ostdeutschen um einiges länger als den Niedersachsen, höchstwahrscheinlich schon seit seiner Zeit in Dresden von 1985 bis Januar 1990. Die dortige Stasi-Bezirksverwaltung lag nur einen Steinwurf von der KGB-Villa entfernt. Warnig hatte sich mit 18 Jahren als hauptamtlicher Mitarbeiter für die Staatssicherheit verpflichtet. 1975 wurde er als Agent in der Auslandsspionageabteilung Hauptverwaltung A ausgebildet und war später unter dem Decknamen »Arthur« Offizier im besonderen Einsatz in Düsseldorf. Eine seiner Hauptaufgaben bestand in der sogenannten Wirtschaftsaufklärung. Am 7. Oktober 1989, dem letzten Tag der Republik in der DDR, zeichnete ihn Stasi-Chef Erich Mielke mit der »Medaille für treue Dienste in der Nationalen Volksarmee« in Gold aus. Ein Objekt seiner Überwachung soll die Dresdner Bank gewesen sein. Sie ist einer seiner späteren Arbeitgeber in Sankt Petersburg gewesen, wo sich Putins und Warnigs Wege wieder kreuzen. Erstaunlich ist, dass Warnig in der Stadt an der Newa mit dem Aufbau der Repräsentanz der Dresdner Bank beauftragt wird. Viele ehemalige DDR-Bürger und -Bürgerinnen mussten sich hinsichtlich einer Tätigkeit im Ministerium für Staatssicherheit überprüfen lassen, wenn sie in den öffentlichen Dienst oder in Spitzenpositionen der Wirtschaft eintreten wollten. Ausgerechnet bei Warnig drückten die Beteiligten, einschließlich der Dresdner Bank offenbar alle Augen zu. Anscheinend hatte auch Gerhard Schröder keine Berührungsängste mit dem ehemaligen Stasi-Agenten, genauso wenig wie ihn die KGB-Vergangenheit von Putin störte. Vielleicht haben die beiden langgedienten Spione den Plan, Schröder für ihre Zwecke einzuwickeln, sogar gemeinsam ausgeheckt.

2005 beginnt das Trio seine kollegiale Zusammenarbeit, die bis heute andauert. Über alle Kritik hinweg. Schröder hat Gegenwind bislang immer ausgehalten, wenngleich dieser noch nie so stark war wie seit Beginn des russischen Krieges gegen die Ukraine. Scheinbar ficht es ihn immer noch nicht an, dass er inzwischen nicht nur seinen Ruf ruiniert und sein politisches Erbe verspielt hat, sondern als tragische Figur in einem verhängnisvollen Pakt mit dem Teufel wahrgenommen wird. Zwar verlässt er am 20. Mai 2022 den Aufsichtsrat des russischen Ölkonzerns Rosneft, als ihm das Europäische Parlament mit Sanktionen droht, doch immer noch verliert er kein kritisches Wort über den Kriegstreiber Putin persönlich. Sein Vermittlungsversuch in

Moskau Mitte März 2022 soll der Welt zeigen, wie nützlich diese für viele unsägliche Freundschaft ist, auch wenn er im ersten Anlauf erfolglos war. Schröder ist überzeugt, noch gebraucht zu werden. Seinen Genossen würde er den allergrößten Gefallen tun, wenn er schon nicht Abbitte leisten kann, sich wenigsten aus der russischen Umarmung zu lösen. Er ist eine Bürde für die SPD und die Personifizierung ihrer Ostpolitik, die am Ende die Interessen aller osteuropäischen Partner außer die Russlands ignoriert hat.

So wenig wählerisch Schröder bei seinen Freunden ist, so wenig zimperlich ist er bei seinen Geschäftspartnern. Der neue Job bei Nord Stream verlangt, ab 2005 Hand in Hand mit Matthias Warnig zusammenzuarbeiten. Der Mann wird als herzlich und gesellig beschrieben. Er verfügt genau wie der Ex-Politiker über unbezahlbare Kontakte. Freilich ganz anderer Art. Die vielleicht dann von Nutzen sind, wenn der Bereitschaft zur Kooperation etwas nachgeholfen werden muss. Schröder und Warnig machen sich ans Werk. Der Schwede Göran Persson, der Finne Paavo Lipponen und der Däne Poul Nyrup Rasmussen müssen ins Boot geholt werden. Persson, der Premier in Stockholm, hat sich als überzeugter Klimaschützer international einen Namen gemacht. Dementsprechend hält er von einer zusätzlichen Gaspipeline nichts. Jedenfalls solange er Ministerpräsident ist. Nach der verlorenen Wahl bittet ihn Schröder am 7. Mai 2007 zum Mittagessen und ist offensichtlich mehr als überzeugend. Nur einen Tag später stellt sich Persson als Lobbyist für den Nord-Stream-Großkunden E.ON vor. Im Juli 2008 lädt Schröder den Finnen Paavo Lipponen zu einem Treffen nach Berlin ein. Man speist zu dritt, mit Warnig. Denn Finnland ist eher seine Baustelle. Die DDR unterhielt in dem Fünf-Millionen-Einwohner-Land eine ungewöhnlich große Botschaft. Die ostdeutschen Diplomaten mussten wie ihre sowjetischen Kollegen, die ebenfalls zahlreich vertreten waren, möglichst viele Spione in der finnischen Politik und den Medien platzieren. Wer von den Spitzenpolitikern damals mit der Stasi kooperierte, kann heute in der sogenannten Tiitinen-Liste nachgelesen werden, die allerdings nicht jeder zu Gesicht bekommt. Nach dem Fall der Mauer und der Öffnung der Stasi-Archive fiel sie in die Hände des BND, der sie wiederum dem finnischen Geheimdienst übergab. Dessen Chef Seppo Tiitinen, daher der Name, kennt die 18 Personen, die auf dieser Gehaltsliste der Stasi stehen. Nur zwei Namen sickerten durch, die der Ministerpräsidenten Kalevi Sorsa und Paavo Lipponen. Die Gerüchte über die Stasi-Tätigkeit Lipponens halten sich hartnäckig, zumal er selbst von einem Anwerbeversuch 1970 berichtet hat. Aber wirklich bewiesen ist sie bis heute nicht, weil der finnische Geheimdienst die Liste nicht veröffentlichen will. Lipponen, von dem es heißt, dass er so langsam spricht, dass man bei Interviews Werbespots zwischen seinen Sätzen einblenden könnte, ist bei dem Gespräch in Berlin ausnahmsweise von der schnellen Truppe. Er nimmt das Warnig-Schröder-Angebot, Nord-Stream-Lobbyist zu werden, sofort an. Sein Büro in Helsinki liegt dafür strategisch günstig im schicken Gebäude des Parlaments. Weil er dort aber eigentlich seine Politikerbiografie schreiben und nicht Abgeordnete für die Pläne eines Privatunternehmens überzeugen soll, muss der finnische Ex-Premier nach entsprechenden Medienberichten das Büro räumen.

Auch Schröder stehen Räume in den Liegenschaften des Bundestages zur Verfügung, ganz gleich, ob er gerade für Nord Stream, Gazprom, Rosneft, TNK BP oder die Rothschild-Bank tätig ist, egal, ob er gerade an einem Vortrag feilt, für den er dank der New Yorker Agentur Harry Walker ein fürstliches Honorar bekommt. Bis Mai 2022 duldet die Mehrheit der Bundestagsabgeordneten die Benutzung des Büros, auch wenn er längst nicht mehr als Altkanzler für das Land tätig ist. Dass er jede Menge Geld als Wirtschaftslobbyist scheffelt und das vierköpfige Büro-Team samt Personenschutz und Fahrer auch für diese

Zwecke einspannt, stößt – reichlich spät – erst seit Beginn des Krieges von Russland gegen die Ukraine auf vermehrte Kritik. Sein Büro-Team hat ihn allerdings verlassen, als er den Krieg zwar einen Fehler nennt, aber sich nicht von Wladimir Putin distanziert. Der *New York Times* erklärt er, warum er das nicht kann: weil er sonst das Vertrauen des einzigen Mannes verlieren würde, der den Krieg beenden kann, das Vertrauen Putins. »Ich habe immer den deutschen Interessen gedient. Ich tue, was ich tun kann. Wenigstens eine Seite vertraut mir.« Hierzulande kann sich Schröder kaum noch irgendwo zeigen. Nicht, weil sein Einsatz für russisches Gas allseits kritisiert werden würde – dazu hat er der Wirtschaft und den Verbrauchern zu lange billige Energie beschert –, sondern weil sein Schulterschluss mit dem Kriegsherrn Deutschlands Bild in der Welt nachhaltig beschädigt. Und so geschieht etwas nie Dagewesenes: Im Bundestag werden Ende April 2022 fraktionsübergreifend Sanktionen gegen den Altkanzler gefordert.

Als neue Kanzlerin hat Angela Merkel 2005 jede Möglichkeit, die Absichtserklärung zum Bau von Nord Stream anzufechten, zumal ihr Polen, Litauen, Lettland und Estland längst vorwerfen, zusammen mit Russland die Europäische Union zu spalten und die Interessen der Nachbarn zu ignorieren. Der polnische Verteidigungsminister Radosław Sikorski vergleicht den deutsch-russischen Vertrag gar mit dem Hitler-Stalin-Pakt. Schröders Nachfolgerin gibt das Projekt trotzdem nicht auf. Auch nicht, als bekannt wird, dass der Ex-Kanzler am 9. Dezember 2005, keine drei Monate nach seiner verlorenen Wahl, an die Spitze des Aufsichtsrats der Betreibergesellschaft wechselt. »Eine lupenreine Vetternwirtschaft«, kommentiert der damalige Co-Vorsitzende der Grünen Reinhard Bütikofer den Karriereschritt des ehemaligen Koalitionspartners. Eine Anspielung auf den »lupenreinen Demokraten«, als den Schröder Wladimir Putin in einem Fernsehinterview ein Jahr zuvor indirekt bezeichnet hat. Während SPD-Vorstandsmitglied Hermann Scheer findet, Schröder hätte sich das verkneifen sollen, nimmt Matthias Platzeck den Niedersachsen in Schutz: »Ich halte Gerhard Schröder für einen völlig integren Mann.« Es handele sich um eine rein privatwirtschaftliche Initiative, die den Privatmann Schröder um Mitwirkung gebeten habe. Eine Position, auf die sich auch Angela Merkel im Zweifel zurückzieht, und das über viele Jahre.

Merkels Nein zu Kiews NATO-Mitgliedschaft

Drei Jahre dauert es, ehe die Bundeskanzlerin der Ukraine 2008 ihren ersten Staatsbesuch abstattet. Reichlich spät für das zweitgrößte Land in Europa. Zumal es von Russland gerade für die Orange Revolution 2004 und viel mehr noch für seinen Wunsch, der NATO beizutreten, abgestraft wird. Seit 2002 besteht eine Zusammenarbeit zwischen der Ukraine und dem westlichen Militärbündnis im NATO-Ukraine-Aktionsplan, aber eine Aufnahme ist wegen der auf der Krim stationierten russischen Schwarzmeerflotte kompliziert. Der aus der Orangen Revolution hervorgegangene Präsident Viktor Juschtschenko hält jedoch am NATO-Beitritt fest. Ein Ziel, das 2005 von der Mehrheit der Bevölkerung abgelehnt wird. Das Parlament beschließt deswegen, dass über einen NATO-Beitritt nur ein Referendum entscheiden kann.

Den russischen Präsidenten erzürnt allein schon das Ansinnen der Parlamentarier, die Ukraine in die NATO führen zu wollen. Er möchte Kiew eine Lektion erteilen: Die Ukraine soll anders als bisher Marktpreise für russisches Gas bezahlen. Das widerspricht einer vereinbarten Preisbindung bis 2009, gleichzeitig liegt auf der Hand, dass die russische Subventionierung des Gaspreises über kurz oder lang aufhören muss. Denn die Ukraine bekommt das Gas viel billiger als die Kunden in Russland selbst. Das führt dazu, dass sie Gas an russische Kunden weiterverkauft, noch dazu zu einem Dumpingpreis, und damit die sibirischen Produzenten übervorteilt. Ein Missstand, der dringend diskutiert werden muss, aber, bevor es dazu kommt, eskaliert. Die Folge ist ein Gasstreit im Januar 2006, der zum ersten Mal in Europa Sorgen auslöst, die Stuben könnten kalt bleiben, weil sich Moskau und Kiew nicht einigen.

Bei diesem Streit geht es Putin keineswegs nur ums Geld. Die Ukraine soll der Öffentlichkeit auch als unsicherer Kantonist vorgeführt werden, der keinen verlässlichen Transit mehr gewährleistet. Weswegen sich ein von der Ukraine unabhängiger Lieferweg empfähle, Nord Stream zum Beispiel. Mehrere Spin-Doktoren arbeiten jahrelang an einer schlagkräftigen Kampagne. Sogar Ukrainer lassen sich dafür einspannen. Igor Wolobujew zum Beispiel. Er wurde 1973 nahe der russischen Grenze geboren, studierte ab 1989 in der damals noch sowjetischen Hauptstadt Moskau an der Staatlichen Universität für Öl und Gas und ist zunächst bei Gazprom, dann bei der Gazprombank tätig. Er beobachtet aus nächster Nähe, dass die Preise für das Erdgas nicht im Unternehmen, sondern in der Präsidialverwaltung festgelegt werden, und bestätigt, dass das russische Gas als politische Waffe eingesetzt wird. Während beispielsweise Polen 2021 für 1000 Kubikmeter Gas 850 Dollar zahlen muss, sind es für Belarus nur 30 Dollar.

2005 und 2006, als Juschtschenkos Westannäherung bekannt wird, soll die Ukraine bluten. Und dann noch einmal ab 2008, als sie auf dem NATO-Gipfel in Bukarest einen zweiten Vorstoß in Richtung Mitgliedschaft unternimmt. Der ukrainische Gazprom-Insider erklärt, auf welche Weise die Ukraine diskreditiert werden soll: »Meine Aufgabe war es, Europa zu versichern, dass das ukrainische System versagt, dass die Rohre verrottet sind und dass es zu teuer ist, das System wieder aufzubauen, und dass es einfacher ist, es aufzugeben. Ich habe Thesen entwickelt, dass die Ukraine kein Geld hat, dass die Ukraine uns bestiehlt. Wir haben ein Bild von der Ukraine als skrupellosem Käufer und einem Partner geschaffen, den man besser meidet. Es ist uns gelungen, die Ukraine in den Augen der Welt als zuverlässigen Lieferanten zu diskreditieren. Gazprom hat einen großen Beitrag dazu geleistet. Aus diesem Grund wurde beschlossen, Gaspipelines zu bauen, die die Ukraine umgehen: Nord Stream 1, TurkStream, Nord Stream 2. Der Ukraine wurde der Status eines Transitlandes entzogen.« Laut Wolobujew erhielt der Vorstandsvorsitzende von Gazprom, Alexej Miller, die Anweisungen für diese anhaltende Verleumdungskampagne von Alexej Gromow, der damals der stellvertretende Leiter der Präsidialverwaltung gewesen sei und bis heute als graue Eminenz noch immer die Informationspolitik von Gazprom leite.

Wolobujew bereut in seinem Interview mit der polnischen Tageszeitung *Gazeta Wyborcza* im Mai 2022 den Verrat an seinem Land. Schon die russischen Verunglimpfungen der Demonstranten auf dem Kiewer Maidan 2013 hätten ihn geärgert und der Krieg in der Ostukraine habe ihm jede Illusion in Bezug auf Russland geraubt, aber er habe nicht reagiert. Erst Russlands Krieg gegen die Ukraine habe ihn zum Umdenken gebracht. Die Bilder aus seiner zerbombten Heimatstadt Ochtyrka, die in den ersten Kriegstagen zerstört wird: »Ich habe mich geekelt. (...) Es handelt sich nicht um Aufnahmen von Journalisten oder Politikern, sondern von meiner Familie, sodass es mir nicht in den Sinn kam, diesen Inhalt zu hinterfragen. Und viele schrieben mir direkt, dass sie sich für mich schämten, dass sie sich von mir abgestoßen fühlten. In einer Nachricht las ich, dass ich, wenn ich nichts unternehme, nicht mehr das Recht haben werde zu sagen, dass ich Ukrainer bin, und dass meine Heimatstadt nicht Moskau, sondern Ochtyrka ist. (...) Ich brauchte ein paar Tage, aber ich habe mich für mein Heimatland entschieden. Am 2. März packte ich meine Koffer.«

Weil sich Präsident Viktor Juschtschenko und Premierministerin Julia Timoschenko beständig in den Haaren liegen und ihre Machtquerelen einfach nicht beilegen können, machen sie es ihren potentiellen Partnern nicht leicht, mit ihnen ins Gespräch zu kommen. Seit den gefälschten Wahlen von 2004, bei denen eine Wahlwiederholung erzwungen wurde, die das Team der Orangen Revolution mit Juschtschenko an der Spitze für sich entschied, ist das Land immer noch sehr mit sich selbst beschäftigt. Dabei gäbe es zum Beispiel mit Deutschland allerhand zu besprechen, wie den NATO-Beitritt oder ein EU-Assoziierungsabkommen. Angela Merkel ist in der einen wie in der anderen Frage ausgesprochen skeptisch. Das Land, das im Hintergrund immer noch von Oligarchen und Korruption beherrscht wird, scheint ihr viel zu wenig demokratisch gefestigt.

US-Präsident George W. Bush hat weit weniger Bedenken. Er stellt der Ukraine und Georgien 2008 eine Aufnahme in das transatlantische Bündnis in Aussicht. Sehr zur Freude von Viktor Juschtschenko und Micheil Saakaschwili, der aus der georgischen Rosen-Revolution als Präsident hervorging. Bush will den beiden Ländern auf dem NATO-Gipfel Anfang April in Bukarest eine schnelle Zusage verschaffen – mit der Begründung in Richtung Russland: »Der Kalte Krieg ist vorbei.« Putin kontert wutentbrannt: »Wir betrachten die Ankunft eines Militärblocks an unseren Grenzen, dessen Verpflichtungen zur Mitgliedschaft Artikel 5 einschließt, als eine direkte Bedrohung der Sicherheit unseres Landes.«

Dabei reicht die NATO längst an die Russische Föderation heran, denn Lettland und Estland sind im Zuge der Osterweiterung des Bündnisses schon 2004 Mitglied geworden. Eine gemeinsame Grenze zu teilen, stellen die Kreml-Propagandisten allein im Falle der Ukraine als Bedrohung dar. Um die baltischen Nachbarn kämpft Moskau längst nicht mehr, sie gelten bereits seit ihrer Unabhängigkeit nach dem Ende der Sowjetunion als verloren. Statt sich nun gegen eine solche Sichtweise zu wehren, nehmen die Bundeskanzlerin und der französische

Präsident Nicolas Sarkozy Putins Einwände ernst und lenken ein. Sie fallen damit George W. Bush in den Rücken und lassen Juschtschenko und Saakaschwili am ausgestreckten Arm verhungern. Die Menschen in den beiden ehemaligen Sowjetrepubliken werden auf ein »später vielleicht« vertröstet, ohne dass je ein Datum genannt wird. Merkel will Moskau nicht reizen und findet zudem, dass die zwei Kandidatenländer wegen ihrer inneren Konflikte nicht reif für die NATO seien. Juschtschenko und Saakaschwili sind tief enttäuscht.

Der damalige US-Botschafter in Moskau, William Burns, warnt die Regierung Bush 2008 aus einem viel brisanteren Grund vor einer NATO-Aufnahme der Ukraine. Die könne nämlich einem russischen Eingreifen auf der Krim und in der Ostukraine einen fruchtbaren Boden bereiten. Rund sechs Jahre später passiert genau das – allerdings, ohne dass die Ukraine der NATO beigetreten wäre. Burns ist heute unter US-Präsident Joe Biden CIA-Direktor.

Der Bukarest-Gipfel ist vorläufig eine der letzten Amtshandlungen Putins als russischer Präsident. Ihm steht eine vierjährige Auszeit bis 2012 bevor. Danach wird er für sechs Jahre ins höchste Staatsamt zurückkehren. Mindestens. Doch jetzt muss er erst einmal in die zweite Reihe treten. Die Präsidentschaftswahl hat schon stattgefunden, die pompöse Machtübergabe an seinen Platzhalter Dmitri Anatoljewitsch Medwedew wird im Mai zelebriert. Die US-Botschaft in Moskau erfährt von russischen Oppositionellen, weshalb Putin gerade Medwedew ausgesucht hat: weil er sich bei dem noch ein paar Zentimeter kleineren und 13 Jahre jüngeren Petersburger sicher sein kann, dass er niemals Ermittlungen zu Putins illegalen Einnahmen und geheimen Vermögens zulassen würde. Diese Information wird 2010 über Wikileaks bekannt.

Zuerst muss Georgien für sein – in Putins Augen – unbotmäßiges Ansinnen, in die NATO zu wollen, bezahlen. Anders als bei den eigenen Teilrepubliken Tschetschenien, Inguschetien und Dagestan, deren Unabhängigkeitskampf Moskau rundweg ablehnt, unterstützt Russland schon seit einiger Zeit die Separatisten in Südossetien und Abchasien. Die wollen sich von Georgien lösen und zu Russland überlaufen, was der Kreml mit der Ausgabe russischer Pässe noch befördert. Außerdem hat die Duma Abchasien und Südossetien bereits als eigene Staaten anerkannt. Ab Mai schickt Medwedew eigene Truppen nach Georgien, die südossetische Milizen trainieren. Weil sich Medwedew in der Vergangenheit deutlich liberaler als Putin geäußert hat, darf man sicher sein, dass der Neue im Kreml nicht derjenige ist, der jetzt die Außenpolitik bestimmt. Präsident hin oder her. Sehr viel wahrscheinlicher ist, dass Putin im Hintergrund die Fäden zieht und dass Russland die Unruhen in Georgien kräftig anheizt, mutmaßlich, um dessen NATO-Mitgliedschaft auf längere Sicht zu verhindern. Die NATO selbst hat als Ausschlusskriterium formuliert, dass kein Land, das einen Sicherheitskonflikt austrägt, in das Verteidigungsbündnis aufgenommen werden kann. Putin schlägt die NATO mit ihren eigenen Waffen.

Im Juli beginnen in unmittelbarer georgischer Nachbarschaft russische Manöver, die Tiflis mit eigenen Übungen zusammen mit den USA, Aserbaidschan, Armenien und der Ukraine beantwortet. Russland orchestriert im Anschluss an die Übungen eine Eskalation, die Anfang August in einen Krieg mündet, der 850 Menschenleben fordert.

Das Szenario wiederholt sich teilweise 2014 und 2022 in der Ukraine. Und dennoch bleibt die Erzählung von der Bedrohung Russlands durch die NATO-Osterweiterung und seine Einkreisung fester Bestandteil der öffentlichen Diskussion, wenn es darum geht, Russlands Invasion in die Ukraine zu erklären. Allein *wie* die NATO das größte Flächenland der Erde umzingeln soll, bleibt ein Geheimnis. Denn nur am kürzesten, dem europäischen Abschnitt der Grenze, liegen NATO-Länder. Die längeren

Grenzen teilt sich Russland mit kaukasischen, zentral- und ostasiatischen Staaten.

Darüber hinaus ist ein Argument fast schon zu einem Mantra geworden hinsichtlich der Erklärungsversuche für Russlands aggressive Politik: die gebrochene Zusage. Dahinter verbirgt sich die falsche Behauptung, die NATO hätte sich verpflichtet, nie eine Osterweiterung vorzunehmen.

Noch im Dezember 2021 besteht Wladimir Putin auf seinem Forderungskatalog, dass sich die NATO hinter die Grenzen von 1997 zurückziehen müsse. Zudem sollen alle NATO-Truppen aus den osteuropäischen Beitrittsstaaten abziehen und sämtliche militärischen NATO-Aktivitäten dort eingestellt werden. Außerdem verlangt er den vertraglichen Verzicht auf jeden weiteren NATO-Beitritt und ein Ende der »nuklearen Teilhabe«, also der Stationierung atomarer Kurz- und Mittelstreckenraketen der USA in Europa. Moskau glaubt, eine neue politische und militärische Ordnung diktieren zu können, und hat im Gegenzug absolut nichts anzubieten. An Abrüstungsgesprächen, vertrauensbildenden Maßnahmen, über die die NATO-Länder mit dem Kreml ins Gespräch kommen wollen, ist Putin nicht interessiert.

30 Jahre nach dem Fall des Eisernen Vorhangs wird die Platte vom angeblichen Verzicht auf die NATO-Osterweiterung immer wieder neu aufgelegt. Archive werden durchforstet, immer neue Papiere zutage gefördert, die die These von der gebrochenen Zusage unterstützen sollen. Einer Version zufolge haben der bundesdeutsche Außenminister Hans-Dietrich Genscher und sein US-Amtskollege James Baker im Januar 1990 gedanklich einen militärischen Sonderstatus für die bald nicht mehr existierende DDR durchgespielt. Diese Idee setzte sich allerdings nicht durch. Genscher bezeichnete die Überlegungen hinterher als ein Abtasten vor dem Verhandlungsbeginn. Deutsche, russische und amerikanische Historiker rekapitulieren bis heute die Gespräche anhand von Protokollen der beteiligten Verhand-

lungsparteien aus jener Zeit. Die Kompromisssuche Anfang des Jahres 1990 ist kompliziert und alles andere als geradlinig, vielmehr vollführen die Beteiligten bemerkenswerte Volten.

Nach einem Treffen Bakers mit dem sowjetischen Generalsekretär Michail Gorbatschow notiert der Amerikaner im Januar: »Endergebnis: Vereintes Deutschland verankert in einer geänderten (politischen) NATO – deren Zuständigkeitsbereich sich nicht nach Osten bewegen würde!« Nach Bakers Memo ist das Weiße Haus alarmiert und fängt diese Position sofort wieder ein. Denn Bakers Nichterweiterung der NATO-Rechtshoheit und der NATO-Streitkräfte macht sich das Weiße Haus nicht zu eigen, sondern fordert vielmehr, für das Territorium der DDR einen speziellen Militärstatus zu finden, lässt aber offen, was für einer das sein soll.

Als Generalsekretär Gorbatschow mit Bundeskanzler Helmut Kohl am 10. Februar 1990 zusammenkommt, versichert der Russe dem Deutschen: »Was den Hauptausgangspunkt betrifft, besteht zwischen uns Einvernehmen, dass die Deutschen ihre Wahl selbst treffen müssen.« Gorbatschow erklärt also seine grundsätzliche Zustimmung zur deutschen Wiedervereinigung, ohne weitere Bedingungen festzulegen, und besteht auch nicht auf einer schriftlichen Fixierung der Aussagen von Baker, Genscher und Kohl.

Das hält Kohl auch auf der Pressekonferenz am selben Tag fest: »Generalsekretär Gorbatschow hat mir unmissverständlich zugesagt, dass die Sowjetunion, die Entscheidung der Deutschen in einem Staat zu leben, respektieren wird und dass es Sache der Deutschen ist, den Zeitpunkt und den Weg zur Einheit selbst zu bestimmen.« Am 24. Februar fährt Kohl als erster Kanzler überhaupt nach Camp David, dem Landsitz der US-Präsidenten, und spricht den Satz aus, auf den Bush gehofft hat: »Ein geeintes Deutschland wird Mitglied der NATO sein.« Bush informiert sofort Gorbatschow und teilt ihm am Telefon mit, dass man nun für das Gebiet der DDR einen militärischen Sonderstatus anstrebe. Historiker werten dies als Beleg dafür, dass die Sowjetunion über den Positionswechsel informiert wurde. Der Vorschlag »keinen Zoll nach Osten« sei aus Sicht des Westens damit vom Tisch gewesen. Ob sich Gorbatschow und Schewardnadse allerdings damals darüber bewusst waren, dass die Formel vom militärischen Sonderstatus des DDR-Gebiets auch die potentielle Ausweitung der NATO beinhalten könnte, bleibt unklar. Fakt ist, dass weder Gorbatschow noch sein Außenminister versucht haben, diese Unklarheit in neuen Verhandlungen zu beseitigen. Mit dem Fall der Mauer überschlagen sich die Ereignisse in Europa. Die Tschechoslowakei fordert den Abzug der sowjetischen Soldaten, Ungarn folgt wenige Tage später. Polen hat erklärtermaßen Interesse an einer NATO-Mitgliedschaft, und der ungarische Premierminister spricht sich für die Auflösung des Warschauer Paktes aus.

In der Sowjetunion baut Gorbatschow, der Perestroika-Erfinder, das Land radikal um. Er überträgt den bislang untüchtigen Regierungsinstitutionen Aufgaben, die zuvor die Kommunistische Partei erfüllt hat. Deren Macht, durch die die Union der Sowjetstaaten zusammengezwungen wurde, erodiert in Windeseile. Das Land löst sich auf. Die Sowjetunion hat jetzt Unmengen von Baustellen, die ihre ganze Aufmerksamkeit erfordern. Litauen verlässt die Union zuerst, Estland und Lettland folgen. Gorbatschow macht noch einen Vorstoß, die Gestalt der künftigen NATO mitzubestimmen, er schlägt die Mitgliedschaft der Sowjetunion in der NATO vor. Aber seine Idee wird nicht aufgegriffen, der Verhandlungspartner agiert bereits aus einer Position der Schwäche.

Der sowjetisch-amerikanische Gipfel vom 31. Mai 1990 erzielt den Durchbruch zur gesamtdeutschen NATO-Mitgliedschaft. Das Protokoll hält Gorbatschows Worte fest: »Das souveräne Deutschland kann selbst entscheiden, welchen militärpolitischen Status es wählen wird – Mitgliedschaft in der NATO, Neutralität oder etwas anderes.« Gorbatschow hat der Bündnisfreiheit Deutschlands zwar seinen Segen gegeben, aber von Zufriedenheit ist er weit entfernt. Zumal es mit der Sowjetunion immer weiter bergab geht. Erst als Kohl ihm den Fünf-Milliarden-DM-Kredit anbietet, hellt sich seine Miene etwas auf. Er nennt die bundesdeutsche Bürgschaft für das Darlehen einen großartigen Schachzug, denn die Summe repariert sein Ansehen in der Sowjetunion zumindest ein wenig. Auch die NATO-Erklärung, die auf dem Gipfel im Juli 1990 verabschiedet wird, ist eine Hilfe für Gorbatschow, dass sein Verhandlungsergebnis zu Hause besser akzeptiert wird. Das Atlantische Bündnis möchte sich demnach an die Länder des Ostens wenden, »die unsere Gegner im Kalten Krieg waren, und ihnen die Hand der Freundschaft reichen«.

Der Warschauer Pakt selbst verpflichtet sich, das Denken in Einflusssphären zu beenden. Bei einem seiner letzten Treffen im Sommer 1990 in Moskau vereinbarten die Regierungschefs der Mitgliedsländer, »mit seiner Transformation in einen Pakt souveräner Staaten mit gleichen Rechten auf demokratischer Grundlage zu beginnen«. Der Führungsanspruch der Sowjetunion war damit obsolet und jedes Land konnte künftig selbst entscheiden, ob es einem Bündnis beitreten möchte und welchem. Ein unerhörter Politikwechsel.

Am 12. September 1990 unterschreiben die vier Besatzungsmächte sowie die BRD und die DDR den sogenannten Zwei-plus-Vier-Vertrag, der unter anderem die Zugehörigkeit des vereinten Deutschlands zur NATO festlegt. Im November 1990 beschließt die Konferenz über Sicherheit und Zusammenarbeit in Europa (KSZE) die Charta von Paris. Sie wird im Dezember 1990 verabschiedet und garantiert allen Unterzeichnerstaaten, inklusive der Sowjetunion, noch einmal die volle Souveränität und freie Bündniswahl.

Hätte eine Osterweiterung der NATO danach ein für alle Male ausgeschlossen werden sollen, wäre ein neuer völkerrechtlich bindender Vertrag nötig gewesen. Einen solchen Vertrag hat allerdings keine Seite angestrengt, er ist nie verhandelt worden. Denn die Osterweiterung wurde zu jener Zeit nicht als Problem gesehen. Noch im Sommer 1993 lehnt die US-Regierung den polnischen Wunsch, der NATO beizutreten, ab. Die Regierung in Warschau bekommt vom US-Außenministerium einen Korb. Von einem Masterplan der USA zur NATO-Osterweiterung kann keine Rede sein.

Einerseits ist der Westen fest gewillt, auf Russland Rücksicht zu nehmen, andererseits hält er es auch für selbstverständlich, dass sich nun seine, die westliche Ordnung auf Osteuropa und im Grunde über den ganzen Globus ausdehnt. Eine Zeit lang stehen die Zeichen tatsächlich auf Annäherung. 1994 wird die Russische Föderation Mitglied im Programm »Partnerschaft für den Frieden«. James Goldgeier, Professor für Internationale Beziehungen an der American University in Washington, beschreibt das Dilemma später so: »Das Problem war, dass weder der Westen noch Russland einen Platz für Russland im neuen Europa gefunden hat.«

1997, also zwei Jahre vor der ersten NATO-Erweiterung durch den Beitritt von Polen, Tschechien und Ungarn, wird die NATO-Russland-Grundakte vereinbart. Sie soll eine gegenseitige Versicherung sein, einander keine Gewalt anzudrohen oder Gewalt anzuwenden. Die NATO will ihrerseits von der Stationierung substanzieller Truppen in den neuen Mitgliedstaaten absehen, wenn sich an der aktuellen und absehbaren Sicherheitslage nichts Wesentliches ändert. Unter substantiellen Truppen werden solche verstanden, die für Russland eine Bedrohung sein könnten. Moskau seinerseits verspricht Zurückhaltung bei der Stationierung konventioneller Streitkräfte in Europa. Russland ist seinen europäischen Nachbarn militärisch haushoch überlegen und kann somit nicht ernsthaft von einer Bedrohung durch sie sprechen. 2002 wird der NATO-Russland-Rat ins Leben gerufen, ein Gremium für Konsultationen und Kooperation. Außerdem wird für Russland eine ständige Vertretung beim Hauptquartier in Brüssel eröffnet, was eine vertrauensbildende Maßnahme im Vorfeld der Erweiterung der NATO um Estland, Lettland, Litauen, die Slowakei, Rumänien, Bulgarien und Slowenien 2004 darstellt.

Doch nach dem Georgienkrieg, der Annexion der Krim und dem Krieg in der Ostukraine ist der NATO-Russland-Rat nur noch eine Hülle. Im Februar 2022 zieht sich Russland ganz daraus zurück.

Seit 1998 hat die NATO ihre militärischen Kapazitäten in Europa deutlich abgebaut. Das änderte sich erst seit der russischen Invasion in die Ukraine. Russland dagegen treibt die Aufrüstung und Modernisierung seiner Streitkräfte seit dem Amtsantritt von Wladimir Putin kontinuierlich voran. Große Militärübungen führt es deutlich häufiger durch. Laut Experten dreimal so oft wie die NATO. Russland lädt keine Beobachter dazu ein und zieht die Truppen nach den Übungen bestenfalls teilweise zurück. Den Manövern folgen mehrfach Kriegseinsätze, so gegen Georgien, bei der Krim-Annexion, im Donbass, in Syrien und beim Überfall auf die gesamte Ukraine. Moskau verstößt wiederholt gegen seine Zusage, auf Gewaltanwendung und Androhung gegenüber den anderen Staaten der Organisation für Sicherheit und Zusammenarbeit in Europa (OSZE) zu verzichten.

Die NATO bereitet sich zu keinem Zeitpunkt auf eine Offensive gegen Russland vor, denn die würden die Mitgliedsländer nicht befürworten. Die angebliche Bedrohung Russlands durch den Westen ist eine Behauptung, die nicht wahrer wird, je öfter man sie wiederholt. Sie dient allein der Propaganda Putins. Dass sich deutsche und europäische Politiker nicht konsequent dagegen verwahrten, hatte zur Folge, dass sie auch die seit Langem schwelende Kriegsgefahr in der Ukraine nicht ernst nahmen und nicht entschlossen gegen sie vorgingen. Stattdessen wurde weiter laviert wie bisher.

Putins Hybris verleitet ihn allerdings auch zu immer neuen Fehlern. Mit seinem Krieg gegen den friedlichen ukrainischen Nachbarn hat er erreicht, dass Russland bald an eine um 1300 Kilometer längere Grenze der NATO stoßen wird als bisher, denn nun drängt auch Finnland in die westliche Verteidigungsunion, ebenso Schweden. Den Menschen in beiden Ländern, die bisher gut mit ihrer Bündnisfreiheit leben konnten, wäre jetzt doch wohler, sie fänden unter dem gemeinsamen Dach Unterschlupf, denn das russische Expansionsstreben hat ihnen nachhaltig Angst eingejagt. Ihr Ansinnen beantwortete Putin einmal mehr mit einer Drohung. Er müsse in diesem Fall die Abwehrkräfte in der Region verstärken, auch durch die Stationierung von Atomwaffen.

Die Ukraine klopft im März 2022 erneut an die NATO-Pforte. Allerdings weiß Präsident Selenskyj, dass der Krieg ein schlechter Moment für ein Beitrittsgesuch ist. Sein Land hätte die russische Invasion wohl nie erlebt, wäre die Entscheidung von 2008 anders ausgefallen. Aber für Bundeskanzlerin Merkel sprach damals zu viel gegen eine Zustimmung zur Aufnahme der Ukraine und Georgiens. Auf dem Gipfel in Bukarest stand die Frage der Erweiterung der NATO mitnichten als einzige auf der Tagesordnung. Am Horizont zog die Weltfinanzkrise herauf, die durch die Pleite der Investmentbank Lehman Brothers im März ausgelöst worden war. Außerdem hatte sich der US-Präsident bis dahin nicht unbedingt einen Namen als weiser Geopolitiker gemacht. George W. Bush steckte mit Großbritannien und der »Koalition der Willigen« noch immer im Irak-Krieg, der mit einer faustdicken Lüge begonnen hatte: Saddam Husseins biologische Massenvernichtungswaffen, von deren Existenz US-Außenminister Colin Powell den UN-Sicherheitsrat 2003 überzeugen wollte, und die der Irak angeblich bei einem Angriff auf die USA einsetzen würde, gab es praktisch nicht. Doch ein Abzug der US-Armee aus dem Irak war 2008 noch immer nicht in Sicht, und obendrein hatten sich die US-Einsatzkräfte moralisch diskreditiert. 2004 und 2006 wurde bekannt, dass amerikanisches Wachpersonal irakische Gefangene in Abu Ghuraib vergewaltigt und zum Teil zu Tode gefoltert hatte. Der Irak-Krieg war für die USA ein Desaster, und die Ukraine und Georgien hatten mit Bush wahrlich nicht den angesehensten Fürsprecher für ihr Anliegen. Sein Vorpreschen bei der NATO-Erweiterung abzuwehren, war der Öffentlichkeit vor diesem Hintergrund leichter zu vermitteln als ihm nachzugeben. Zumal auf der anderen Seite Putin drohte. So drehten Merkel und Sarkozy bei.

War das Appeasement-Politik? Zumindest hat der Westen die Chance, das eigene Bündnis zu stärken, verstreichen lassen. Das bestätigte Medwedew und Putin, mit ihrem Aggressionskurs fortzufahren, wie der anschließende Georgienkrieg zeigte.

Obwohl es der Kreml ist, der auf Konfrontation statt auf Annäherung setzt, stehen viele Deutsche unerschütterlich auf Putins Seite. Sie schenken seinem Propaganda-Mythos vom bedrohlichen Westen, der Russland und seine traditionellen Werte zerstören will, Glauben. Oft wider besseres Wissen und manche Ostdeutsche vielleicht auch aus allgemeinem Frust gegenüber dem westlichen System, in dem sie sich noch immer nicht recht zuhause fühlen.

Zugleich kappt Putin zunehmend mehr Drähte zur europäischen Gesellschaft, weil ein demokratisches Verständnis von Macht seine Herrschaft bedrohen könnte. Wie leicht seine eigene Machtposition ins Wanken geraten kann, erlebt er nach den gefälschten Parlaments- bzw. Präsidentschaftswahlen 2011 und 2012, als Hunderttausende Russinnen und Russen wochenlang protestieren. Mehr Wahlbeobachter als je zuvor dokumentieren landesweit die Verstöße. Für ihr professionelles Vorgehen hat sich ein Heer von Aktivisten bei »Golos« ausbilden lassen, einer NGO für Wahlbeobachtung. Ihr ist es zu verdanken, dass die Fälschungen und Manipulationen bei der Abstimmung nicht nur bekannt, sondern auch bewiesen werden, was das System Putin nachhaltig beschädigt. Das reagiert darauf wie so oft: mit Angriff. Der Kreml lässt die von ihm gelenkten Duma-Abgeordneten das Gesetz über ausländische Agenten beschließen. Als eine der ersten Organisationen gerät »Golos« auf die Liste. Die Wahlbeobachter müssen von da an jede ihrer Publikation mit dem stigmatisierenden Etikett des ausländischen Agenten kennzeichnen. Kurz darauf wird die Organisation ganz verboten. Ihre europäische Partnerin, die European Platform for Democratic Elections (EPDE) wird später ebenfalls zur unerwünschten Organisation erklärt. Die Vorsitzende Stefanie Schiffer ist seither mit einem Einreiseverbot nach Russland belegt.

Die Euromaidan-Bewegung, die im November 2013 in der Ukraine beginnt, gilt es für Putin um jeden Preis zu stoppen. Dank der massiven Propaganda schafft er es, dass nicht er, der Revanchist und Imperialist, angeprangert wird, sondern die, die ihm nicht nachgeben wollen. Der deutsche Außenminister ist eingeschüchtert und 2014 einmal mehr bereit, um des lieben Friedens willen Russland nachzugeben, als die Ukraine einen neuen Vorstoß in Richtung NATO wagt. Steinmeier lässt lieber Präsident Petro Poroschenko im Regen stehen, als den russischen Bären zu reizen. Der ukrainische Staatschef kämpft trotzdem für die Aufnahme in das Militärbündnis, wobei er selbst weiß, dass sein Land bislang nicht die Voraussetzungen dafür erfüllt. Dennoch will er die Mitgliedschaft zumindest als Ziel formulieren und »alles machen, damit das Land, das Einkommensniveau seiner Bürger, sein Bruttoinlandsprodukt, die Investitionen in die Verteidigung und in die Streitkräfte den Kriterien entsprechen, die heute für Länder gelten, die die NATO-Mitgliedschaft anpeilen«. Nur in der NATO sieht Poroschenko für sein Land eine Zukunft. Ende 2014 stimmt die Werchowna Rada für die Streichung der Blockfreiheit aus der Verfassung und räumt damit ein wichtiges Hindernis auf dem Weg in die NATO beiseite. Die alte Verfassung von 2010 ist obsolet. In ihr hatte der moskautreue Präsident Viktor Janukowitsch den blockfreien Status festgeschrieben.

Auch ohne den deutschen Rückhalt ändert das ukrainische Parlament 2019 die Verfassung erneut und formuliert nun die Mitgliedschaft in NATO und EU als erklärtes Ziel des Landes.

Präsident Putin, der stets gegen die NATO-Osterweiterung wetterte, forciert sie mit seiner Politik seit Jahren selbst am meisten. Die Annexion der Krim hat den Ukrainern vor Augen geführt, dass das Budapester Memorandum von 1994 das Papier nicht wert war, auf dem es stand. Es sollte die Souveränität und Unverletzlichkeit der Grenzen für diejenigen Nachfolgestaaten der UdSSR garantieren, die ihre Nuklearsprengköpfe abgeben. Neben Russland und der Ukraine verfügten auch Belarus und Kasachstan über Kernwaffen. Die übernahm Moskau zusätzlich zu seinen eigenen und im Gegenzug erhielten die drei ehemaligen Atommächte Sicherheitszusagen. Dass die nicht griffen, als sie am meisten gebraucht wurden, ist ein verheerendes Signal. Auch für die weltweite atomare Abrüstung. Die ist am Ende. Erst recht nach der Aussage Putins am 24. Februar 2022, Atombomben gegen diejenigen einzusetzen, die der Ukraine bei der Verteidigung helfen.

Putins schlimmste aller Drohungen verfehlt seine Wirkung nicht, die NATO erschreckt er damit gewaltig. Deswegen organisiert jedes Land zunächst einzeln seine Waffenlieferungen – mit mehr oder weniger großer Überzeugung, wie an Deutschland zu sehen ist. Die NATO möchte verhindern, Kriegspartei in der Ukraine zu werden, was mehrere Gründe hat. Der wichtigste besteht in der Sorge vor einem dritten Weltkrieg. Eine solche Eskalation kann das Bündnis nicht riskieren und Kiew genauso wenig. Außerdem würde ein Eingreifen als NATO die Russen motivieren. Denn die NATO als Feind zu betrachten, leuchtet selbst den jüngsten Rekruten eher ein, als auf die ukrainischen Brüder zu schießen.

Der Ukraine ist es ernst mit der NATO und eine Mitgliedschaft hätte das Land möglicherweise vor einem Überfall bewahrt. Aber Angela Merkel hält noch heute an ihrer Entscheidung von 2008 fest. Als die Verbrechen an der Zivilbevölkerung von Butscha bekannt werden, ruft ein verzweifelter Wolodymyr Selenskyj die ehemalige Regierungschefin und Nicolas Sarkozy per nächtlicher Videobotschaft am 4. April 2022 dazu auf, in den völlig zerstörten Kiewer Vorort zu kommen, um zu sehen, »wohin die Politik der Zugeständnisse an Russland in 14 Jahren geführt hat. Sie werden die gefolterten Ukrainer und Ukrainerinnen mit eigenen Augen sehen«.

Merkel wird am selben Tag in ihrem Urlaub in Italien aufgespürt. Ihre Sprecherin lässt sie erklären: »Bundeskanzlerin a. D. Dr. Angela Merkel steht zu ihren Entscheidungen im Zusammenhang mit dem Nato-Gipfel 2008 in Bukarest. (...) Angesichts der in Butscha und anderen Orten der Ukraine sichtbar werdenden Gräueltaten finden alle Anstrengungen der Bundesregierung und der internationalen Staatengemeinschaft, der Ukraine zur Seite zu stehen und der Barbarei und dem Krieg Russlands gegen die Ukraine ein Ende zu bereiten, die volle Unterstützung der Bundeskanzlerin a. D.«

Der ukrainische Botschafter in Deutschland Andrij Melnyk lässt nicht locker. Die frühere Kanzlerin solle sich erklären, denn gerade sie sei es gewesen, die Putins Krieg hätte verhindern können, wenn Deutschland als mächtigstes Land in Europa früher auf Russlands imperiales Streben reagiert hätte.

Die lange Sprachlosigkeit der ehemaligen deutschen Regierungschefin deutet manch politischer Beobachter als Wegducken oder Abtauchen angesichts der dramatischen Entwicklung in Osteuropa. Doch Angela Merkel bestimmt den Zeitpunkt, zu dem sie sich erklärt, selbst. Sie tut es genau einen Tag bevor ihre Auszeit zu Ende ist. Ein halbes Jahr, so hatte sie es bei ihrem Abschied Ende 2021 angekündigt, wollte sie sich eine Pause gönnen und komplett aus der Öffentlichkeit zurückziehen. Dass sie sich danach keineswegs verstecken, sondern durchaus mitteilen und einmischen möchte, nimmt ihr jeder ab, der sie bei ihrem Auftritt im Berliner Ensemble am 7. Juni 2022 erlebt. Offensiv verteidigt sie ihre Entscheidung von 2008 in Bukarest, die ihr die Ukrainer und Ukrainerinnen heute so übelnehmen. Über sie habe sie, wie über jede ihrer Entscheidungen, lange nachgedacht. Sie habe Schlimmeres für das Land verhindern wollen, denn Putin habe deutlich gemacht, dass ein NATO-Beitritt der Ukraine nicht folgenlos bleiben würde. »Wenn man ein Land in die NATO aufnimmt – und der Membership Action Plan ist die klare Vorstufe dazu –, dann muss man wissen, dass wir auch bereit sind, ein solches Land auch wirklich zu verteidigen, wenn es einen Angriff gibt.« Sie sei sich sehr sicher gewesen, »dass Putin das nicht einfach wird geschehen lassen«. Ein NATO-Beitritt der Ukraine wäre für ihn eine Kriegserklärung gewesen. »Dass er den ganzen Westen als seinen Feind ansieht, dass er findet, dass er permanent gedemütigt wurde, all das teile ich überhaupt nicht. Aber ich habe gewusst, dass er das dachte und dass er das genauso sieht.«

Dass Angela Merkel oft lange mit sich ringt, nie leichtfertig oder unbedacht entscheidet, war in den 16 Jahren ihrer Kanzlerschaft häufig zu beobachten. Es gehört zu den problematischen Seiten ihres Führungsstils, dass sie ihre Beweggründe gar nicht oder erst hinterher darlegt und es der Öffentlichkeit so eine Zeit lang unmöglich macht, ihr Handeln nachzuvollziehen. Diese Erklärung jedenfalls kommt 14 Jahre zu spät.

Ob Rosen- oder Orange Revolution, Wahlproteste in Belarus oder der Arabische Frühling – dass Völker ihre Regierungen zu

Fall und Präsidenten zum Rücktritt zwingen konnten, kommt in Wladimir Putins Verständnis von »Machtvertikale« nicht vor. Überzeugt von seiner Unerschütterlichkeit stellt er sich an die Seite von Baschar al Assad sowie Alexander Lukaschenko und Viktor Janukowitsch. Gegenüber dem syrischen Diktator demonstriert er Solidarität und erweitert zugleich die russische Einflusszone in einer Region, aus der sich die USA fast vollständig zurückgezogen haben. In Belarus und der Ukraine geht es um Russkij Mir, die russische Welt. Sie versteht sich als ein antiwestlicher, antiliberaler und neoimperialer russisch-nationalistischer Kosmos. Putin will diesen von Moskau geführten Raum der ostslawischen Völker von Russen, Ukrainern und Belorussen schaffen, der sich durch die russische Sprachkultur auszeichnet und den sowjetischen Mythos vom gemeinsamen »Sieg über den Faschismus« im »Großen Vaterländischen Krieg« nicht hinterfragt.

Die Ukraine – ein Juwel
in Putins Zarenkrone

Als der ukrainische Präsident Viktor Janukowitsch am 28. November 2013 in Vilnius eintrifft, ist er unentschlossen. Der ungelenke Hüne ringt mit sich, weiß nicht, was er tun soll. Wenn es nach Moskau ginge, wäre er überhaupt nicht in die litauische Hauptstadt gereist. Nun steht er vor der Frage: Unterschreiben? Oder doch lieber nicht? Seine Landsleute verlangen, dass er seinen Namen unter den Assoziierungsvertrag mit der Europäischen Union setzt und damit das Land in Richtung Westen führt. Das fordern sie schon seit Jahren, immer ungeduldiger. Auch deshalb ist Janukowitsch nun in Vilnius. Er will sich zumindest eine Hintertür zur EU offenhalten. Dabei könnte er in diesem Moment über den Haupteingang hineinspazieren, der rote Teppich ist ausgerollt. In der Runde der Staats- und Regierungschefs bemerken die Amtskollegen seine Angst und seine Unentschiedenheit. Seit Monaten setzt Putin ihm zu, droht mit Handelssanktionen und lockt zugleich mit Milliardenkrediten und einem fast halbierten Gaspreis. Die deutsche Kanzlerin ist genervt. Und inzwischen gegen das Abkommen mit Kiew. Angela Merkel misstraut der politischen Klasse in der Ukraine, hat sie im Verdacht, dass es ihr an Willen und Disziplin fehlt, sich an das strenge Brüsseler Diktat zu halten.

Janukowitsch steht wie Buridans Esel vor der Futterkrippe: rechts Moskau mit der Zollunion in der GUS, der Gemeinschaft Unabhängiger Staaten, links die EU, mit einem doppelt so großen Markt, auf dem allerdings nach transparenten Regeln gespielt wird, also Schluss wäre mit der Oligarchen-Wirtschaft und Korruption. Kronleuchter für acht Millionen Euro wie der in der Residenz des Präsidenten in Meschigorje vor den Toren von Kiew wären dann nicht mehr drin. Beides auf einmal, also gute Beziehungen zu Europa und zu Moskau, ist im Moment leider auch nicht zu haben. Denn Wladimir Putin fasst jeden Flirt mit dem Westen als Verrat an Russland auf, das er als Riesenreich versteht, und mit Druck nach innen und außen zusammenhält.

Die Ukraine, nach Russland das größte Flächenland in Europa, mit 44 Millionen Einwohnern, Kornkammer und Waffenschmiede, ist für den Herrscher im Kreml der Brillant in der Zarenkrone. Niemand sollte versuchen, ihn herauszubrechen.

Für die EU wäre die ehemalige Sowjetrepublik ein Schwergewicht, das die Anziehungskraft demokratischer Werte eindrucksvoll belegen würde. Ein ziemliches Pfund, mit dem der Westen wuchern könnte. An dem er sich aber auch verschlucken könnte. Das Kräfteverhältnis in der Union müsste sich ganz neu ausrichten.

Janukowitsch ist keiner, der so viel Druck aushält. Politik macht er erst seit ein paar Jahren, er kommt aus einfachen Verhältnissen, wuchs in Jenakijewo bei Donezk in der Ostukraine auf. Beim festlichen Abendessen mit der litauischen Gastgeberin würde er am liebsten unter dem Tisch verschwinden. Statt die Gelegenheit zu nutzen und die Werbetrommel für sein Land als Bereicherung der Europäischen Union zu rühren, hält er lieber die Füße still. Augenscheinlich sitzt ihm Putin zu sehr im Nacken und so setzt er seinen Namen schließlich doch nicht unter den Assoziierungsvertrag.

Die resolute Präsidentin von Litauen, Dalia Grybauskaite, hat ihn längst durchschaut und sagt ihm ins Gesicht: »Nur der kann erpresst werden, dem es an politischem Willen fehlt, Druck standzuhalten. Wer sich davon nicht einschüchtern lässt, für den ist die Entscheidung klar. Entweder – oder.« Der unglückliche große Mann duckt sich vor ihren Worten weg.

Nach dem Vilnius-Gipfel sind die Tage für den gelernten Gasinstallateur und Fuhrparkleiter, der wegen Diebstahls und Gewaltdelikten vor Beginn seiner politischen Karriere mehrfach im Gefängnis saß, gezählt.

In Kiew findet sich am 30. November 2013 eine Handvoll Studenten auf dem Maidan ein. Der Unabhängigkeitsplatz ist an diesem Tag alles andere als einladend. Es herrscht nasskaltes Wetter. Aber den Schneeregen nehmen die jungen Leute kaum wahr, sie sind empört, denn ihr Präsident hat gerade eine historische Chance verspielt. Unter dem Hashtag Euromaidan haben sie in den sozialen Medien zu Protesten aufgerufen. Die Polizei prügelt die kleine Gruppe mit brutaler Gewalt auseinander. Damit befeuert sie den Ärger der Bürgerinnen und Bürger zusätzlich. Mit jedem Tag gibt es neue und größere Kundgebungen, eine gute Woche später ist es fast eine Million, die gegen die korrupte Regierung auf dem Maidan protestiert. Gegen die Privilegien der Politiker und Oligarchen, die ein undurchschaubares System aus lauter Abhängigkeiten installiert haben. Für ein einziges Mandat im Parlament blättern kriminelle Unternehmer Millionen hin. Der also quasi gekaufte Abgeordnete muss dann in ihrem Sinne abstimmen. Die Wähler haben diesen Betrug satt. Die Fälschungen der Präsidentschaftswahl 2004, die bereits als eine Richtungsentscheidung zwischen Moskau und dem Westen galt, führten zur Orangen Revolution, gegen die der russische Präsident Gift und Galle spuckte. Jetzt, fast zehn Jahre später, wiederholt sich das Ganze, denn nichts hat sich seitdem geändert. Wann immer jemand mit staatlichen Institutionen zu tun hat, halten Beamte die Hand auf. Beim Arzt, im Krankenhaus, auf Ämtern, bei der Polizei, in den Schulen und Universitäten. Das Volk versteht, dass die Korruption nur dann ausgerottet werden wird, wenn Wirtschaft und Gesellschaft nach überprüfbaren Regeln spielen. Bestens ausgebildete junge Juristinnen und Juristen, von denen viele im Ausland studiert haben, entwerfen längst Gesetze für viele Bereiche der Gesellschaft. Doch es gibt kaum Abgeordnete, die offen dafür sind. NGOs und Think Tanks werden trotzdem nicht müde darauf hinzuweisen, in welche Wunde der Finger gelegt werden muss. Alles verpufft bislang.

Die Aktivisten meinen es ernst. Sie lassen sich nicht mehr vom Maidan verdrängen, errichten Zeltlager, quartieren sich im Gewerkschaftshaus ein, das Schlafsäle und Diskussionsräume zur Verfügung stellt. Auf dem ganzen Areal um den Unabhängigkeitslatz herrscht Ausnahmezustand. Die Straßen bis hoch hinauf zum Präsidentenpalast, zur Werchowna Rada, also dem Parlament, und hinüber zum Marienpalast, die Hruschewskyj-Straße hinunter zum Chreschtschatyk, dem Prachtboulevard – alles ist in der Hand der Aktivisten, die dieses Mal nicht auf halber Strecke umkehren wollen, anders als 2004. Später werden sie sich auch im Rathaus ausbreiten.

Zunächst herrscht eine heitere Atmosphäre. Am Wochenende kommen Jung und Alt aus der ganzen Ukraine in die Hauptstadt, in vielen Orten im ganzen Land haben sie ihren eigenen Euromaidan-Platz errichtet. Von zehn Personen, die sich anschließen, wollen neun gegen die Korruption ankämpfen. Die EU-Mitgliedschaft steht erst an zweiter Stelle, aber alle wissen, dass das erste Ziel ohne das zweite nicht erreichbar ist. Man versichert einander, dass es dieses Mal zu schaffen ist. Die Menschen sind fröhlich, zugewandt, fast in Volksfeststimmung. Bis sich in die euphorische Atmosphäre Angst mischt. Denn plötzlich machen erste Meldungen die Runde, dass Tituschki, junge kräftige Kerle in Trainingsanzügen, einzelne Personen oder kleine Gruppen in stillern Seitenstraßen zusammenschlagen. Niemand weiß, in wessen Auftrag sie die Demonstranten terrorisieren. Kommen sie aus Janukowitschs Sicherheitsapparat? Sind sie im Auftrag Moskaus unterwegs? Die TV-Reporterin

Olga Snitchuk von Kanal 5 und der Fotograf Wladislaw Sodel haben schon vorher einmal, am 18. Mai 2013, mit den Tituschki-Schlägern Bekanntschaft gemacht. Die beiden Journalisten berichteten damals über zwei Kundgebungen, die an diesem Tag zeitgleich in Kiew stattfanden. Eine auf dem Sophienplatz von der Opposition unter dem Motto »Steh auf, Ukraine!«, die andere von der Partei der Regionen, der der Präsident angehört. In dessen Auftrag zogen damals die Tituschki zu den Oppositionellen und zettelten eine Schlägerei an, bei der die beiden Reporter verletzt wurden. Jetzt sind die gewaltbereite Provokateure offenbar wieder angeheuert worden. Jeder Weg abseits des Protestlagers ist nun nicht mehr sicher.

Die Korrespondenten bewegen sich nur noch zu mehreren durch die Stadt. Deutsche Kollegen berichten von einer wahren E-Mail-Flut. Seit Tagen laufen ihre Postfächer über, was viele so nie zuvor erlebt haben. Der Ton in den Mails ist anders als sonst: aufgebracht, aggressiv, hasserfüllt. Statt begründeter Einwände oder Kritik mit Bezug auf konkrete Sendungen und Beiträge werden Journalistinnen und Journalisten pauschal als »NATO-Kriegstreiber« oder »Erfüllungsgehilfen des Imperialismus« beschimpft. Zusätzlich erfahren sie persönliche Anfeindungen. Immer wieder kommt die Aufforderung, endlich über die Faschisten auf dem Maidan zu berichten.

Die Hunderttausenden auf dem Unabhängigkeitsplatz sollen Neonazis sein? Gewiss, in dem Meer der blau-gelben Ukraine- und Europafahnen schwenken einzelne auch rot-schwarze Fahnen des Rechten Sektors. Der tritt auf dem Maidan als eine Art Miliz auf und liefert sich zunehmend härtere Auseinandersetzungen mit der Polizei. Politiker, überhaupt Vertreter von Parteien, wollen die Demonstranten auf dem Maidan weder sehen noch hören, denn sie haben sich nach der Orangen Revolution alle nicht mit Ruhm bekleckert. Selbst Julia Timoschenko, die ehemalige Ikone und Präsidentschaftskandidatin mit dem blonden Haarkranz ist nicht gut gelitten. Sie sitzt wegen angeblichen Amtsmissbrauchs als Regierungschefin ohnehin im Gefängnis. Ihr Stellvertreter Arseni Jazenjuk hält sich wie Vitali Klitschko von der Partei UDAR (Schlag) im Hintergrund. Ebenso Petro Poroschenko, der sich als Wirtschaftsminister ein Jahr zuvor mit Präsident Janukowitsch überworfen hatte und zurückgetreten war. Vor allem mit Poroschenko haben die Demonstranten auf dem Unabhängigkeitsplatz ein Problem. Nicht nur, weil der Ex-Wirtschaftsminister auch schon Außenminister und Notenbankchef war, sondern vor allem, weil er schwerreich ist. 2013 führt ihn das Wirtschaftsmagazin *Forbes* in der Liste der wohlhabendsten Ukrainer mit einem Vermögen von 1,6 Milliarden US-Dollar. Poroschenko besitzt Unternehmen im Auto-, Schiffs- und Rüstungsbau. Das Volk kennt vor allem seine Süßwarenfabriken. Er ist der »Schokoladenkönig« und Besitzer des populären Fernsehsenders Kanal 5.

Es ist diese Verquickung von Wirtschaft und Politik, auf die die Menschen die schamlose Bereicherung einiger weniger Oligarchen zurückführen, und die sie hauptsächlich für die allgegenwärtige Korruption im Land verantwortlich machen. Doch Poroschenko schafft es, sich mit seiner Gegnerschaft zu Janukowitsch und seiner Regierungserfahrung als Alternative zu dem verhassten Präsidenten ins Gespräch zu bringen. Wenn Jazenjuk, Klitschko und Poroschenko auf der riesigen Maidan-Bühne auftreten, was sie erst spät und zunächst zurückhaltend tun, erscheinen sie immer gemeinsam und dann oft auch mit Oleh Tjahnybok. Der Chef von Swoboda (Freiheit) ist ein Rechtsextremer. Seine Partei hat es 2012 mit zehn Prozent in die Werchowna Rada geschafft. Aber Tjahnybok führt mitnichten die Protestbewegung an. Auch nicht Dmytro Jarosch und dessen Rechter Sektor, der die rechtsnationalen Organisationen vereinigt. Für sie ist das Ziel des Euromaidan, die Assoziation mit der EU, nebensächlich. Sie wollen das derzeitige Regime stürzen, das sie als ein »Regime der inneren Besetzung« bezeichnen. Doch vom Rechten Sektor ist zunächst nichts zu hören. Jarosch tritt politisch nicht in Erscheinung, er sieht seine Aufgabe vor allem im Schutz der Zeltstadt.

Auch jüdische Freunde aus Deutschland fragen nach, was es mit den Nazis auf dem Maidan auf sich hat. Das Narrativ verbreitet sich anscheinend mit rasender Geschwindigkeit. Was stimmt daran, was nicht? Im Gegensatz zu Deutschland interessiert die Frage in der Ukraine seltsamerweise niemanden. Im Einsatzstab des Rechten Sektors ist Gelegenheit für Fragen. Zwei Ordonanzen gehen voran zum diensthabenden Kommandeur. Weder die beiden Begleiter noch der Kommandeur nehmen ihre Sturmhauben ab, sie nennen auch nicht ihre Namen. Aber sie kommen sofort zum Thema. »Wir sind keine Rassisten. Wir halten die weiße Rasse nicht für die bessere. Allerdings sind wir gegen die Vermischung des Blutes. Multikulti gibt es mit uns nicht. Der ukrainische Nationalismus ist kein Rassismus, sondern Liebe zu unserem Land. Kein Antisemitismus, kein Chauvinismus.« Der Kommandeur verweist auf Hunderte jüdische Aktivisten, mit denen sie zusammenarbeiten würden.

Ernesto, ein 27-jähriger Wirtschaftsstudent aus Ghana, verbringt täglich Zeit in der Protest-Zeltstadt, nimmt an Diskussionen teil, besucht Konzerte. Angst, dass ihm wegen seiner Hautfarbe Gewalt angetan werden könnte, hat er nicht. Warum auch. Er blickt erstaunt, ein bisschen irritiert. »Das ist eine Freiheitsbewegung. Sie haben gewählt, wie sie leben wollen. Das imponiert mir.« Arkadi Monastirskij vom Jüdischen Forum der Ukraine hätte vermutlich erfahren, wenn jüdische Familien zuhauf das Land verlassen wollen, wie es in der Gerüchteküche heißt. Er weiß von keinem einzigen Fall. Er kann auch nicht erkennen, dass von Rechtsextremen auf dem Maidan eine Gefahr ausgeht, selbst wenn über sie viel geredet werde. Das seien marginale Gruppen, die sich allerdings auf den Nationalisten und

Nazi-Kollaborateur Stepan Bandera berufen. Josef Zissels vom Euro-Asiatischen Jüdischen Kongress hat über ein Vierteljahrhundert Antisemiten und Neonazis im postsowjetischen Raum beobachtet. Die Ukraine sei mitnichten ein Problemfall, zumal gemessen an Russland. In Russland seien mehr als 20 faschistische Gruppen unterwegs und die träten weit aggressiver auf als vergleichbare in der Ukraine. Die gesamte Familie von Zissels' Vater starb im Ghetto von Chișinău, die Großeltern mütterlicherseits wurden ebenfalls im Zweiten Weltkrieg getötet. Der studierte Physiker und Mathematiker schloss sich 1978 als Dissident der ukrainischen Helsinki-Gruppe an. Zweimal wurde er zu je drei Jahren Haft in einer Strafkolonie strengen Regimes verurteilt. Er hatte den Einsatz der Psychiatrie zu politischen Zwecken während der Sowjetzeiten untersucht, Samisdat-Literatur verteilt und sich in der jüdischen Nationalbewegung engagiert. Alles Tätigkeiten, die die Gerichte als Diffamierung des sowjetischen Staates und der Gesellschaftsordnung ansahen. Eine Amnestie 1987 lehnte er ab, weil er sich nicht verpflichten wollte, künftig auf politische Aktivitäten zu verzichten.

Zissels weiß, woher der Wind weht, wenn von Faschisten auf dem Maidan die Rede ist: aus Moskau. Die Protestbewegung soll verunglimpft werden. Was im Westen am sichersten mit dem Vorwurf des Antisemitismus, Faschismus funktioniere. Josef Zissels ist ein misstrauischer Mann, der den Rechten Sektor seit dessen Gründung nicht aus den Augen lässt. Sein Fazit bislang: Der Rechte Sektor sei durch keine einzige antisemitische Erklärung aufgefallen. Von den insgesamt 20 000 ständigen Maidan-Aktivisten gehörten 200 zu dieser Vereinigung.

Die angebliche faschistische Unterwanderung der Protestbewegung ist ein Propagandatrick aus sowjetischen Zeiten, erklärt er, und es klingt ein bisschen nach: Wie oft fallt ihr im Westen eigentlich noch darauf rein? Trotzdem macht er sich die Mühe einer Nachhilfestunde: »Aus sowjetischen Zeiten wissen wir, dass jeder, der sich gegen Russland wendet, der für nationale Unabhängigkeit eintritt, zum Faschisten gemacht wird. Das ist nicht neu. Auf dem Kiewer Maidan und in der ganzen Ukraine haben über zwei Millionen Menschen demonstriert. Sollen das alles Faschisten sein? Ich glaube kaum, dass es so viele Faschisten in der Ukraine gibt.« Er weist darauf hin, dass das Wort Faschist in diesem Zusammenhang eine viel allgemeinere Bedeutung hat. So wie in Deutschland die Kinder Räuber und Gendarm spielten, spielten sie in der UdSSR Partisan und Faschist. Faschist konnte jeder genannt werden: ein Verkehrsrowdy, ein Einbrecher, einer, den man nicht leiden kann.

Warum die russische Propaganda ausgerechnet die Rechtsextremen in den Fokus nimmt, hat eine Gruppe von Osteuropa-Wissenschaftlern gut erklärt. Zu ihnen gehören neben Zissels Timothy Snyder oder Jewhen Sacharow. Schon im Februar 2014 geben die Experten zu bedenken: »Wir vermuten sogar, dass in einigen Berichten, insbesondere solcher kremlnaher Massenmedien, die übermäßige Betonung der rechtsradikalen Elemente auf dem Kiewer Euromaidan nicht auf antifaschistischen Motiven beruht. Im Gegenteil, derartige Berichterstattung ist paradoxerweise womöglich selbst Ausdruck von imperialistischem Nationalismus, in diesem Falle von dessen russischer Variation. Mit ihrer gezielten Diskreditierung einer der größten Massenbewegungen zivilen Ungehorsams in der Geschichte Europas liefern die russischen Medienberichte einen Vorwand für die politische Einmischung Moskaus, ja womöglich sogar für eine künftige militärische Intervention Russlands in der Ukraine, ähnlich derjenigen in Georgien 2008. (...) Berichte, welche rhetorische Munition für Moskaus Kampf gegen die ukrainische Unabhängigkeit liefern, unterstützen womöglich unabsichtlich eine politische Kraft, die eine weit größere Gefahr für soziale Gerechtigkeit, Minderheitenrechte und politische Gleichheit darstellt, als alle ukrainischen Ethnonationalisten zusammengenommen.«

Diese Warnung hat aus heutiger Sicht geradezu prophetischen Charakter. Leider hat sie damals nicht die erhoffte Wirkung, vor allem nicht bei Politikern links und rechts außen. Die pflegen ihre Skepsis gegenüber den Demonstranten auf dem Maidan ausgiebig und nutzen in ihrer Argumentation häufig Sätze aus den russischen Propagandaprogrammen.

In Kiew heizt sich die Stimmung auf. Den Sicherheitsbeamten geht es gegen den Strich, dass sich die Hauptstadt seit Wochen wie in einem Belagerungszustand befindet, zumindest im Zentrum. Die Polizei startet Räumungsversuche, gegen die sich die Zeltbewohner mit allen Mitteln wehren. Immer höhere Barrikaden werden errichtet, Reifen brennen. Dicke Rauchschwaden steigen auf. Einwohner, die eher nach braven Angestellten als nach militanten Demonstranten aussehen, stopfen mit Benzin getränkte Lappen in Flaschen, um die Räumkommandos notfalls mit Molotowcocktails zurückzudrängen. Viele tragen jetzt Sturz- oder Fahrradhelme, Schilde und Masken, um ihr Gesicht zu verdecken. Der Kiewer Chreschtschatyk, der zum Unabhängigkeitsplatz führt, ist längst für den Verkehr gesperrt, die Zeltstadt hat sich über mehrere Kreuzungen hinweg ausgedehnt. In der Nacht vom 18. auf den 19. Februar 2014 werden unerwartet 13 Menschen erschossen, am 20. Februar verwandelt sich das Stadtzentrum in eine Nahkampfzone. Wer jetzt unterwegs ist, muss Deckung vor Schüssen suchen. Vor einem Schnellrestaurant liegen acht Leichen, nebeneinander aufgebahrt, notdürftig mit Tischtüchern bedeckt. Erschrockene Passanten bekreuzigen sich, nicken den Priestern zu, die die Toten so lange bewachen, bis Rettungssanitäter sie fortschaffen. 49 Todesopfer werden an diesem Mittwoch gezählt. Viele hatten sich mit Holzschilden schützen wollen, doch die wurden von den Kugeln der Scharfschützen durchschlagen. Niemand weiß, auf wessen Befehl die Heckenschützen schossen. Mindestens 100 Menschen sterben in wenigen Tage, die Menge ist entsetzt.

Für Dmytro Jarosch sind die vielen Opfer ein Wendepunkt. Als er am 20. Februar Präsident Viktor Janukowitsch trifft, redet er Tacheles. Ein Waffenstillstand mit dem Staatsoberhaupt kommt nicht mehr infrage, einzig dessen Rücktritt. Die Vereinbarung, die die Führer der parlamentarischen Opposition am 21. Februar mit Präsident Janukowitsch unterzeichnen, genügt Jaroschs Leuten vom Rechten Sektor nicht. Sie fordern eine deutlich härtere Gangart. Entweder Janukowitsch verschwindet oder sie erstürmen Präsidialverwaltung und Parlament. Jarosch ist zudem aufgefallen, dass die Zukunft des ersten Mannes im Staat in dem Papier der Opposition nicht eindeutig geregelt ist. Kein Wort von Amtsenthebung, nichts zur Auflösung des Parlaments, nichts zur Bestrafung der Sicherheitskräfte, die das Leben von rund 100 Demonstranten auf dem Gewissen haben. Außerdem fordert er, die von den ostukrainischen Oligarchen dominierte Partei der Regionen, der auch Janukowitsch selbst angehört, sowie die Kommunistische Partei der Ukraine zu verbieten.

Der Präsidentenpalast wird immer weiträumiger abgesperrt. Mitten in diese bürgerkriegsähnliche Stimmung trifft ein europäisches Vermittlungstrio ein, das durch seine bloße Anwesenheit hofft, eine weitere Eskalation zu verhindern. Außenminister Frank-Walter Steinmeier, sein polnischer Kollege Radosław Sikorski sowie der französische Chefdiplomat Laurent Fabius wollen den ukrainischen Präsidenten überzeugen, in einen Dialog mit den Demonstranten zu treten. Doch zunächst ist Janukowitsch wie von der Bildfläche verschwunden. Schließlich taucht er doch noch auf und empfängt die Delegation, wissend, dass die Europäische Union gegen ihn und seine Regierung am Tag zuvor Sanktionen verhängt hat. Er und die Seinen dürfen nicht mehr in die EU einreisen, ihre Auslandskonten sind gesperrt. Wochenlang haben die EU-Mitgliedsländer eine Entscheidung aufgeschoben. Nach den Toten auf dem Maidan ringen sie sich endlich durch. Eine entschlossene moralische Unterstützung für die Demonstranten, die sich immer klarer für das europäische Bündnis aussprechen, hätte anders ausgesehen, finden diejenigen, die seit Wochen in Kiew protestieren.

Noch während der Unterredung mit dem Präsidenten bricht sich auf dem Maidan erneut die Gewalt Bahn. In der EU-Repräsentanz hören sich die drei Maidan-Emissäre Klitschko, Tjahnybok und Jazenjuk den Vermittlungsvorschlag an. Auch sie fordern ein schärferes Vorgehen gegen Janukowitsch: die Rücknahme seiner Ermächtigungsgesetze und Neuwahlen. Doch nach einigen Stunden reißen die Verhandlungen ab, denn Janukowitsch türmt. In der Nacht vom 21. auf den 22. Februar sucht er Unterschlupf in Russland. Moskau ist längst im Bilde und nimmt den treuen Vasallen auf.

Fünf Jahre später, am 24. Januar 2019, verurteilt das Kiewer Obolonskyj-Bezirksgericht den ehemaligen ukrainischen Präsidenten Viktor Janukowitsch in Abwesenheit zu 13 Jahren Haft wegen Hochverrats. Außerdem konnte die Staatsanwaltschaft nachweisen, dass Janukowitsch Russland bei der Führung eines Angriffskrieges gegen die Ukraine unterstützt habe.

Im Februar 2022 ruft Janukowitsch seinen Nachnachfolger, Wolodymyr Selenskyj, zur Kapitulation auf. Doch anders als der 71-jährige Vorvorgänger lässt Selenskyj seine Heimat nicht im Stich.

Noch einmal zurück zum 22. Februar 2014. Ein in vielfacher Hinsicht denkwürdiger Tag. Das Parlament beschließt, dass sich Janukowitsch, der Hals über Kopf davongelaufen ist, nicht mehr Präsident nennen darf. Eine Mehrheit der gewählten Volksvertreter setzt ihn ab und bestimmt einen Übergangspräsidenten sowie eine Übergangsregierung. Von einem Putsch kann also keine Rede sein.

Allerdings gibt es nicht wenige Stimmen, die genau das suggerieren. Wenige Tage nach der Flucht Janukowitschs sagt Alexander Rahr in einem Panorama-Beitrag der ARD: »Der Rechte

Sektor war aus meiner Sicht entscheidend für den *Umsturz*. Weil er eine Organisation ist, die auch bereit war in Kampfhandlungen mit den Polizisten, mit den Sicherheitskräften einzutreten. Sie waren gut organisiert, sie hatten auch immer wieder einen Plan, wie sie angriffen, wie sie sich verteidigten, so dass sie einen großen Anteil am Erfolg des Maidans gehabt haben.«

Rahr war bis 2012 ein gefragter Osteuropa-Experte der Deutschen Gesellschaft für Auswärtige Politik. Dann wechselte er in die Wirtschaft und gehört seither zu den Putin-Erklärern. Unablässig wirbt er um Empathie für dessen angeblich verletzte Seele. Auf Mitgefühl für die Opfer von Putins Politik wartet man umsonst. Allein Putin ist im Fokus. Der Ex-Spion sei von der Besserwisserei des Westens genervt, benötige keine Nachhilfestunden in Sachen Menschenrechte. Diese Argumentation unterschlägt, dass die EU und die USA nach dem Zerfall der Sowjetunion um Hilfe gebeten worden sind und sie auch geleistet haben: finanziell, wirtschaftlich, bei der Umgestaltung der staatlichen Strukturen hin zu einer demokratischen Gesellschaft. Solange Moskau das wollte, klagte niemand über eine angebliche Schulmeisterei.

Alexander Rahr ist Mitglied im Petersburger Dialog, aber nicht nur das. Der Historiker machte sich vor allem einen Namen wegen seiner engen Verbindungen zu Präsident Wladimir Putin und erhielt Einlass in den noch erleseneren Waldai-Klub. Der diskutiert seit 2004 einmal im Jahr mit dem russischen Präsidenten direkt. Die Währung, in der Rahr zahlt: Deutschland-Bashing im russischen Fernsehen. 2014 diskutierte die Waldai-Runde das Thema: »Weltordnung: Neue Regeln oder ein Spiel ohne Regeln?« Das Treffen fand Ende des Jahres statt. Da war die Maidan-Bewegung schon Geschichte und Putin hatte sie nach Kräften als faschistisch diskreditiert. Rahr echote. Er wurde wie Putin nicht müde, sie als Putsch zu klassifizieren. Das Drehbuch, wie die Ukraine 2014 destabilisiert werden sollte, wurde im Kreml geschrieben.

An jenem 22. Februar 2014, einem Sonnabend, überschlagen sich in Kiew die Ereignisse. Das gilt es offenbar auszunutzen. Während die Werchowna Rada den davongelaufenen ukrainischen Präsidenten Janukowitsch formal absetzt, kündigt Putin an, dass Russland die Rückholung der Krim vorbereite, um den Bewohnern die Möglichkeit zu geben, über ihr eigenes Schicksal zu entscheiden. Übersetzt heißt das: Putin will sich die Halbinsel unter den Nagel reißen. Eine Verletzung des Völkerrechts und der territorialen Integrität mit Ansage. Die Ukraine soll bluten für ihre sogenannten farbigen Revolutionen. Die erste 2004 blieb von selbst stecken, den Erfolg des zweiten Anlaufs will Putin mit aller Macht verhindern. Dass sich das ukrainische Volk seiner korrupten Führung entledigt – so weit darf es nicht kommen.

Doch in Kiew sind die Politiker zu sehr mit sich selbst beschäftigt. Eine neue Mehrheit im Parlament muss organisiert werden, damit Janukowitsch der Präsidententitel tatsächlich entzogen werden kann. Danach mussten ein neuer Parlamentspräsident gewählt und eine Übergangsregierung installiert werden. Alles innerhalb kürzester Zeit. Putins gefährliche Ankündigung geht komplett unter. Niemand hat in diesem Moment auch noch Nerven für die Krim.

Am Montag wird Simferopol, die Hauptstadt der Autonomen Republik Krim, zum Schauplatz. Eine aufgebrachte Menge, meist Krimtataren, hindert prorussische Abgeordnete am Betreten des Parlaments. Denn die wollen abstimmen, ob die Halbinsel weiter zur Ukraine gehören soll oder nicht. Es kommt zu Zusammenstößen mit prorussischen Demonstranten, die die Wahl für Moskau absichern sollen. Im entfernten Kiew ist man immer noch mit der Neusortierung der Innenpolitik beschäftigt.

Russland beginnt derweil einen hybriden Krieg und das heißt: Verwirrung stiften, alsbald Regeln verletzen, dann Fakten schaffen, sofort oder später alles abstreiten, dann einiges zugeben, aber auf jeden Fall weiterlügen. Und dann alles wieder von vorn.

Am 27. Februar, einem Donnerstag, besetzen auf der Krim stationierte russische Truppen strategisch wichtige Gebäude und Einrichtungen. Bewohner der Halbinsel beobachten schon seit Tagen immer neue Lieferungen von Militärtechnik und stellen ihre Videoaufnahmen ins Netz. Sie berichten von Russisch sprechenden Soldaten ohne Hoheitskennzeichen. Doch Russland streitet jede Beteiligung ab. Dann setzt Moskau den Euphemismus von den freundlichen grünen Männchen in die Welt, der verschleiern soll, dass die russische Armee gerade die Krim okkupiert.

Mit diesen dreisten Lügen kann der Westen nicht umgehen. Statt zur Kenntnis zu nehmen, was vor sich geht, lässt er sich ein X für ein U vormachen. Dabei verfügt die NATO-Aufklärung längst über Satellitenaufnahmen, die den Aufmarsch dokumentieren. Aber die Militärs wollen ihr Wissen lieber weiter hüten wie einen Schatz. In der Annahme, dass die Preisgabe ihrer Erkenntnisse auch ihre Quellen verrät. Statt mit zusätzlichen Beweisen zu untermauern, was sich offensichtlich und vor den Augen der Krimbewohner abspielt, wird mit diesem Wissen hinterm Berg gehalten. Verteidigungspolitiker in Brüssel und Berlin verweisen darauf bestenfalls in Hintergrundgesprächen, statt sie öffentlich zu machen und damit Moskaus Lügen bloßzustellen. Während Russland weiter seinen Truppenaufmarsch bestreitet, nehmen Moskaus Soldaten eine Kaserne nach der anderen ein. Die ukrainischen Einheiten warten verzweifelt auf Befehle aus Kiew, nicht wissend, ob sie ihre Militärflugplätze, Flottenstützpunkte und andere militärische Einrichtungen auf der Krim verteidigen oder den Besatzern überlassen sollen.

Eine gute Woche später, am 6. März, beschließt das Krim-Parlament den Anschluss an die Russische Föderation. Ein Referendum soll trotzdem noch abgehalten werden, am 16. März. Wladimir Konstantinow, der Parlamentspräsident, macht bei der Ankündigung einen alles andere als souveränen Eindruck.

Er räumt ein, dass das Referendum »kein Projekt mit langer politischer Strategie« sei, sondern »der Versuch, auf die Situation zu reagieren. Und die Russische Föderation soll bis zum Referendum entscheiden, ob sie uns aufnimmt oder nicht, damit sich die Leute nicht wie Idioten fühlen.« Was er nicht sagt: dass er auf Druck Moskaus agiert. Die Krimtataren verstehen aus leidvoller historischer Erfahrung sehr viel schneller, was vor sich geht. Ihr Sprecher, Refat Tschubarow, bittet die UNO um Friedenstruppen und ruft zum Wahlboykott auf. Die Volksbefragung sei eine Erniedrigung der Bevölkerung der Krim und absurd. Zumal die Entscheidung, Russland beizutreten, bereits gefällt sei. Tschubarow prophezeit ein Referendum in völliger Anarchie, mit Streitkräften auf den Straßen. Es trage nur zur weiteren Destabilisierung der Krim bei. Moskau interessiert das nicht, auch nicht, dass dem Referendum jede rechtliche Grundlage fehlt. Keine Region kann allein über ihre Zugehörigkeit zur Ukraine abstimmen, darüber müssten Bürgerinnen und Bürger im ganzen Land entscheiden. Doch die inzwischen schon pro-russische Regionalregierung verfügt, dass die Krim ab sofort russisches Territorium ist und die ukrainischen Streitkräfte als Okkupanten betrachtet werden. Als Währung gilt nur noch der Rubel, nicht mehr die Griwna. Das Referendum ist eine Farce.

Arsenij Jazenjuk, Premier der Übergangsregierung in Kiew, erklärt am selben Tag, als das Datum für das Krim-Referendum festgesetzt wird, dass die Ukraine die Loslösung der Krim nicht akzeptiert.

In den nächsten Tagen wollen rund 50 OSZE-Beobachter die Krim inspizieren, um herauszufinden, mit welcher Mannstärke und Technik die russischen Streitkräfte das Territorium besetzen. Die Zahlen des ukrainischen Verteidigungsministeriums und des Grenzschutzes schwanken zwischen 18000 und 30000 Personen. Die anreisenden Beobachter werden mit Schüssen am Betreten der Krim gehindert.

Polen hat seine Konsulatsmitarbeiter auf der Krim abgezogen, die USA warnen vor Reisen in die Ukraine, das Auswärtige Amt mahnt zu Vorsicht auf der Krim und im Osten der Ukraine.

In der Zeltstadt der Demonstranten auf dem Maidan wird Holz angeliefert. Die Nachttemperaturen liegen immer noch um den Gefrierpunkt. Die Aktivisten harren weiter aus, einige erwägen, sich in Richtung Krim aufzumachen. Manche beben vor Wut. Die schlechten Nachrichten häufen sich. Russische Soldaten besetzen einen Luftwaffenstützpunkt und andere Einrichtungen der ukrainischen Streitkräfte. Von dort aus überwachen nun nicht mehr Ukrainer den Himmel über der Krim, sondern Russen. Unabhängige Fernsehsender sind abgeschaltet, nur das Programm der tatarischen Minderheit ist vorläufig noch zu empfangen.

Auf dem Maidan in Kiew findet eine Protestveranstaltung gegen die Besetzung der Krim statt, denn der Unmut wächst, dass den russischen Besatzern kein Widerstand entgegengesetzt wird. Bei den Demonstranten hat Premier Arsenij Jazenjuk, die rechte Hand von Julia Timoschenko, die inzwischen wieder frei ist, schlechte Karten, denn er bleibt bei seiner Haltung, den Konflikt diplomatisch und politisch lösen zu wollen. Trotzdem will er auf keinen Zentimeter »unseres Landes« verzichten, wie er im Parlament erklärt. Eine schwache Reaktion, finden viele auf dem Unabhängigkeitsplatz. Schließlich ist die territoriale Integrität des Landes in akuter Gefahr.

Nie war der ukrainische Maler und Dichter Taras Schewtschenko seinen Landsleuten so nahe wie im Frühjahr 2014. Wie hätte er reagiert, fragen sich am 9. März 2014 viele. Auf den Tag genau vor 200 Jahren wurde Schewtschenko als Sohn ukrainischen Leibeigener geboren und galt als unbeugsamer Kämpfer. Ihm zu Ehren errichten die Demonstranten auf dem Maidan ein selbstgeschnitztes Denkmal. Der Junge vom Lande hatte das Glück, dass seine Eltern lesen und schreiben konnten. Doch mit 14 Jahren wurde er Vollwaise. Sein Gutsherr nahm ihn mit nach Sankt Petersburg, wo der junge Taras die russische Kultur und Kunst kennenlernte und zu malen begann. Das gelang ihm so erfolgreich, dass er sich mit seinen Gemälden aus der Leibeigenschaft freikaufen konnte und zu schreiben anfing. Schewtschenko traf mit seiner Dichtung den Ton, der eine russische wie ukrainische Leserschaft gleichermaßen begeisterte. Nie vergaß er, woher er kam und wie unfrei seine Heimat war, die er immer wieder besuchte. Wenn er in Kiew war, wohnte er immer in der Nähe des Maidan. Er war ein Romantiker und Rebell, sehr zum Missfallen von Zar Nikolaus I. Der ahnte die Sprengkraft der ukrainischen Dichtung Schewtschenkos. Von der eigenen Sprache bis zur eigenen Nation ist es schließlich nur ein kleiner Schritt. Der Zar setzte ihn fest, erst im Gefängnis, dann als Soldat, dem das Malen und Schreiben untersagt war. Weil er sich um das eine wie um das andere Verbot nicht scherte, entstanden sowohl viele Bilder als auch eine Reihe literarischer Werke, die unter Pseudonym verkauft bzw. veröffentlicht wurden. Nach seiner Haft waren ihm Reisen in die Ukraine zwar nicht erlaubt, er unternahm sie dennoch. Mit nur 47 Jahren starb er in Sankt Petersburg, wo er im Beisein von Fjodor Dostojewski beerdigt wurde. Schewtschenko lebte die Hin-und-Hergerissenheit zwischen der ukrainischen Heimat und dem alles bestimmenden zaristischen Russland, dem der revolutionäre Freiheitsdichter zeit seines Lebens die Stirn geboten hat.

Hätte Schewtschenko die Krim aus der Hand gegeben? Niemals, sagt Übergangspräsident Turtschinow. Der Politiker wurde in Dnipropetrowsk geboren und ist mit Russisch als Familiensprache aufgewachsen. Er ist seit dem 22. Februar 2014 im Amt. An diesem kalten Märztag ruft er der Menge zu, dass Schewtschenko Ukrainer im Herzen gewesen und als solcher für seine Heimat eingetreten sei. »Sein Wort vom Kämpfen ist unsere Losung, unsere Waffe und unser Sieg.« Zeitgleich kommt es in Sewastopol auf der Krim, wo ebenfalls eine Schewtschenko-Gedenkfeier stattfindet, zu Zusammenstößen mit pro-russischen Kräften. Russische Soldaten besetzen einen weiteren Grenzschutzposten. Es ist der elfte Kontrollpunkt, der sich jetzt in ihren Händen befindet. Außerdem wird der westliche Zugang zur Halbinsel von russischem Militär abgesperrt, das sich noch immer nicht als solches zu erkennen gibt.

Im Museum der westlichen und östlichen Kunst, unweit der Schewtschenko-Universität in Kiew, überlegt Olena Schiwkowa, ob sie die beiden Gebäude evakuieren lassen sollte. Wenn Putin die Krim raubt, schickt er seine »grünen Männchen« vielleicht auch nach Kiew? Jetzt könnte das Team die Zeit noch nutzen, um Gemälde, Büsten, Möbel und die asiatischen Keramiken einzupacken und in ein unterirdisches Depot zu transportieren.

Obwohl die Übergangsregierung installiert ist, finden weiter politische Kundgebungen statt. Die Protestbewegung ist nach der Niederlage 2004 wachsam. Auf der größten Bühne des Maidans treten in kurzen Abständen ukrainische Stars wie auch internationale Persönlichkeiten auf. Immer unterstützen sie die Freiheitsbewegung. Die deutschen Politikerinnen Marieluise Beck, Viola von Cramon und Rebecca Harms von den Grünen sind von Anfang an regelmäßige Gäste. Die Bundestags- und die Europaabgeordneten werden wie Freunde begrüßt. Sie fühlen sich der Ukraine seit Langem verbunden, haben enge Verbindungen zu liberalen europainteressierten Abgeordneten, helfen mit Kontakten und Politik-Know-how. Russische Gäste sind auf dem Maidan nur ausnahmsweise erlaubt. Michail Chodorkowski darf sprechen, denn Putins Feinde sind hier Freunde. Zehn Jahre war er Russlands Gefangener Nummer eins, so wie heute Alexej Nawalny. Die Menge nimmt ihn zurückhaltend auf. Immerhin gehörte er vor seiner Haft zu den Oligarchen, mit denen die Demonstranten in ihrem Land vor allem schlechte Erfahrungen gemacht haben. Chodorkowski ist kein großer

Redner, trifft aber dennoch den Nerv, als er über die Lügen der russischen Propaganda und die Toten auf dem Maidan spricht. »Hier gibt es nicht mehr Faschisten und Nationalisten als in Moskau oder Sankt Petersburg. Was die Janukowitsch-Regierung hier getan hat, mehr als 100 Tote und 5000 Verletzte, hat sie im Einverständnis mit Moskau gemacht. Ich habe die Holzschilder gesehen, mit denen sich die Demonstranten vor den Kugeln zu schützen versuchten. Mir sind die Tränen gekommen. Das ist nicht mein Russland. Es gibt noch ein anderes. Leute, die trotz der Haftstrafen, die ihnen drohen, auf die Straße gehen in Moskau, denen die Freundschaft zwischen der Ukraine und Russland wichtiger ist.« Spassiba, danke, ruft die Menge. Er glaube an eine europäische Zukunft für Russland und die Ukraine, schickt der russische Gast hinterher.

Unbeirrt läuft Phase zwei des hybriden Krieges in der Ostukraine weiter: Fakten schaffen.

Das Krim-Referendum – eine Abstimmung unter russischer Besatzung

Der 16. März 2014, der Tag des Krim-Referendums, ist ein Sonntag. Die ukrainische Halbinsel ist seit fast drei Wochen von sogenannten grünen Männchen besetzt. Diese russischen Sicherheitskräfte in Uniformen ohne Hoheitszeichen haben sowohl die Besetzung des Parlaments am 24. Februar initiiert als auch die Anberaumung der Abstimmung über die Zugehörigkeit der Krim zu Russland. Die OSZE hat die Beobachtung der verfassungswidrigen Abstimmung abgelehnt. Die übernehmen stattdessen nun Rechts- und Linksextreme aus Europa. Aus Deutschland kommt der sächsische AfD-Bundestagsabgeordnete Ulrich Oehme, das zweite Mal innerhalb weniger Wochen stattet er der Halbinsel und ihren neuen Herren aus Moskau einen Besuch ab. Ein Jahr später wird er im Bundesvorstand der Alternative für Deutschland sitzen und zur rechtsnationalistischen Vereinigung »Der Flügel« gehören. Auch zur russischen Präsidentschaftswahl 2018 bietet Oehme seine Dienste als inoffizieller Wahlbeobachter auf der Krim an, erneut mit der Absicht, der eindeutig rechtswidrigen Abstimmung einen legalen Anstrich zu geben.

Aus Mecklenburg-Vorpommern kommen Wahlbeobachter vom entgegengesetzten Rand. Es sind die beiden Landtagsabgeordneten Torsten Koplin und Hikmat Al-Sabty. Noch ist die Krim ein Ferienparadies und beliebt bei Einheimischen wie Russen, die seit der Unabhängigkeit der Ukraine gern gesehene Gäste sind. Der Stützpunkt der russischen Schwarzmeerflotte, die seit dem 17. Jahrhundert und der Herrschaft von Zar Peter I. in Sewastopol ankert, wird sich schon bald zu einer Militärbasis auswachsen, die sich über die gesamte Halbinsel ausbreitet. Die beiden Wahlbeobachter tun, wozu sie gekommen sind: eine Wahl gutheißen, die keine ist, sondern unter dem Druck von ausländischen Besatzern erzwungen wird. Sie sind aus Schwerin angereist und gehören der Fraktion der Linken an. Al-Sabty stammt aus dem Irak, Torsten Koplin wuchs in der DDR auf und war als Soldat im MfS-Wachregiment »Feliks Dzierzynski« ehemaliger Stasi-Mitarbeiter. Er ist Gründungsmitglied der als linksextremistisch eingestuften Antikapitalistischen Linken. 2008 machte er mit der Aussage auf sich aufmerksam, dass es in der DDR zwar Unrecht gegeben habe, die DDR aber kein Unrechtsstaat gewesen sei. In diesem Punkt ist er sich einig mit Manuela Schwesig, der damaligen Bundesfamilienministerin von der SPD. Sie ist wie Koplin in Mecklenburg-Vorpommern zu Hause. Auch sie lehnt den Begriff Unrechtsstaat für die DDR ab, denn er »wirkt so, als sei das ganze Leben Unrecht gewesen«. Koplin lobte 2011, mehr als 20 Jahre nach der Wiedervereinigung, den Bau der Berliner Mauer und den Eisernen Vorhang, der für »eine Periode friedlicher Koexistenz in Europa« stehe.

Alle drei, der AfD-Mann und die beiden Linken, übersehen das kleine Häuflein mutiger Menschen, die blau-gelbe Fahnen vor einem Wahllokal in Simferopol schwenken. Manche haben sich ein Pflaster auf den Mund geklebt. Als Ukrainerinnen und Ukrainer haben sie nichts mehr zu sagen auf der Krim. Sie verstehen sich nicht als Teil jener Bevölkerung, der angeblich in die Russische Föderation strebt. Dass die Abstimmung der ukrainischen Verfassung widerspricht, hat Moskau als Einwand einfach fortgewischt. Eine ältere Frau kann nicht an sich halten, ihre Hand mit dem Papierfähnchen zittert vor Zorn: »Ich möchte, dass diese sogenannten Befreier verschwinden. Ich will nicht in Russland leben.« Tränen der Wut steigen ihr in die Augen. »Russland bestimmt einfach die Regeln, die Währung. Aber ist in Russland wirklich alles in Ordnung? Vor allem will ich, dass es keinen Krieg gibt.«

Seit zwei Wochen schauen die Ukrainer fassungs- aber auch hilflos auf die Krim. Inzwischen weicht die Angst vor dem Verlust der Halbinsel mehr und mehr der Sorge vor einem Krieg. Den russischen Truppenaufmarsch beziffert der deutsche OSZE-Militärexperte Heiko von Rosenzweig auf 80 000 Soldaten und bis zu 300 Kampfpanzer. Der ukrainische Übergangspräsident Oleksander Turtschinow rechnet jeden Moment mit einer russischen Invasion. Die Werchowna Rada beschließt die Gründung einer Nationalgarde von 60 000 Mann. Verteidigungsminister Ihor Tenjuch appelliert an die Oligarchen, die steinreichen Unternehmer des Landes, sich an der Finanzierung des Heeres zu beteiligen. Jetzt ist vor allem Pragmatismus gefragt. Über Jahre wurde der ukrainischen Armee und Polizei Geld gestohlen. Einwände, dass die Oligarchen für ihre Milliardenspenden vielleicht Gegenleistungen bei der Auftragsvergabe für Waffenlieferungen erwarten, werden kaum laut in der Öffentlichkeit. Viele wissen, dass ein neuer Korruptionskreislauf starten könnte, doch jetzt geht es um weitere Gebiete, die der Ukraine möglicherweise entrissen werden könnten.

Der Mann, der das verfassungswidrige Referendum auf der Krim mitzuverantworten hat, ist Sergej Aksjonow, sogenannter Premier der Autonomen Republik Krim, die völkerrechtlich zur Ukraine gehört. Er wurde von den Abgeordneten des Krim-Parlaments gewählt, die die bewaffneten russischen Besatzer ins Parlament ließen, »um mit den Faschisten auf der Krim« fertig zu werden, wie Aksjonow gesagt haben soll. Und so klingt die Begründung eher nach einem von Moskau vorformulierten Hilferuf. Von Faschisten war bislang weit und breit nichts zu sehen.

Jetzt soll von ihnen eine solche Gefahr ausgehen, dass die Krim unter Moskaus Schutz gestellt werden muss? Aksjonow ist ein schlechter Schauspieler. Seine angelernten Sätze klingen hölzern und wenig überzeugend: »Man sagt uns, dass der Faschismus hier nicht zugelassen werden darf. Die bewaffneten Faschisten, die die Macht in Kiew an sich gerissen haben, müssen wir bekämpfen.« Das Parlament der Krim soll außerdem die russische Duma noch vor dem Urnengang um die Eingliederung der Halbinsel in die Russische Föderation gebeten haben. Keiner stellt die Frage, warum der Kreml eigentlich so viel retten und helfen soll.

Das Resultat des Krim-Referendums liest sich beinahe wie eine Volkskammerwahl in der DDR: Fast 97 Prozent stimmen für einen Beitritt der Krim zur Russischen Föderation bei einer Wahlbeteiligung von über 83 Prozent.

Keine zwei Tage später findet im Kreml eine große Feier statt. Anlass ist die Einverleibung der Krim wie auch der Stadt Sewastopol als 84. bzw. 85. Subjekt in die Russische Föderation. Russischer Imperialismus im 21. Jahrhundert. Putins Ansprache im Georgssaal des Kremls, in dem die Unterzeichnungszeremonie des Vertrages über die Zugehörigkeit zur Russischen Föderation stattfindet, enthält Lügen, Verdrehungen und Unheil drohende Ankündigungen, vor allem, als er sich an die Leidtragenden, die Ukrainer, wendet: »Nationalisten, Neonazis, Russophobe und Antisemiten haben diesen Putsch [in Kiew] durchgeführt. Sie geben bis heute den Ton in der Ukraine an. Denjenigen, die sich dem Putsch widersetzten, wurde sofort mit Repressionen gedroht. Natürlich war die Krim, die russischsprachige Krim, die erste in der Reihe. Angesichts dessen wandten sich die Bewohner der Krim und Sewastopols an Russland und baten um Hilfe bei der Verteidigung ihrer Rechte und ihres Lebens. (...) Natürlich konnten wir diese Bitte nicht ungehört lassen; wir konnten die Krim und ihre Bewohner in ihrer Not nicht im Stich lassen. Das wäre ein Verrat unsererseits gewesen.«

In der Rede, die im russischen Fernsehen übertragen wird, spricht er die Europäer und speziell die Deutschen an, von denen er aus Erfahrung annehmen darf, dass ihm viele erneut auf den Leim gehen werden: »Unsere Nation hat (...) den aufrichtigen, unaufhaltsamen Wunsch der Deutschen nach nationaler Einheit unmissverständlich unterstützt. Ich bin zuversichtlich, dass Sie dies nicht vergessen haben, und ich erwarte, dass die Bürger Deutschlands auch das Streben der Russen, des historischen Russlands, nach Wiederherstellung der Einheit unterstützen werden.«

Dass Putin diese Analogie herstellt, ist perfide. Es waren die DDR-Bürger, die zunächst für das Ende der DDR eintraten und dann für die Wiedervereinigung. Im Falle der Krim initiierte die Regierung eines anderen Landes, nämlich Russlands, Unruhen, um sich ein ihr nicht gehörendes Gebiet anzueignen. Putin lehnte die deutsche Einheit, vor allem aber die Montagsdemonstrationen, die den Weg zu ihr ebneten ab. Der KGB-Agent erlebte die letzten Jahre der DDR bis zu ihrem Untergang in Dresden und ging dort bei der Bezirksverwaltung der Staatssicherheit ein und aus. Er besaß einen Hausausweis, der ihm jederzeit Zutritt zu den Büros ermöglichte, und soll den größten Elektronikhersteller der DDR, Robotron, beobachtet haben. Der sowjetische Geheimdienst interessierte sich für Hochtechnologie aus Ost-, aber vor allem Westdeutschland, die er mit Stasi-Unterstützung in die Sowjetunion schmuggeln wollte. Robotron und Dresden dienten als Drehkreuze. In der Elbmetropole hat Putin 1989 auch die Montagsdemonstrationen erlebt. Dass die DDR-Führung damals weder Polizei noch Armee aufmarschieren ließ und auch Michail Gorbatschow nicht die sowjetischen Streitkräfte in Gang setzte, widersprach Putins Verständnis. Immerhin waren aus seinem Land 380 000 Soldaten in der DDR stationiert. SED-Generalsekretär Erich Honecker hatte aus Anlass der Feier zum 40. Jahrestag der DDR am 7. Oktober 1989 die erhöhte Gefechtsbereitschaft der Nationalen Volksarmee ausgerufen und die Krankenhäuser aufgefordert, genügend Betten und Blutkonserven bereitzuhalten. Putin selbst war damals fest entschlossen, Waffen einzusetzen, als Demonstranten am 5. Dezember 1989 die Stasi-Bezirksverwaltung in der Bautzner Straße in Dresden stürmten und weiterzogen zur KGB-Niederlassung. Mitnichten war er für ein vereintes Deutschland, sondern den Erhalt der DDR, auch mit militärischen Mitteln.

Die Ukrainerinnen und Ukrainer können Putins Rede nach dem Krim-Referendum nur als blanken Hohn verstehen: »Wir wollen Ihnen in keiner Weise schaden oder Ihre nationalen Gefühle verletzen. Wir haben übrigens immer die territoriale Integrität des ukrainischen Staates geachtet. (...) Glauben Sie nicht denen, die Ihnen Angst vor Russland einjagen wollen und schreien, dass andere Regionen der Krim folgen werden. Wir wollen die Ukraine nicht spalten, das haben wir nicht nötig. Was die Krim betrifft, so war und bleibt sie russisches, ukrainisches und krimtatarisches Land. (...) Lassen Sie mich ganz offen sagen, dass es uns im Herzen weh tut, wenn wir sehen, was derzeit in der Ukraine geschieht. Unsere Sorgen sind verständlich, denn wir sind nicht nur enge Nachbarn, sondern, wie ich schon oft gesagt habe, ein Volk. Kiew ist die Mutter der russischen Städte. Die alte Rus ist unsere gemeinsame Quelle, und wir können nicht ohne einander leben.«

Putin vergießt Krokodilstränen. Rücksichtslos hat er die Nachkriegsordnung in Europa erschüttert und versucht, die bis dahin unantastbaren Grenzen neu zu ziehen. Während sich die Weltgemeinschaft noch empört und versichert, diese Annexion nicht anzuerkennen, ziehen seine Truppen bereits weiter und stiften in der Ostukraine Unheil.

Von Sanktionen und Sanktiönchen

Die Europäische Union verhängt am 6. März 2014 wegen des Beschlusses über das Krim-Referendum Einreiseverbote gegen 18 Ukrainer der ehemaligen Janukowitsch-Regierung und sperrt deren Konten. Unter ihnen befinden sich der geflohene ukrainische Präsident Janukowitsch, seine beiden Söhne, der Leiter der Präsidialverwaltung, der Generalstaatsanwalt, mehrere Minister und Ministerinnen sowie Berater des Präsidenten. Außerdem werden die Verhandlungen über Visa-Erleichterungen mit Russland und der EU-Russland-Grundlagenvertrag ausgesetzt. Einen Tag nach der Volksabstimmung auf der Krim am 16. März kommen acht Spitzenpolitiker der Krim und 13 Russen auf die Sanktionsliste. Die EU-Außenbeauftragte Catherine Ashton bezeichnete diese Maßnahmen als »stärkstmögliche Signale« an Moskau. In Brüssel ist man begeistert von der eigenen Entschlusskraft. Die EU feiert sich selbst, nicht nur für diese »stärkstmöglichen« Signale, sondern auch für ihre Einigkeit und Schnelligkeit. Bis Jahresende werden noch mehrere Male jeweils rund ein Dutzend Personen gelistet. Außerdem sind der Export von Militärtechnik und Gütern mit doppeltem Verwendungszweck nach Russland verboten sowie Investitionen in die Infrastruktur, vor allem im Energie- und Rohstoffsektor, und bestimmte Finanzgeschäfte. Diese Maßnahmen sollen sicherstellen, dass die Russen »den Ernst der Lage erkennen«. US-Präsident Barack Obama ist zu weitergehenden Maßnahmen bereit, gibt aber zu bedenken, dass die Krimkrise immer auch noch diplomatisch gelöst werden könne.

Sarah Wagenknecht, Vizechefin der Linken, geht nach der Feier im Kreml anlässlich des Vertrags über die Zugehörigkeit der Krim zur Russischen Föderation mit der Regierung hart ins Gericht. Nicht etwa mit der russischen, sondern mit der deutschen, denn für die Russland-Apologetin stellt sich die Lage in Osteuropa folgendermaßen dar: »Eine Putschregierung, der Neofaschisten und Antisemiten angehören, kommt mit dem Segen von Merkel und Steinmeier ins Amt, das Verhältnis zu Russland hat sich dramatisch verschlechtert, in der Region droht ein Bürgerkrieg, die US-Diplomatie reibt sich die Hände.« Selbst der duldsamste SPD-Wähler könne im Kurs der GroKo nicht die Tradition Willy Brandts erkennen. Dass Putin die Tradition der Zaren und Kommunisten fortsetzt, indem er den Nachbarländern Gebiete raubt, scheint für sie kein Grund zu sein, ihre Haltung gegenüber Russland zu hinterfragen.

Der russische Oberbefehlshaber ist von den europäischen und amerikanischen Strafmaßnahmen nicht betroffen und versteht somit die Reaktion des Westens als Freifahrtschein. Für ihn sind die Sanktionen bestenfalls Sanktiönchen. Wenn das der Preis für die Krim sein soll, kann er getrost fortfahren mit seiner Expansionspolitik. Was er auch tut. Er schickt weitere Armee-Einheiten auf das Territorium der Ukraine und inszeniert erneut eine hybride Invasion. Wie bei der Besetzung der Krim tragen die Soldaten keine Hoheitszeichen oder sind ganz in Zivil gekleidet. Ziel ist das Kohlebecken im Osten, eine große Industrieregion mit Rüstungsbetrieben, Steinkohleminen und Feldern so weit das Auge reicht. Rund sieben Millionen Menschen leben hier, die meisten sprechen Russisch. Die wichtigsten Großstädte sind Charkiw, Donezk und Luhansk. Überall herrscht plötzlich Unruhe. Immer neue Konfliktherde flammen auf. Niemand weiß, wer genau da eine Stadt nach der anderen aufmischt. In

Donezk geraten Demonstranten, die in der Stadt keiner kennt, mit einheimischen Unterstützern der Maidan-Bewegung aneinander. Zwei Männer sterben. Ähnliche Meldungen gibt es auch aus anderen Orten in der Ostukraine sowie aus Mariupol, Cherson und Odessa im Südosten bzw. im Süden. Die Provokateure werden mit Bussen aus Russland über die Grenze gebracht. Sie haben den Auftrag, Kundgebungen zu stören und die Lage zu destabilisieren. Die Masterminds im Kreml wollen sich das allgemeine Machtvakuum im Land zunutze machen. Denn die Flucht von Viktor Janukowitsch und die Neubesetzung vieler Ämter hat zu einer großen Verunsicherung auf allen Ebenen geführt. Keiner hat eine Ahnung, wer gerade das Sagen im Land hat.

Der neue ukrainische Präsident Oleksandr Turtschinow feuert vorsichtshalber Gouverneure, die unter dem Verdacht stehen, wie die Politiker auf der Krim, Moskau um »Unterstützung« bitten zu wollen. Oligarchen gelten als die letzte Autorität in der sich immer weiter destabilisierenden Region und werden beispielsweise als Gouverneure eingesetzt wie der schwerreiche Banker Ihor Kolomojskyj in Dnipropetrowsk. Bei seiner Antrittsrede legt er sich auch gleich mit Präsident Putin an und eine ungeahnte Hellsichtigkeit an den Tag: »Ich kann nicht glauben, dass sich Russen und Ukrainer gegenseitig ermorden sollen. Ich sage jetzt etwas sehr Undiplomatisches: Wenn wir in der Ukraine schon einen Schizophrenen als Präsidenten hatten, dann war der im Vergleich zu dem anderen Schizophrenen im Kreml ja noch harmlos. Dessen Besessenheit, das alte Imperium in den Grenzen von 1991 wiederherzustellen, wird die Welt in eine Katastrophe führen.« Kolomojskyjs Moskauer Privatbank wird einen Tag später unter russische Zwangsverwaltung gestellt.

Dutzende Städte fallen ab März 2014 an prorussische Separatisten, neben Donezk und Luhansk auch Slawjansk, wo Igor Girkin, genannt Strelkow, das Regime übernimmt. Girkin ist für seine Gewalt bekannt und war Mitarbeiter des GRU, des ehemaligen sowjetischen und heutigen russischen Militärgeheimdienstes. Das Muster der Besatzung ist das gleiche wie auf der Krim: Prorussische Separatisten und russisches Fußvolk, das von russischen Geheimdienstmitarbeitern angeleitet und militärisch abgesichert wird, besetzen die Stadtverwaltungen, Polizeistationen und andere Institutionen und nehmen jeden fest, der Widerstand leistet: Bürgermeister, Abgeordnete, Priester, Personen, die zu den aktivsten in der Gesellschaft gehören, die eine bestimmte Autorität verkörpern und friedlichen Widerstand organisieren. Sie werden verschleppt, misshandelt, getötet. Die Menschenrechtsanwältin Oleksandra Matwitschuk, die das Zentrum für bürgerliche Freiheit in Kiew leitet, dokumentiert bis heute den prorussischen und russischen Terror gegen die ukrainische Zivilbevölkerung. »Es ist das eine, ein Gebiet zu besetzen. Und etwas anderes, es danach unter Kontrolle zu behalten. Das geschah ab 2014 mit Kriegsmethoden. Mit einem ganzen Netz illegaler Gefängnisse.« Anders als bei der Okkupation der Krim lässt sich die inzwischen wiederbelebte ukrainische Armee nicht einfach kampflos Gebiet für Gebiet abnehmen, sondern verteidigt das Territorium. Russland schickt den Separatisten Kämpfer sowie Waffen und treibt damit die Ukraine in den Krieg um ihre östlichen Gebiete.

Für den 4. und 5. Juni 2014 ist ein Treffen der acht größten Industriestaaten in Sotschi am Schwarzen Meer geplant. Russland gehört der Gruppe seit 1998 an und soll den Gipfel zum zweiten Mal nach 2006 ausrichten. Für den damaligen US-Präsidenten Barack Obama ist das schon Anfang März nicht mehr vorstellbar, er ruft den Amtskollegen in Moskau an und teilt ihm mit, dass sich die USA aus allen G8-Veranstaltungen zurückziehen. Obamas Initiative folgen Frankreich und Großbritannien. Berlin zögert noch, den Gesprächskanal zu kappen. »Noch ist Umkehr möglich. Noch kann eine neue Spaltung Europas verhindert werden«, gibt sich Außenminister Frank-Walter Steinmeier nach einem Telefonat mit Russlands Außenminister Sergej Lawrow zuversichtlich. Er wurde enttäuscht, weder stoppte Moskau die Unterstützung der Separatisten noch sorgte Putin für ein Ende der Menschenrechtsverletzungen durch die neuen Machthaber. Aus den G8 werden wieder die G7, die sich wie geplant Anfang Juni zusammenfinden, jedoch in Brüssel.

Am 22. Juli 2014 werden von der EU weitere Sanktionen gegen Russland angekündigt. Grund dafür ist der Abschuss der MH 17. An Bord des internationalen Linienflugs waren 298 Passagiere, darunter 80 Kinder. Die Boeing der Malaysia Airlines hatte auf ihrer Route von Amsterdam nach Kuala Lumpur am 17. Juli das Donezker Separatistengebiet überquert, wo sie in die Flugbahn einer Buk-Rakete geriet. Die war zuvor über die Grenze aus Russland gebracht und in Snischne aufgestellt worden. Russland streitet jegliche Beteiligung ab – wie 1983, als ein sowjetischer Abfangjäger ein südkoreanisches Passagierflugzeug bei Sachalin beschoss, es daraufhin abstürzte und alle 269 Menschen an Bord starben. Das internationale investigative Recherchenetzwerk Bellingcat legt sich nicht fest, ob russische Soldaten oder prorussische Separatisten das Buk-System bedient haben, gibt aber zu bedenken, dass das Waffensystem teuer und sehr komplex ist und es mindestens ein halbes Jahr Schulung braucht, um damit umgehen zu können. Die Entscheidung, ein Buk-M1-System in das Kriegsgebiet zu verlegen, sei auf der obersten Ebene der russischen Luftabwehr getroffen worden. Die Erlaubnis, überhaupt militärisches Gerät in die Ukraine zu schicken, kann nur vom Verteidigungsminister oder vom Oberkommandierenden Wladimir Putin gegeben werden.

Auch die dann am 25. Juli verhängten Sanktionen werden von der EU einstimmig beschlossen. Sie umfassen 15 weitere Personen und neun Unternehmen, bleiben aber auch diesmal ohne größere Wirkung. Sie können den Krieg in der Ostukraine in keiner Weise zügeln. Im Gegenteil. In Ilowajsk entbrennt im

August 2014 eine schwere Schlacht, die fast einen Monat dauert. 7000 ukrainische Kämpfer werden eingekesselt. Präsident Putin setzt sich angeblich persönlich für einen Sicherheitskorridor ein, der sich als tödliche Falle erweist. Die rund 1000 unbewaffneten ukrainischen Soldaten, die ihn nutzen, werden unter Beschuss genommen – 366 von ihnen sterben. Es sind Putins Tote in dem Massaker von Ilowajsk.

Der Krieg in der Ostukraine fordert täglich neue Opfer, trotzdem nennen ihn die meisten deutschen Politiker und Journalisten immer noch verharmlosend »Konflikt«. Anfang 2015 kommt es endlich zu Friedensgesprächen. Verhandlungsort ist die belarussische Hauptstadt, wo am 12. Februar der französische Präsident François Hollande, Bundeskanzlerin Angela Merkel sowie Petro Poroschenko, inzwischen ukrainischer Präsident, und Wladimir Putin das Minsker Abkommen aushandeln. Die Unterredungen ziehen sich über 17 Stunden hin. Die drei Außenminister Lawrow, Klimkin und Steinmeier sind oft, aber nicht immer dabei. Es gibt ständig Unterbrechungen. Hollande zufolge war der Grund für den Marathon, dass Putin eine Einigung hinauszögern wollte, um seinen Truppen in Debalzewe genug Zeit zu geben, die ukrainische Armee zu umzingeln. Unterzeichnet hat Putin die Vereinbarung am Ende nicht, da er Russland nicht als Teil des Konflikts betrachtet. Weil Putin nicht unterschreibt, tut es auch Poroschenko nicht. Merkel und Holland sind »nur« die Vermittler, auch sie setzen ihre Namen nicht unter das Abkommen. Am Ende stehen unter dem Dokument lediglich die Unterschriften des früheren Präsidenten der Ukraine Leonid Kutschma, des Botschafters der Russischen Föderation in der Ukraine Michail Surabow sowie der Milizenführer der selbstproklamierten Luhansker und Donezker »Volksrepubliken« Igor Plotnizki bzw. Alexander Sachartschenko. Außerdem die der OSZE-Beauftragten Heidi Tagliavini.

Das Resultat ist mehr als durchwachsen. Dem angestrebten Waffenstillstand und Abzug schweren Kriegsgeräts, Gefangenenaustausch und der humanitären Hilfe kann Kiew uneingeschränkt zustimmen. Aber das Abkommen enthält auch eine Kröte, die die Ukrainer nicht schlucken können. Ihnen wird abverlangt, im besetzten Donbass Regionalwahlen über eine Selbstverwaltung und über den künftigen Status der sogenannten Volksrepubliken zuzulassen. Dieser Wahlausgang wäre so vorhersehbar wie bei sämtlichen russischen Wahlen und Referenden seit Putin an der Macht ist. Dafür würde dessen Propagandamaschinerie schon sorgen. Das kann und will Poroschenko nicht mit sich machen lassen. Es käme einer Aufgabe dieser Gebiete gleich, und Moskau hätte sein Ziel erreicht. Somit trennen sich die Seiten erschöpft und zugleich verdrossen, wissend, dass das Abkommen niemals umgesetzt werden wird.

Nur Putin hat in Minsk einen Teilerfolg davongetragen, er wollte offenbar Zeit schinden für die Einkesselung von 5000 ukrainischen Soldaten in der umkämpften Stadt Debalzewe. Es ist ihm gelungen. Deshalb, so François Hollande in seinen Memoiren, die häufigen Unterbrechungen während der Verhandlung. Putin sei mehrmals laut geworden und habe seinem ukrainischen Amtskollegen gedroht, die ukrainischen Truppen zu zerschlagen. Damit habe Putin die Anwesenheit russischer Streitkräfte in der Ostukraine zugegeben, schreibt Hollande.

Debalzewe wird eine der verlustreichsten Schlachten. Sie bricht unmittelbar nach dem ausgehandelten Abkommen von Minsk aus und verletzt die gerade vereinbarte Waffenruhe. Die Tinte auf dem Dokument war noch nicht trocken. Beim Kampf um den strategisch wichtigen Eisenbahnknotenpunkt zwischen Donezk und Luhansk werden auch T-72-Kampfpanzer der russischen Streitkräfte eingesetzt, die russische Soldaten lenken. Putin streitet die Beteiligung seiner Armee an den Kämpfen ab. Die Stadt Debalzewe wird während der vier Wochen andauernden Gefechte völlig zerstört.

Halten wir kurz inne: Russland annektiert die Krim. Die EU erlässt Sanktionen gegen rund 20 Personen. Moskaus Truppen besetzen mit willigen prorussischen Handlangern die Ostukraine. Die ukrainische Armee verteidigt ihr Territorium, anders als auf der Krim. Die Separatisten erhalten militärische Unterstützung aus Russland. Sie schießen ein Passagierflugzeug über dem Kampfgebiet ab. Und die EU? Die EU erweitert die Sanktionsliste um 15 Personen und neun Unternehmen. Von harten Strafen gegen die russische Wirtschaft sieht sie ab. In den Schlachten von Ilowajsk und Debalzewe sterben Hunderte Menschen, anderthalb Millionen Ukrainerinnen und Ukrainer fliehen aus dem Kriegsgebiet, in dem die prorussischen Besatzer ein Regime aus Terror und Willkür errichtet haben. Die Kreml-Führung lernt, dass ihre Vergehen kaum Konsequenzen nach sich ziehen, dass die westliche Gemeinschaft sie gewähren lässt und auf Moskaus Propaganda von den ukrainischen Faschisten immer wieder neu hereinfällt.

Faschisten, Patrioten und Pazifisten

Die Ukraine befindet sich seit 2014 in einem Krieg, von dem Europa so gut wie keine Notiz nimmt. Ihre Armee ist so miserabel ausgestattet, dass sich Zivilisten im ganzen Land um die Ausrüstung der Soldaten kümmern. In Lemberg steigen Ukrainerinnen in Busse nach Polen, um von dort schusssichere Westen zu holen. Weil jede nur eine kaufen darf, müssen sich viele auf den Weg machen. In privaten Autos werden die Westen, Helme, Ferngläser und Lebensmittel zu den Freiwilligen und Soldaten an die Front in die Ostukraine gebracht. Erst am 24. Februar 2022 nimmt Europa entsetzt zur Kenntnis, dass es Krieg in Europa gibt. Wieder Krieg, wie es oft heißt, was offenbart, wie blind der Westen für die vergangenen acht Jahre in der Ukraine gewesen ist.

Damals wie heute ist die militärische Ausrüstung der Ukraine unzureichend. Damals wie heute bezeichnet der Aggressor seine Invasion als Kampf gegen die Faschisten in der Ukraine. Dabei wird so ziemlich jeder, der über Russland ein kritisches Wort verliert, als Faschist bezeichnet. Es ist ein sinnentleerter Kampfbegriff, der nichts mehr mit seiner ursprünglichen Bedeutung zu tun hat. Die Kreml-Ideologen verwenden ihn pauschal für Feinde, die sie ganz besonders auf dem Kieker haben. Vor allem Politiker und Politikerinnen in ehemaligen Sowjetrepubliken, die sich für die Unabhängigkeit und Entfaltung ihrer neu entstandenen Nationalstaaten einsetzen, werden als Faschisten diffamiert. Bis 2021 hatte der Begriff einen gefährlichen Unterton, ging aber als russische Propaganda durch. Im Jahr 2022 wird er zentral für die Kriegshetze. Jetzt muss ein ganzes Volk, das ukrainische, »entnazifiziert« werden.

Für die russische Propaganda ist Dmytro Jarosch 2014 der Feind Nummer eins in der Ukraine. Seit 2021 ist er wieder Berater des Oberbefehlshabers der ukrainischen Streitkräfte. Das war er schon einmal, als er von 2014 bis 2019 für den Rechten Sektor im Parlament saß. Damals gehörte er außerdem dem Verteidigungskomitee der Werchowna Rada an. Jarosch stammt aus Dniprodserschynsk und verbrachte seine Kindheit und Jugend noch in der Sowjetunion. Im Sommer 2014 hält er sich mit seinen Leuten in einem umfunktionierten Ferienlager im Wald auf, zwei Stunden von der Stadt Charkiw entfernt.

Seine Leute, das sind Kämpfer eines Freiwilligenbataillons, das den gleichen Namen trägt wie die von ihm gegründete Partei: Rechter Sektor. Sie bieten einen seltsamen Anblick auf dem Gelände, zwischen Spielplätzen und gelben Klinkergebäuden, die an Kitas erinnern. Wann hier wohl die letzten Kinder ihre Sommerwochen verbracht haben? Für die Freiwilligen vom Bataillon Rechter Sektor ist der Rückzugsort ideal. Sie sind alle keine Berufssoldaten, deswegen müssen sie üben. Jewgeni, der Ausbilder, spornt die Männer mit jüngeren Erfolgsmeldungen an: Das insgesamt 400-köpfige Bataillon hätte unter dem Kommando von Dmytro Jarosch von den prorussischen Separatisten besetzte Orte in der Ostukraine zurückerobert. Kalaschnikows seien erbeutet worden, in Operationen mit anderen Freiwilligenbataillonen und Armeeeinheiten.

Sein Rechter Sektor würde die anderen Bataillone und auch das ukrainische Militär oft unterstützen, sagt Jarosch, trotzdem bekäme er keine Waffen vom Verteidigungsministerium. Parlament und Regierung in Kiew sind voller Misstrauen gegenüber Jarosch, seit er eine Volksbewaffnung vorgeschlagen hat. Deswegen würde man ihm und seinen Männern den offiziellen Status als Freiwilligenbataillon verweigern. Anders als beim Asow-Bataillon, dessen Kämpfer seit der Verteidigung von Mariupol 2014, vor allem aber seit ihrem Einsatz 2022, als Helden verehrt werden. Wochenlang harren sie in dem Asow-Stahlwerk aus, in dem Tausende Zivilisten Schutz suchen, und halten so die russischen Truppen von anderen Militäroperationen ab. Den Asow-Soldaten haben sich längst viele andere Freiwillige angeschlossen. Rund 3000 Männer sind es am Ende allein in Mariupol. Präsident Selenskyj will ihr Leben retten und weist sie Mitte Mai schließlich an, sich zu ergeben, wissend, dass es schwer werden wird, sie aus der russischen Kriegsgefangenschaft zu befreien. Denn vor allem die Asow-Kämpfer gelten Moskau als der Inbegriff der faschistischen Ukraine. Deswegen sind sie in Russlands Entnazifizierungskampagne der wichtigste Gegner.

Entstanden ist das Asow-Bataillon 2014 nach der Annexion der Krim als eines der ersten Freiwilligen-Bataillone. Sein Name bezieht sich auf den Gründungsort, der am Asowschen Meer liegt: Es ist das südukrainische Berdjansk, unweit von Mariupol. Am Anfang hat es das Image eines rechtsextremen Kampfverbundes, denn zunächst bilden Mitglieder der rassistischen und neonazistischen Organisationen Soziale Nationalversammlung und Patriot der Ukraine, Automaidan-Aktivisten und verschiedene Hundertschaften der Maidan-Selbstverteidigung den Kern der Einheit. Kommandeur ist Andrij Bilezkyj, ein Rechtsextremer aus Charkiw. Er leitet die faschistische Sozial-Nationale Versammlung und Patriot der Ukraine, eine Splitterorganisation. Die hat zwar kaum Anhänger, aber mit ihren rassistischen Positionen und einer Symbolik, die an die NSDAP erinnert, fällt sie auf. Dazu tragen auch ihre Fackelzüge bei. 2013 stehen Bilezkyj und zwei weitere Männer wegen versuchten Mordes an einem Journalisten vor Gericht, werden aber nicht verurteilt. Das Asow-Bataillon wird sofort dem ukrainischen Innenministerium unterstellt. 70 Kämpfer zählt es im Mai 2014. Bis zum Herbst wächst es auf rund 800 Mann an, die allermeisten stammen aus der Ostukraine und sprechen Russisch. Ende 2014 erhält das Bataillon den Status eines Regiments und wird in die neu geschaffene ukrainische Nationalgarde eingegliedert. Die Finanzierung übernimmt bis dahin hauptsächlich der Oligarch Ihor Kolomojskyj aus Dnipropetrowsk. Zum rechtsextremistischen Erscheinungsbild trägt die sogenannte Wolfsangel bei. Sie ist das Wahrzeichen des Regiments. Die Asow-Führung bestreitet, dass sie auf ein Symbol der Nationalsozialisten zurückgreift, das auch die SS benutzte. Dargestellt würden vielmehr die stilisierten lateinischen Buchstaben N und I, die für »die nationale Idee« stünden. Menschenrechtsorganisationen verzeichnen zudem Fälle von Gewalt gegen die Zivilbevölkerung und Folter, die zum zweifelhaften Ruf des Asow-Bataillons in seiner Anfangszeit beitragen.

2014 ist für Moskau jedoch nicht Bilezkyj, sondern Dmytro Jarosch das wichtigste Gesicht der Demonstranten auf dem Maidan, die pauschal als Faschisten bezeichnet werden. Grund ist vermutlich seine Agenda, mit der er nach Janukowitschs Flucht als Präsidentschaftskandidat antritt: Dass er die kriminellen Systeme der Oligarchen zerschlagen möchte und einen sozial orientierten Staat mit effizienter Marktwirtschaft anstrebt, hat den Herrscher im Kreml höchstwahrscheinlich kalt gelassen, nicht aber, dass er Moskau den Kampf gegen »den Neokolonialismus des Kremls« ansagt. Jarosch verspricht als zukünftiger Präsident die russische Aggression zu beenden, die Militärausgaben deutlich zu erhöhen, eine vollständige Mobilisierung auszurufen und den Atomstatus der Ukraine wiederherzustellen. Im Kreml dürften sie die Ohren gespitzt haben.

Der Anführer seines paramilitärischen Blocks tritt für ein striktes Verbot antiukrainischer Medien ein, möchte dem krimtatarischen Volk umfassende Hilfe zukommen lassen und alle Erscheinungsformen des Separatismus bekämpfen. Außerdem Steuern senken, Beamte durchleuchten und die Jugend auch religiös bilden. In TV-Talk-Shows streitet er dafür, sich die Krim in einem Guerillakrieg zurückzuholen, unter Mithilfe der Krimtataren, und schlägt vor, die Anführer der Volksmilizen in den Separatistengebieten physisch zu eliminieren.

In Russland ordnet die Medienaufsichtsbehörde Roskomnadsor daraufhin die Sperrung aller Webseiten an, die mit Dmytro Jarosch und dem Rechten Sektor in einem Zusammenhang stehen. Wer auch nur ein Interview mit ihm abdruckt, erfährt die ganze Härte des Zensurapparates. So ergeht es Galina Timtschenko, der ehemaligen Chefredakteurin des erfolgreichen russischen Nachrichtenportals lenta.ru. Sie muss wegen eines Berichts über Jaroschs Rechten Sektor Russland verlassen. Daraufhin gründet sie ihre eigene Medienplattform meduza.io. 2014 erzählt die heutige Geschäftsführerin in den frisch bezogenen Redaktionsräumen in Riga von dem Druck des Kremls. Ihre gesamte Berichterstattung über die Krim-Annexion und den Krieg in der Ostukraine habe der Moskauer Führung nicht gepasst, denn sie sei deutlich von der offiziellen Linie abgewichen. Timtschenko ist überzeugt, dass sie ihre russischsprachige Leserschaft besser aus der Ferne mit kritischen Artikeln versorgen kann. Für die lettische Hauptstadt hat sie sich entschieden, weil hier ebenfalls hauptsächlich Russisch gesprochen wird, allerdings frei, in einer demokratischen Umgebung. Ab Mai 2021 wird ihre Arbeit noch einmal schwerer, weil das russische Justizministerium Meduza in das Register der Ausländischen Agenten aufnimmt. Wer als solcher geführt wird, muss dies auf allen seinen Publikationen vermerken. Meduza brechen damit nicht nur Werbeeinnahmen weg, denn dieses Label verschreckt Kunden, viel schlimmer ist, dass es die Journalisten von wichtigen Informanten abschneidet, die sich im Dunstkreis von Kreml, Regierung, Sicherheitsdiensten und Duma bewegen.

Jarosch genießt den Wirbel um seine Person. Dabei ist der kleine drahtige Mann ein Scheinriese. Bei der Präsidentschaftswahl im Mai 2014 bekommt er klägliche 0,7 Prozent der Stimmen. Doch er möchte wieder kandidieren, das nächste Mal im Oktober bei den Parlamentswahlen. Er kennt das Misstrauen ihm gegenüber, weiß, dass man in Deutschland ganz besonders skeptisch auf ihn und seinen Rechten Sektor schaut. Auch, dass viele finden, dass dieser die gesamte Protestbewegung auf dem Maidan in Misskredit gebracht hat. Die Reaktion des Westens interessiert ihn nicht. Der Rechtsradikale, der in seinem früheren Leben Lehrer war, bezeichnet sich selbst als Patrioten und gesetzestreuen Kämpfer. »Unsere Freiwilligen-Verbände halten sich natürlich an den Befehl des Oberkommandierenden.«

Dass zur kritischen Sicht auf ihn und seine Bewegung schon der Name der Organisation beiträgt, kann er kaum nachvollziehen. Der Name Rechter Sektor habe nun überhaupt nichts mit einer politischen Ausrichtung zu tun. »Den haben die jungen Leute bei uns vorgeschlagen. Die sind alle Fußballfans und wollten diesen Begriff aus dem Stadion.« Der Rechte Sektor war anfangs ein Sammelbecken für rechtsextreme Gruppen. Jarosch kam mit seiner Organisation »Trysub – Stepan Bandera« dazu. »Wir haben keinerlei Beziehung zu den deutschen Nationalsozialisten oder italienischen Faschisten.« Der Nationalismus in der Ukraine beinhalte Liebe zum eigenen Land, aber nicht Hass gegenüber Fremdem. In seiner Organisation seien auch Russischstämmige, Armenier, Georgier, Juden vertreten. Auch hier in dem Freiwilligenbataillon. »Wir haben einen Rabbi. Konflikte wegen dieser unterschiedlichen Nationalitäten gibt es bei uns nicht. Auch keinen Antisemitismus. Die russische Propaganda hat uns dämonisiert.« Sie erinnere immer an Stepan Bandera und dessen Partisanenkampf gegen die Rote Armee, als Beweis dafür, dass die Ukrainer alles Russische hassen würden. Damit werde Angst verbreitet in der mehrheitlich russischsprachigen

Bevölkerung in der Ostukraine und Stimmung gegen Kiew gemacht. Aber man sehe doch, wie sie von den Menschen begrüßt, sogar bewirtet werden, wenn sie die von den Separatisten besetzten Orte befreien. Die Stimmung habe sich gewendet. Nicht bei allen natürlich, denn so mancher stehe der Ukraine negativ gegenüber. »Aber es bewegt sich etwas, hier im Donezker und Luhansker Gebiet.«

Der Bataillonschef kämpft um Stimmen und mit der Waffe in der Hand. Gegen die Donezker und Luhansker Milizen, gegen Moskaus Spezialverbände. Die einzige Chance, die große russische Armee zu besiegen, sei der Partisanenkrieg, sagt Jarosch 2014. Sätze, die auch aus dem Jahr 2022 stammen könnten.

An den 0,7 Prozent für Jarosch bei der Präsidentschaftswahl im Mai 2014 und den 1,16 Prozent für Oleh Tjahnybok von der ebenfalls rechtsradikalen und nationalistischen Partei Swoboda wird bei einer Wahlbeteiligung von knapp 60 Prozent der Rückhalt der Rechtsextremen in der Bevölkerung deutlich. Er ist gering. Dass sie militärisch eine einflussreiche Größe sind, scheint damals wie heute eine Tatsache zu sein. Ins Parlament zogen Jarosch und Tjahnybok von Swoboda zwar ein, doch weder der Rechte Sektor noch Swoboda in Fraktionsstärke, sie bekamen einen bzw. sechs Sitze. Aber mit den »Faschisten auf dem Maidan« wurde ein Gespenst an die Wand gemalt, auf das der Westen, vor allem aber deutsche Politikerinnen und Politiker hereingefallen sind. Reihenweise und aus unterschiedlichen Gründen.

Am 5. Dezember 2014 initiieren Ex-Kanzlerberater Horst Teltschik (CDU), der ehemalige Verteidigungsstaatssekretär Walther Stützle (SPD) und die früheren Bundestagsvizepräsidentin Antje Vollmer (Grüne) den Aufruf »Wieder Krieg in Europa? Nicht in unserem Namen!«. Schon die Fragestellung in der Überschrift ist falsch: »Wieder Krieg in Europa?« hätte keine Frage sein dürfen, sondern eine Feststellung sein müssen. Denn Moskaus vom

Zaun gebrochener Krieg in der Ostukraine findet 2000 Kilometer entfernt tatsächlich statt. Doch die geografische Nähe rückt erst mit dem 24. Februar 2022 ins Bewusstsein vieler Deutscher. Vor dem Hintergrund dieses Aufrufs fühlen sich die Offenen Briefe wie jener an Bundeskanzler Olaf Scholz aus dem Mai 2022 wie ein Déjà-vu an.

Was zunächst wie ein ehrenwertes Anliegen klingt, entpuppt sich bei näherem Hinsehen als Relativierung der Schuld des Aggressors: »Bei Amerikanern, Europäern und Russen ist der Leitgedanke, Krieg aus ihrem Verhältnis dauerhaft zu verbannen, verloren gegangen. Anders ist die für Russland bedrohlich wirkende Ausdehnung des Westens nach Osten ohne gleichzeitige Vertiefung der Zusammenarbeit mit Moskau, wie auch die völkerrechtswidrige Annexion der Krim durch Putin, nicht zu erklären. (...) Die deutsche Regierung geht keinen Sonderweg, wenn sie in dieser verfahrenen Situation auch weiterhin zur Besonnenheit und zum Dialog mit Russland aufruft. Das Sicherheitsbedürfnis der Russen ist so legitim und ausgeprägt wie das der Deutschen, der Polen, der Balten und der Ukrainer. Wir dürfen Russland nicht aus Europa hinausdrängen. Das wäre unhistorisch, unvernünftig und gefährlich für den Frieden.«

Diejenigen, die die Tatsachen beim Namen nennen, finden sich in einer Position wieder, die man in Deutschland bis dahin nicht für möglich gehalten hätte. Die Medien werden kollektiv beschimpft, ihre Berichte angezweifelt, weil es die Unterzeichnerinnen und Unterzeichner des Aufrufs angeblich besser wissen. Einige leiden unter der Entwicklung des Krieges in der Ostukraine, wünschen sich aus ihrer pazifistischen Überzeugung heraus, dass die schrecklichen Ereignisse aufhören. Andere haben einfach ihre Hausaufgaben nicht gemacht, die darin bestehen, sich endlich auf den aktuellen Kenntnisstand zu bringen. Wegen ihres fehlenden Wissens gehen sie russischen Internettrollen leicht auf den Leim. Diejenigen, die wirtschaftliche Interessen in Russland verfolgen, ahnen schon früh, dass ihre Firmen durch die Sanktionen Einbußen erleiden werden. Sie plädieren für Milde mit Russland, denn sie wollen keinesfalls ihre Geschäftspartner verlieren. Zutreffen dürfte das beispielsweise auf Eckhard Cordes, der den Appell als Vorsitzender des Ost-Ausschusses der Deutschen Wirtschaft unterschrieben hat, und natürlich auf Gerhard Schröder, aber auch auf Hans-Joachim Frey. Der Gründer und Künstlerische Gesamtleiter des Semperopernballs hat Putin 2009 den Orden seines Eventvereins verliehen und weigerte sich zunächst, ihm diesen nach Kriegsbeginn 2014 wieder zu entziehen.

War den Unterzeichnern bewusst, welche Auswirkungen ihr pauschaler Vorwurf gegen *die* Medien hatte? »Wir appellieren an die Medien, ihrer Pflicht zur vorurteilsfreien Berichterstattung überzeugender nachzukommen als bisher. Leitartikler und Kommentatoren dämonisieren ganze Völker, ohne deren Geschichte ausreichend zu würdigen. Jeder außenpolitisch versierte Journalist wird die Furcht der Russen verstehen, seit NATO-Mitglieder 2008 Georgien und die Ukraine einluden, Mitglieder im Bündnis zu werden. Es geht nicht um Putin. Staatenlenker kommen und gehen. Es geht um Europa. Es geht darum, den Menschen wieder die Angst vor Krieg zu nehmen. Dazu kann eine verantwortungsvolle, auf soliden Recherchen basierende Berichterstattung eine Menge beitragen.«

Diese »Recherche« hätte man sich von den Unterzeichnern gewünscht. Wussten sie, dass sie sich mit diesen vollkommen unbegründeten Anschuldigungen in eine Reihe mit der AfD und Pegida stellten? Dass sie in das gleiche Horn stießen wie die Rechtsextremen, die von »Staatsfunk«, »System-Medien« und »gekauften Journalisten« redeten, vom »gleichgeschalteten journalistischen Establishment«? Dieser Aufruf war bestenfalls gut gemeint. Tatsächlich war er bösartig und heuchlerisch. Er trug zur gesellschaftlichen Befriedung denkbar wenig und zur

Aufklärung nichts bei. 2014 wird der Begriff Lügenpresse »Unwort des Jahres«.

Im Frühjahr 2015 findet in Sankt Petersburg ein »Forum der Konservativen« statt, zu dem die vom Kreml gegründete Partei Rodina eingeladen hat. Es handelt sich um ein Treffen von Ultrarechten und Neonazis, was Fjodor Birjukow, der Gastgeber, jedoch energisch bestreitet. »Die europäischen Führer und die Obama-Administration umarmen und küssen die wahren Faschisten des 21. Jahrhunderts. Die von der Kiewer Junta. Sie begrüßen die Vernichtung der Russen im Südosten der Ukraine. Dort wächst und blüht heutzutage der Nazismus, Faschismus, Extremismus und Terrorismus. Wir treten als Friedenstruppe auf. Denn der Krieg im Donbass ist nicht nur ein Genozid, sondern ein Krieg, den die US-Administration gegen Europa losgetreten hat, gegen jede europäische Nation.« In seinem Rundumschlag bekommen auch die Vereinten Nationen etwas ab, die den Terrorismus und Faschismus in der Ukraine ebenfalls begrüßen würden, sowie die OSZE.

Vor dem Tagungshotel protestieren Studenten. Vielleicht ein Dutzend, es sind mehr Polizeifahrzeuge da als Demonstranten. Drinnen im Saal macht sich der Ultra-Nationalist Chris Roman aus Belgien über die wenigen Petersburger lustig, die zum Holiday Inn gekommen sind, um sich gegen die Neonazi-Veranstaltung zu wehren. Er verhöhnt die kritische Journalistin Anna Politkowskaja, die 2006 ermordet wurde, den jüdischen russischen Unternehmer Boris Beresowski und den vor einem Monat erschossenen Oppositionspolitiker Boris Nemzow. Der Rechtsextreme lässt das Publikum in Sankt Petersburg an einer Begegnung teilhaben, die er angeblich mit einem ehemaligen Wehrmachtsoldaten hatte. Dieser hätte einen Fehler eingestanden und klargemacht, dass Deutschland lieber die USA hätte überfallen sollen und nicht Russland. Er, der Belgier Chris Roman, gebe ihm Recht. »Der Feind heute ist die westliche Demokratie. Amerika will Russland überfallen. Ich möchte mein künftiges Leben nicht mit den USA verbringen, sondern mit Russland. Russland ist unser Freund, Amerika unser Feind. Ich danke Russland, dass es die Kraft gefunden hat, einen dritten Weltkrieg zu verhindern.« Roman, der sich in seiner Eröffnungsrede auf dem Forum als Russophiler bezeichnet, beschreibt Europa als eine Halbinsel des eurasischen Kontinents und Russland als großen Nachbarn, mit dem Europa nicht nur ein geografisches, sondern auch ein geistiges Projekt verbinde.

Die meisten Sprecher wenden sich mit offen fremdenfeindlichen, rassistischen Aufrufen an das Publikum im Saal. Keiner widerspricht, keiner relativiert, man bestärkt sich vielmehr gegenseitig. Vertreter von elf nationalistischen und rechtsextremen Parteien in Europa haben sich an der Newa versammelt. Im Februar haben sie die sogenannte Allianz für Frieden und Freiheit gegründet, der die NPD aus Deutschland angehört, die belgische Partei Movement Nation, die dänische Danskernes Parti, die italienische Forza Nuova, die spanische Democracia Nacional, die griechische Chrysi Avgi, die Svenskarnas Parti aus Schweden sowie Einzelpersonen wie das ehemalige Front-National-Mitglied Olivier Wyssa aus Frankreich, Nick Griffin aus Großbritannien und besagter Chris Roman. Gegen fast alle diese Parteien wurden Gerichts- bzw. Verbotsverfahren geführt oder erwogen, unter anderem gegen die NPD. Deren Europa-Abgeordneter Udo Voigt erklärt, dass die in Sankt Petersburg versammelten Ultra-Rechten ein gemeinsamer Feind verbindet: die Globalisten, das Bankenkapital, die Spekulanten. Voigt und seine Gesinnungsgenossen seien nicht gegen Europa, nur gegen ein Europa nach dem Muster der Vereinigten Staaten von Amerika und für ein Europa der Vaterländer. »Und da gehören Russland und die Ukraine mit dazu, aber auf keinen Fall die raumfremde Macht USA, die heute in Europa über die NATO bestimmend ist. Und auf keinen Fall die Türkei, die gehört nicht zu Europa.«

Voigt hat Ende 2014 sieben Mitglieder der Partei Chrysi Avgi aus Griechenland im Gefängnis besucht. Ihnen werden Geldwäsche, Mord und organisierte Kriminalität vorgeworfen. NPD wie auch Chrysi Avgi sind bekannt für ihren Ausländerhass. Er verbindet sie. Der Kreml ist bei der Wahl seiner Freunde nicht zimperlich. Während er der grünen Europa-Abgeordneten Rebecca Harms die Einreise verwehrt, ist der NPD-Politiker Voigt ein gern gesehener Gast in Russland.

Das »Forum der Konservativen« findet mit Wissen von Präsident Wladimir Putin statt, ist der russische Politologe Emil Pain überzeugt, denn nichts geschehe, ohne dass der Kreml davon weiß. »Man hat in ein Luxus-Hotel eingeladen, den Teilnehmern den Aufenthalt bezahlt. Das ist umso interessanter, weil heutzutage niemand in Russland irgendeine Initiative selbständig entwickelt. Und wenn man jetzt fragt, warum es so wenige Proteste gibt, dann liegt auch darin die Antwort. Die religiösen Vereinigungen, zum Beispiel die muslimischen, haben genau verstanden, dass der Regierung diese Veranstaltung gefällt, die Proteste dagegen ganz klar nicht.«

Doch für den Kreml ist rechts nicht gleich rechts. Rechtsextremen aus der Ukraine, Polen oder Lettland war der Zutritt zum Forum verwehrt. Der Kreml protegiert rechtspopulistische Parteien in Europa mehr oder weniger offen. Der französische Front National, der sich später in Rassemblement National umbenennt, hat russischen Hackern zufolge einen Millionenkredit bekommen, als Belohnung dafür, dass Marine Le Pen das Krim-Referendum nach der Annexion billigte. Bekannt wurde Moskaus Darlehen an Le Pen, weil die russische Oppositionsgruppe »Anonymous international« über 1000 Webseiten und Nachrichten von Timur Prokopenko gehackt hat. Das ist der Chef der Abteilung Inneres in der russischen Präsidialadministration. In einem E-Mail-Wechsel haben die Hacker eine Absichtserklärung gefunden, in der stand, dass das politische Wohlverhalten der Parteichefin belohnt werden sollte. Die neun Millionen Euro des Kredits werden im November 2014 an den Front National überwiesen, was Marine Le Pen später zugibt. Einen politischen Zusammenhang jedoch leugnet sie. Die Rechtspopulistin macht keinen Hehl aus ihrer Bewunderung für Wladimir Putin, was ihre Anhänger bei der Präsidentschaftswahl im April 2022 nicht stört.

Auffällig unter den Teilnehmern des Forums sind die Kosaken, wegen ihrer folkloristischen Uniformen und hohen Pelzkappen. Alexej Kapustin hat ein rotes Gesicht. In dem gut geheizten Konferenzsaal schwitzt er unter seiner Kopfbedeckung, aber er behält sie tapfer auf. Auch er folgt der Kreml-Lesart, nach der der Krieg in der Ostukraine ein Konflikt zwischen Ukrainern und Russischstämmigen ist. Kosaken wie er verstehen sich als Bewahrer der russischen Traditionen. De facto sind sie eine paramilitärische Organisation mit vielen regionalen Ablegern. Eine ihrer wichtigsten Aufgaben besteht in der Nachwuchsarbeit. Zielgruppe sind Kinder aus sozial schwachen Familien, die mit Sport geködert werden. Einige dürfen sogar reiten lernen, was ihnen ihre Eltern nicht bieten können. Ziel ist eine vormilitärische Ausbildung der Jüngsten, um sie früh an die Armee heranzuführen und auf den Wehrdienst vorzubereiten.

An Alexej Kapustins Seite sitzt Anna Schilajewa. Auch sie trägt Uniform, ein Kostüm, und Kosaken-Mütze. Schilajewa arbeitet im zivilen Leben in ihrer eigenen Firma; bei den Kosaken möchte sie eine Frauenabteilung gründen. Die Kosaken müssen die Armee unterstützen, findet sie, auch wenn die russischen Streitkräfte in den zurückliegenden Jahren modernisiert wurden und keineswegs mehr unterfinanziert sind. Die Waffen, die gegen die ukrainischen Verbände verwendet werden, seien schon deshalb leicht als russische auszumachen, weil sie viel moderner sind als die veraltete sowjetische Militärtechnik, mit der die ukrainische Armee vorliebnehmen müsse. Sie bestätigt, dass Kosaken aus ganz Russland in den Donbass ziehen: Kuban-Kosaken, vom Baikal, aus Twersk, Orenburg, vom Amur, aus dem Ural, aus Sibirien. Kosaken sind keine Soldaten. Sie würden freiwillig kämpfen, zum Beispiel in Luhansk. Auch auf der Krim halten sie sich für unentbehrlich. »Wir haben gerade einen von uns begraben. Er war als Scharfschütze in Debalzewe.« Die Kosaken plagt keinerlei Unrechtsbewusstsein, dass sie auf ukrainischem Territorium kämpfen. Im Gegenteil, Alexej Kapustin ist auf den gerechten Krieg gegen die »Faschisten« stolz. »Ich habe das im Internet gesehen. Noch ist das vielleicht eine kleine Gruppe, aber so etwas muss man von Anfang an bekämpfen. Es geht nicht nur um Luhansk, es geht darum, was das für Leute sind: diese Banderowzy. Bandera, Hitler, Mussolini – das ist alles das Gleiche. Wir wissen, was sie mit kleinen Kindern machen im Donbass, in Kramatorsk. Sie quälen und töten sie. Das ist doch keine Propaganda, das sind Tatsachen.«

Moskau versucht, Deutschland im Laufe der Jahre zu spalten, indem es nicht mehr nur auf die SPD als politische Ansprechpartnerin setzt, sondern auch radikale Kräfte für seine Zwecke einspannt. Ganz Rechte wie ganz Linke sind seine Verbündeten, weil sie das demokratische Lager in Europa schwächen.

Bahr, Eppler, Schmidt und Schröder – das Quartett der eitlen Alten

Deutschland, das sich gern als Aufarbeitungsweltmeister betrachtet, hat in Bezug auf die Ukraine eine Menge Wissenslücken, die sich auch bei Spitzenpolitikern finden. Das führt zu Fehleinschätzungen und falschen Rücksichtnahmen, die nicht nur peinlich, sondern verhängnisvoll sind. Als Russland seine Eroberungs- und Kriegsgelüste 2014 an seinem Nachbarland auszuleben begann, meinte man sich in Deutschland mit Kritik an Moskau zurückhalten zu müssen. Wegen der Nazi-Verbrechen im Zweiten Weltkrieg. Aber kaum jemand unter den deutschen Politikerinnen und Politikern hat sich seit dem Zerfall der Sowjetunion mit deren Nachfolgestaaten befasst. Die UdSSR wurde gleichgesetzt mit Russland. Das Raster war derart grob, dass die Ukraine einfach durchfiel. Und das, obwohl sie flächenmäßig fast doppelt so groß ist wie Deutschland und etwa so viele Einwohner hat wie Polen.

Das Land wurde sträflich vernachlässigt. Selbst erfahrene Polit-Profis blickten jahrzehntelang großzügig über den zweitgrößten Staat unseres Kontinents hinweg. Russland hat Europas Nachkriegsordnung geändert, die Grenzen zum Nachteil der Ukraine verschoben und Krieg im Osten ihres Gebietes angezettelt – doch vor allem SPD-Politiker äußerten vorrangig Kiew gegenüber Bedenken. Ein Blick auf den Frontverlauf des Zweiten Weltkrieges genügt, um zu wissen, dass es die Ukraine war, deren Territorium zum einen vollständig und zum anderen über die gesamte Dauer des Russlandfeldzuges von den Feinden besetzt war. Die Zerstörungen und Opfer sind aus diesem Grund höher als im heutigen Russland. Das hat ebenfalls, aber nicht in dem Ausmaß wie die Ukraine gelitten. Weshalb mit Blick in die Geschichte auf Russland Rücksicht genommen werden muss und auf die Ukraine nicht, erklärt sich nicht.

Erstaunlich ist, dass es vor allem SPD-Spitzenpolitiker der Kriegs- und Nachkriegsgeneration sind, die sich nur an die historische Schuld Moskau gegenüber erinnern. Ist es wirklich Unwissenheit oder Absicht? Wird aus alter Gewohnheit der Raum zwischen Deutschland und Russland wieder einmal übergangen? In Osteuropa werden bei diesen Fragen ungute Erinnerungen wach. Stichwort Rapallo und Stichwort Hitler-Stalin-Pakt.

Zuerst nach Rapallo: An der Weltwirtschaftskonferenz 1922 in Genua nehmen sowohl Deutschland als auch Russland teil. Es geht wie schon so oft seit dem Ende des Ersten Weltkrieges um deutsche Reparationszahlungen. Russland soll seine Ansprüche an Berlin auflisten. Deutschland ist empört. Die Delegation aus Berlin hat einen Plan. Sie bittet die russische Seite ins 30 Kilometer entfernte Rapallo, um ihr etwas vorzuschlagen. Was, wenn sich Deutschland und Russland verbünden würden? Beide sind Verlierer des Ersten Weltkrieges und immer noch international Geächtete: Deutschland, weil ihm die alleinige Kriegsschuld angelastet wird, Russland wegen der Revolution.

Den Russen gefällt die Idee. Man vereinbart – nach außen ganz harmlos –, diplomatische Beziehungen aufzunehmen und sich gegenseitig wirtschaftlich und finanziell zur Seite stehen. Moskau verzichtet auf deutsche Reparationszahlungen, was für Deutschland eine große Erleichterung darstellt, denn es ächzt schon jetzt gewaltig unter den Zahlungsverpflichtungen aus dem Versailler Vertrag. Umgekehrt lassen die Deutschen ihre Kompensationsforderungen fallen. Die Schäden, die während der Oktoberrevolution an deutschem Eigentum in Russland entstanden sind, müssen nicht ersetzt werden. Außerdem verabreden beide Seiten, wie sie einander auf dem Energiesektor helfen können. Zur Erinnerung: Wir schreiben das Jahr 1922! Die Deutschen bieten Förderanlagen, die Russen Öl, was Deutschlands Abhängigkeit von britischen und amerikanischen Öl-Kartellen mindert. Eine Win-Win-Situation.

Heikel sind allerdings die Pläne über die militärische Zusammenarbeit. Die deutschen Junkers-Werke sollen in Fili bei Moskau eine Flugzeugfabrik aufbauen, und in einer geheimen Fliegerschule bei Lipezk sollen von den Deutschen russische Piloten ausgebildet werden – und viele eigene. Außerdem plant man, eine Giftgasfabrik zu errichten. All das, vor allem den Aufbau deutscher Luftstreitkräfte, verbietet der Versailler Vertrag Deutschland ausdrücklich. Mit Moskaus Hilfe wird er unterlaufen. Spindoktor der geheimen Kooperation zwischen Reichswehr und der sowjetischen Roten Armee ist der Chef der Heeresleitung, General Hans von Seeckt. Er ist bereit, noch einen großen Schritt weiterzugehen. Seeckt findet schon allein die Existenz Polens unerträglich und will, dass es verschwindet. Am besten durch eigene Schwäche und durch Russland, mit tatkräftiger deutscher Unterstützung. Polen müsse zerstört werden, damit Deutschland und Russland wieder unmittelbare Nachbarn würden, so wie 1914. Davon steht zwar später nichts im Vertrag von Rapallo, aber als dies bekannt wird, ist die Entrüstung in Frankreich und Großbritannien groß. Deutschland werden revanchistische Absichten unterstellt. Rapallo wird zum Inbegriff für das Misstrauen gegen die Achse Berlin-Moskau.

Am 23. August 1939 beschließen Deutschland und die Sowjetunion wieder einen geheimen Pakt. Ausgehandelt wird er von Außenminister Joachim von Ribbentrop und dem Außenkommissar Wjatscheslaw Molotow. Er enthält die Vereinbarung, auf welche Weise die beiden Diktatoren Europa und die Welt untereinander aufteilen wollen. Offiziell ist es ein Nichtangriffspakt. Für seinen geplanten Überfall auf Polen sichert sich Hitler die Neutralität der Sowjetunion, was an seinen Kriegsplänen gegen sie nichts ändert. Stalin seinerseits verfolgt die Absicht, mit Deutschland so lange wie möglich zusammenzuarbeiten, um einen Krieg zu vermeiden. Beide Seiten verabreden, dass Moskau Hitlers Rüstungswirtschaft mit Rohstofflieferungen unterstützt und im Gegenzug Maschinen geliefert bekommt.

Wirklich brisant aber ist das geheime Zusatzprotokoll, das eine Aufteilung Europas und der Welt zwischen Hitler und Stalin vorsieht. Eine gute Woche nach der Unterzeichnung im Kreml fallen Hitlers Truppen von Westen in Polen ein, rund zwei Wochen später Stalins Rotarmisten im Osten. Am 22. September 1939 findet in Brest-Litowsk die berüchtigte Siegesparade von Wehrmacht und Roter Armee statt, auf der die deutsch-sowjetische Waffenbrüderschaft gefeiert wird. Polen muss am 27. September kapitulieren. Einen Tag später beschließen die beiden Invasoren den Deutsch-Sowjetischen Freundschafts- und Grenzvertrag, der eine genaue Gebietsaufteilung regelt. Demzufolge ist geplant, dass Westpolen einschließlich Lublin und Warschau an das Deutsche Reich gehen würden, der Rest Polens sowie Finnland, Estland, Lettland, Litauen und das heutige Rumänien an die Sowjetunion. Die deutschen, ukrainischen und weißrussischen Minderheiten sollen aus den betroffenen Gebieten in den eigenen Machtbereich umgesiedelt werden. Gemeinsam verletzen Hitler und Stalin das Selbstbestimmungsrecht von fünf Ländern. Mit dem deutschen Überfall auf die Sowjetunion im Juni 1941 ist der Hitler-Stalin-Pakt Makulatur.

In Russland wechseln bis heute die Begründungen, warum Stalin den Pakt eingegangen ist – mal war es ein Nichtangriffspakt, mal sollte der Krieg hinausgezögert werden. An der Wahrheit, dass die Sowjetunion nicht nur Opfer, sondern auch Täterin im von Deutschland begonnenen Zweiten Weltkrieg war, ist Russland nicht interessiert, zuletzt gab Putin sogar Polen die Schuld. Die Rote Armee sei 1939 erst in Polen einmarschiert, als die Regierung in Warschau das Land nicht mehr unter Kontrolle hatte. Dies sei nur geschehen, um die Sicherheit der UdSSR zu verteidigen. Warum die sowjetischen Einsatzkräfte Tausende Angehörige der polnischen Elite töteten, erklärte Putin in seinen Ausführungen auf seiner Jahrespressekonferenz 2019 nicht.

Wenn Berlin und Moskau eng zusammenarbeiten, wenn deutsche Politiker sogar noch heute von Russland als Nachbarn sprechen, und die direkt angrenzenden Länder übergehen, werden die Menschen in Osteuropa also zu Recht sehr wachsam. Umso mehr, wenn Russland und Deutschland über sie hinweg und auf ihre Kosten Verträge schließen.

Erhard Eppler, der sehr friedensbewegte Sozialdemokrat, hat Ende 2014 für die Ukraine nur Verachtung und Herablassung übrig und weiß, wie man mit dem osteuropäischen Land fast ein Jahr nach der russischen Okkupation und Einverleibung der Krim verfahren sollte. Zunächst empört er sich, dass sich die ukrainischen Parteien im Wahlkampf »in antirussischem Nationalismus überbieten«. Offenbar ist Eppler entgangen, dass der Krieg in der Ostukraine von Russland angeheizt wird und bereits Tausende Tote gekostet hat. Außerdem findet er die Ukraine »ökonomisch und finanziell so heruntergekommen, dass weder die Europäische Union noch Russland alleine in der Lage sein werden, dieses riesige Land zu sanieren. Nur gemeinsam könnten sie es schaffen. (...) Also wird früher oder später die Einsicht unvermeidbar, dass die Europäische Union sich mit Russland verständigen muss. Dabei wird eine ukrainische Regierung zwar mitreden, aber nicht die Bedingungen diktieren können.«

In anderen Zusammenhängen würde man eine solche Haltung wohl als kolonialistisch bezeichnen. Eppler verliert kein Wort des Mitgefühls für die Kriegsopfer, deren Zahl bereits in die Tausende geht, keine Silbe der Solidarität mit den Zivilisten, die für die Modernisierung und Demokratisierung ihres Landes kämpfen.

Es ist das Quartett der eitlen Alten, das sich einfach nicht für die Ukraine erwärmen kann. Der Jüngste und zugleich in den Medien Präsenteste in diesem Reigen meldet sich noch vor dem Krim-Referendum am 16. März 2014 zu Wort, als Russland dabei ist, sich die Krim einzuverleiben. Zwar habe es einen Bruch des Völkerrechts gegeben, mit einem erhobenen Zeigefinger solle man jedoch vorsichtig sein, »weil ich es selber gemacht habe«, entschuldigt Gerhard Schröder Putins Invasion. Das, was Putin mit der Krim gemacht habe, sei für ihn die deutsche Beteiligung am Kosovokrieg gewesen, er habe den gleichen Fehler auch begangen. Deswegen dürfe man Putin nicht dämonisieren.

Die Parallele, die Schröder hier großzügig zieht, verläuft nicht ganz so gradlinig. Denn Serbien ist während und nach den Bombenangriffen 1999 nicht von Deutschland oder anderen NATO-Staaten besetzt worden. Außerdem gingen der Militäraktion monatelange Verhandlungen voraus, sie erfolgte gerade nicht unangekündigt. Begründet wurde das NATO-Eingreifen mit der Abwendung einer immer größer werdenden humanitären Katastrophe, was damals noch ein wackliges Argument war, weil die sogenannte Schutzverantwortung, die in dringenden Fällen Interventionen ermöglicht, erst nach dem Kosovokrieg Eingang ins Völkerrecht fand. Die NATO hat auch nicht die Zustimmung des Weltsicherheitsrats eingeholt, weil klar war, dass Russland und China ihr Veto einlegen würden. Der Einsatz der NATO im Kosovo war hoch umstritten in Deutschland, Schröders Außenminister Joschka Fischer bekam von seiner Partei, Bündnis 90/Die Grünen, besonders viel Druck. Er stimmte dem Einsatz zu, weil er »nie wieder Krieg, nie wieder Auschwitz, nie wieder Völkermord, nie wieder Faschismus« wollte.

Schröder unterschlägt bei dem Vergleich das Wichtigste:

Die Ukraine hatte sich keinerlei Verbrechens schuldig gemacht. Nicht 2014 und auch später nicht 2022. Der Putin-Freund macht die EU verantwortlich, sie habe die Ukraine zu einem Assoziierungsabkommen gedrängt. Das kulturell in Europaorientierte und Nationalisten im Westen und Russischdenkende im Osten und Süden gespaltene Land habe man damit vor ein Entweder-oder gestellt. Die Ukraine habe so nur die Wahl gehabt, sich gegen die Verbindungen zu Russland zu entscheiden.

Das Wissen über die Befindlichkeiten und tatsächlichen Verhältnisse in der ukrainischen Gesellschaft und das darin weit verzweigte Netz der ukrainischen Nichtregierungsorganisationen (NGOs) ist in Deutschland, vorsichtig ausgedrückt, ausbaufähig. Die Bereitschaft, das Land kennenzulernen, tendierte lange gegen null. Viele unterliegen dem Irrglauben, dass sie, wenn sie Russland kennen, auch genug über die Ukraine wüssten. Doch es existieren große Unterschiede, vor allem im Engagement der Bürgerinnen und Bürger für ihr Land. Ob die Reform der Wahlgesetze und des Justizwesens, der Kampf gegen die Korruption oder für Transparenz in der Wirtschaft, für die Beschneidung der Macht der Oligarchen, für transparente Einkommensdeklarationen von Abgeordneten und Regierungsmitgliedern, für die Dezentralisierung der Macht und die Stärkungen der lokalen Parlamente und Verwaltungen – es gibt kaum ein Politikfeld, das die Aktivisten in den NGOs nicht mit ausgehandelt hätten. Die zumeist jungen Männer und Frauen bringen sich in einem derart großen Umfang in die Umgestaltung ihres Landes ein, der in Russland nicht ansatzweise zu finden ist. Auch weil dort genau dieser politische Teil der Zivilgesellschaft massiv unterdrückt wird. Die Ukraine hat Ende 2014 freie und faire Wahlen hinter sich, die Russland seit Putins Amtsantritt nicht erlebt hat. Beide Länder sind von Oligarchen dominiert, unterscheiden sich in ihrem Freiheitsgrad jedoch seit dem Ende der Jelzin-Ära fundamental. Doch die Deutschen sympathisieren noch immer mit dem autoritären Russland und fremdeln nach wie vor mit der zivilgesellschaftlich geprägten Ukraine.

Deutsche Politiker und Journalisten haben kein Problem damit zuzugeben, dass sie über ein Land schreiben und urteilen, das sie bis heute nicht aus eigener Anschauung kennen. Dabei dauerte ein Flug nach Kiew keine zwei Stunden und außerhalb der besetzten Ostukraine war eine Reise in die übrigen Regionen bis 2022 völlig ungefährlich.

Ein gefragter Gesprächspartner ist auch der SPD-Fahrensmann Egon Bahr. Der Architekt von Willy Brandts Ostpolitik ist sich bereits im März 2014, im Vorfeld der Abstimmung auf der Krim, sicher, dass die Halbinsel künftig ein Teil Russlands sein werde. Bahr soll immer wieder in Interviews beantworten, ob der Kalte Krieg zurückgekehrt ist. Eine seltsame Frage angesichts des laufenden heißen Krieges in der Ostukraine, aber ein guter Anlass, einmal mehr auf sein Lieblingsthema, den Wandel durch Annäherung, zu kommen. Er lobt die von ihm miterfundene Ostpolitik nachträglich in den höchsten Tönen, denn damals habe niemand die andere Seite bekehren wollen. »Ich habe jetzt das Gefühl, als ob man im Grunde dem Putin übelnimmt, dass er kein Demokrat nach unserer Auffassung und nach unserer Machart ist. (...) Russland muss sich nach seinen Traditionen entwickeln und zu seinen Traditionen gehört bekanntermaßen die Demokratie nicht. Das heißt, weder Putin noch seine Kinder noch seine Enkel werden Demokraten nach unserer Machart und nach unserem Verständnis sein. (...) Nein, es wird eine Demokratie à la russe werden und das soll uns eigentlich genügen.«

Über Jahrzehnte galt in der deutschen Außenpolitik der Grundsatz, dass Frieden nur mit und nicht gegen die Sowjetunion bzw. Russland möglich ist. Darin kam eine Hoffnung zum Ausdruck, aber auch der Wunsch nach Wiedergutmachung der Schuld im Zweiten Weltkrieg. Die SPD war dafür bereit, Grenzen zu überschreiten, die sie mitunter besser eingehalten hätte.

Bahrs Politik des »Wandels durch Annäherung« haben manche DDR-Bürger noch gut als »Wandel durch Anbiederung« in Erinnerung. Ab 1982 trafen sich Repräsentanten der SPD, allen voran Eppler und Bahr, in regelmäßigen Abständen mit der SED. Man diskutierte ideologische Streitfragen zwischen Ost und West sowie die Friedens- und Reformfähigkeit der beiden Systeme, außerdem Demokratie und Menschenrechte. Seit 1984 verbrachten SED-Genossen der Akademie für Gesellschaftswissenschaften und Mitglieder der SPD-Grundwertekommission mal hüben, mal drüben gemeinsame Wochenenden, die auf Epplers Initiative hin bald in eine stringente Arbeit mündeten. Ziel war, gemeinsam mit der totalitären Staatspartei ein Dialogpapier vorzulegen. Am 28. August 1987 erschien es zeitgleich im Zentralorgan der SED, dem *Neuen Deutschland*, und im *Vorwärts*, der Parteizeitung der SPD, unter dem Titel »Der Streit der Ideologien und die gemeinsame Sicherheit«. Die SPD befand sich in der Opposition zur CDU/CSU und FDP geführten Regierung, aber auch zur Rüstungspolitik von US-Präsident Ronald Reagan und zum NATO-Doppelbeschluss, den ihr eigener Kanzler Helmut Schmidt forciert hatte.

1987 feiern sich die Sozialdemokraten dafür, dass das Papier die gemeinsame Sicherheit mit der innenpolitischen Forderung nach Öffnung und Dialogfähigkeit verknüpfte und die SED mit ihrer Unterschrift die Grundsätze der pluralistischen Demokratie anerkannte. Davon war die SED-Führung allerdings genauso weit entfernt wie zuvor. Sie dachte nicht einmal an einen Dialog mit ihren Kritikerinnen und Kritikern innerhalb der DDR, sondern rief diese unbeeindruckt und in altbewährter Manier zur Ordnung. Wer den Text in der DDR nüchterner las als die SPD-Genossen, konnte ihn auch als ein Ewigkeitsversprechen für den Erhalt der DDR verstehen, was viele sehr enttäuschte. »Unsere Hoffnung kann sich nicht darauf richten, daß ein System das andere abschafft. Sie richtet sich darauf, daß beide

Systeme reformfähig sind und der Wettbewerb der Systeme den Willen zur Reform auf beiden Seiten stärkt.« Wenn es also Reformen geben sollte, dann nur in einem abgesteckten Rahmen, der nicht das System selbst antastete. Für das oberste Ziel, den Frieden, fiel die Freiheit der Ostdeutschen und Osteuropäer unter den Tisch. Bahr legte ein Jahr später nach: »Es muss Frieden geben, auch ohne die Lösung der deutschen Frage. Die Mächtigen werden sich nicht wegen einer klein gewordenen Frage schlagen.«

Wieder einmal fürchtete die SPD jede Erschütterung des Status quo, wie schon 1980 bei der polnischen Solidarność-Bewegung. Und wieder einmal war ihr die Stabilität lieber als das Aufbrechen der Diktatur. Wen sollte es 2014 da noch verwundern, dass sie auch mit der ukrainischen Demokratiebewegung wenig anfangen konnte?

Am besten im Quartett der eitlen Alten wusste Helmut Schmidt Bescheid. Die Politik des Westens basiere auf einem großen Irrtum, nämlich dem, »dass es ein Volk der Ukrainer gäbe, eine nationale Identität«. In Wahrheit gebe es die Krim, die Ost- und die Westukraine. Und während die Krim sowieso nur ein »Geschenk« Nikita Chruschtschows an die Ukraine gewesen sei, würde die Westukraine größtenteils aus ehemaligen polnischen Gebieten bestehen, allesamt römisch-katholisch. Hingegen liege die Ostukraine, überwiegend russisch-orthodox, auf dem Gebiet der Kiewer Rus, dem einstigen Kerngebiet Russlands. Vielleicht hatte der Altkanzler Putins Rede im März 2014 anlässlich der Feier des Vertrags über die Zugehörigkeit der Krim zu Russland etwas zu genau verfolgt, auf jeden Fall bediente er sich dessen Argumentation. Die letzte Volkszählung in der Ukraine von 2001 sagt etwas ganz anderes aus: 78 Prozent der Bevölkerung geben bei der Frage nach ihrer Nationalität an, Ukrainer zu sein.

Wenn eines zweifellos passiert ist, dann dass niemand die Ukraine als Nation so sehr zusammengeschweißt hat wie Putin.

Bahr ist sich sicher, dass die Ukraine nicht zum Osten und nicht zum Westen gehört. »Die Ukraine ist das schrecklich bedauernswerte Land, durch das die Grenze zwischen lateinischem und orthodoxem Christentum verläuft. Und das wird auch so bleiben. (...) Die Ukraine kann kein Mitglied der NATO werden.« Wo sie sich künftig geopolitisch einsortieren darf, würden der amerikanische und der russische Präsident bestimmen. Bahrs Worte machen deutlich, dass keineswegs nur Putin dem Denken in Einfluss-Sphären verhaftet ist. Das geheime Zusatzprotokoll des Hitler-Stalin-Paktes, das erst nach dem Fall des Eisernen Vorhangs bekannt wurde, sprach von den »Interessensphären«. Ist denen, die heute die Osterweiterung der NATO kritisieren, die souveränen Staaten nicht die freie Bündniswahl zugestehen, eigentlich bewusst, dass sie diesem totalitären Denken in Interessensphären noch immer verhaftet sind?

Am 18. März 2022 wäre Egon Bahr 100 Jahre alt geworden. An diesem Tag ist der russische Krieg gegen die Ukraine fast vier Wochen alt und selbst manche SPD-Genossen haben inzwischen erkannt, dass die Zeit über den Erfinder des Wandels durch Annäherung hinweggegangen ist. Weder ist der Wandel durch Handel ein Rezept für alle Ewigkeit, noch bekommt Deutschland mit seinen Sonderbeziehungen zu Russland weiterhin einen Interessensausgleich mit Moskau hin. Denn das imperiale, chauvinistische Russland ist anders als die Sowjetunion nicht an der Erhaltung des Status quo interessiert, sondern vielmehr an dessen Veränderung.

Zu Willy Brandts Zeiten betrug der Wehretat der Bundesrepublik gut vier Prozent des Bruttoinlandsprodukts, war also mehr als doppelt so hoch wie beim Amtsantritt von SPD-Kanzler Olaf Scholz. Die Sowjetunion durfte damals sicher sein, dass bei aller Entspannungspolitik Deutschlands Stärke nicht vernachlässigt wurde, im Gegenteil: Die Softpower war möglich, weil an der Verteidigungsfähigkeit keine Abstriche gemacht wurden.

Deutsche Geschäfte
im Sinne des Kremls

Im Jahr 2015 kann man nur staunen, wie extrem kurz das Gedächtnis der Bundespolitiker ist, wie schnell sie bereit sind, die Krim-Annexion zu vergeben und zu vergessen. Im Herbst fliegt der damalige Wirtschaftsminister Sigmar Gabriel nach Moskau. Seine Reise beginnt am 18. Oktober. Deutschland und Europa befinden sich in einem Ausnahmezustand, weil über eine Million Menschen vor dem Krieg in Syrien nach Europa flieht. In ihrem Gefolge befinden sich Afghanen, Pakistaner und Migranten aus unterschiedlichen afrikanischen Ländern. Die anfängliche Willkommenskultur kippt. Asylbewerberheime werden angegriffen, eine ausländerfeindliche Stimmung macht sich breit. Angela Merkels »Wir schaffen das« wird keineswegs von allen als Ansporn aufgefasst. Die Moskauer Propagandisten, die jede Kontroverse in Deutschland aufgreifen und zusätzlich befeuern, streuen die sogenannte Lisa-Geschichte. Demzufolge haben syrische Asylbewerber ein deutsches Mädchen vergewaltigt. Nichts daran stimmt, die Story ist erlogen, wie sich später herausstellt.

Den Sprengstoff, den das Thema Asyl in der EU entfachen kann, nutzt der Kreml. Polen und Ungarn liegen mit Deutschland und Brüssel über Kreuz, weil sie sich weigern, Neuankömmlinge aufzunehmen, unter denen sich viele muslimische Menschen befinden. Warschau und Budapest werfen der Bundesregierung vor, vorab nicht nach ihrer Meinung gefragt worden zu sein. Deutschland habe über ihre Köpfe hinweg entschieden, dass die Flüchtlinge kommen dürfen, also soll Berlin mit dem Ansturm allein fertigwerden. Moskau, unablässig auf der Suche nach derartigen Rissen im westlichen Mauerwerk, versteht es inzwischen meisterhaft, selbst die allerkleinsten, haarfeinen zu finden und zu nutzen. Überall hakt die zersetzende Propaganda ein, um Salz in offene Wunden zu streuen. Das ist auch das Kalkül, als Putins Handlanger Lukaschenko 2021 Tausende Migranten von Belarus nach Polen, Litauen und Lettland schickt. Es gelingt nicht, damit die Lage zu destabilisieren, denn endlich hat sich in der EU die Erkenntnis durchgesetzt, dass ebendies Absicht des Kremls ist.

Der Krieg in der Ostukraine verschwindet während der Flüchtlingskrise 2015 fast vollständig vom Radar der Politik, aber auch aus den Medien. Es geht in Deutschland fast unter, dass sich Vizekanzler Gabriel ausgerechnet in Moskau für die schrittweise Aufhebung der Sanktionen ausspricht, die nach der Krim-Annexion und der Besetzung der Ostukraine erst Anfang des Jahres ausgesprochen worden waren. Das Minsker Abkommen vom Februar 2015 ist mitnichten umgesetzt. Dafür müsste die Ukraine ihre Grenze zu Russland wieder selbst kontrollieren können, wovon sie himmelweit entfernt ist. Der Sozialdemokrat fällt mit seiner Kompromissbereitschaft Kiew in den Rücken. Auch gegenüber der Kanzlerin, die das Minsker Abkommen über 17 Stunden mitverhandelt hatte, ist dieses Abrücken ein unfreundlicher Akt. Oder vielleicht nicht? Ist ihr Vizekanzler etwa in einer mit ihr abgestimmten Mission unterwegs? Denn immerhin trifft sich Gabriel in Moskau mit dem russischen Präsidenten. Was eigentlich Sache der Chefin wäre. Es geht um Nord Stream 2, zwei zusätzliche Röhren, durch die noch mehr Erdgas aus Nordsibirien nach Westeuropa gepumpt werden soll. Bei seiner Begegnung mit Wladimir Putin in dessen Residenz in Nowo-Ogarjowo gibt Gabriel den Schröder. Wie der Ex-Kanzler lässt er jede Distanz vermissen, als er den Kreml- und Kriegsherrn um ein Autogramm für die Zahnarzthelferin Oksana, die in der Praxis von Gabriels Frau arbeitet, bittet. Er verbindet seinen Wunsch mit einer Ergebenheitsbekundung: »Wenn man in die Vergangenheit schaut, ins Jahr 2000, dann ist überhaupt nicht klar, warum sich unsere beiden Länder in komplett unterschiedliche Richtungen entwickelten.«

Die Krim-Annexion liegt keine anderthalb Jahre zurück. Ein Ende des Krieges in der Ostukraine ist nicht in Sicht. Täglich fordert er Todesopfer.

Ungeachtet dessen schiebt der Vizekanzler das nächste deutsch-russische Großprojekt an. Ein weiterer Affront gegen die Ukraine und die osteuropäischen Mitgliedsländer in der EU. Sie alle hatte Deutschland schon mit Nord Stream 1, der ersten direkten Pipeline von Russland nach Deutschland, gegen sich aufgebracht. Vor allem Warschau sträubte sich gegen das Vorhaben, befürchtend, dass die Jamal-Pipeline auf polnischem Gebiet ebenfalls überflüssig werden könnte. Moskau geht es vor allem um den Transit durch die Ukraine, den es lieber heute als morgen beenden möchte. Offiziell, weil die Gasröhren samt den Stelzen, auf denen sie stehen, schrottreif seien. Gabriel setzt sich zwar pro forma für eine Sanierung oder Erneuerung ein, doch das ist für Kiew angesichts des neuen deutsch-russischen Milliardenprojektes nicht mehr als ein Lippenbekenntnis. Der SPD-Slogan »Wandel durch Handel« bekommt für die ukrainische Regierung eine völlig neue Bedeutung: Der von den Deutschen forcierte Wandel wird den Handel der Ukrainer stoppen. Sie sollen aus dem Gasgeschäft herausgekegelt werden und machen sich dementsprechend Sorgen um ihre Einnahmen aus den Transitgebühren. Die betragen rund zwei Milliarden US-Dollar jährlich. Noch wichtiger als das Geld ist für Kiew aber etwas anderes: Solange Russland die Pipeline braucht, solange wird die Ukraine nicht zerstört. Sie ist für die Ukraine also eine Art

Lebensversicherung. Ein Argument, das die Bundesregierung geflissentlich überhört. Es kommt überhaupt nicht in Berlin an.

Frank-Walter Steinmeier und Sigmar Gabriel sind Schröders wichtigste Verbündete im Kabinett von Angela Merkel, sagt Christoph Heusgen, der bis 2017 ihr außenpolitischer Berater war. Die Bundeskanzlerin lässt beiden Ministern ihres Kabinettes freie Hand. Schon ihre Entscheidung 2005 war schwer nachzuvollziehen, als sie sich das Schröder-Putin-Vorhaben Nord Stream 1 zu eigen machte. Die ersten beiden Röhren enden in ihrem Wahlkreis Vorpommern-Rügen – Vorpommern-Greifswald I. Genau hier kommt das russische Erdgas an. Nun sollen eine dritte und eine vierte folgen, die für die Versorgungssicherheit unnötig sind und nur noch mehr Geld in Russlands Kassen spülen werden.

Dass die Einwände der Ukraine und der Transitländer Polen und Belarus einmal mehr kaum Beachtung finden, führt zu Kritik im In- und Ausland. Bundestagsabgeordnete fordern von der Regierung, eine Liste aller Treffen von Vertretern beider Seiten, Politik und Nord Stream 2, offenzulegen. Dieser Aufstellung zufolge gab es zwischen Januar 2015 und Oktober 2017 insgesamt 62 Treffen, zu denen die Minister Gabriel und Steinmeier bzw. die deutschen Botschafter in Brüssel und Moskau mit Nord-Stream-2-Repräsentanten zusammenkamen. Der *New York Times* gegenüber erklärte der ehemalige sozialdemokratische Wirtschafts- und spätere Außenminister Gabriel, dass er sich mit Vertretern von Russland und Gazprom in dieser Zeit getroffen habe, um »einen drohenden Lieferstopp Russlands an die Ukraine abzuwenden«. Wie oft er in der Angelegenheit mit Kiew konferierte, ist unbekannt. Der Zeitung droht Gabriel: »Sollten Sie meine Besuche und Treffen in Russland in einen anderen Zusammenhang stellen, möchte ich Sie jetzt darüber informieren, dass ich rechtliche Schritte einleiten werde.« Das klingt nervös.

Mit einem Mann hat Gabriel ganz besonders häufig zu tun. Es ist Matthias Warnig. Der Ex-Stasi-Mann gilt als wichtigster Deutscher in Russland, wichtiger noch als Gerhard Schröder. Putin verleiht ihm 2012 den »Orden der Ehre«.

In die Gruppe der Russland-Lobbyisten wechselt auch Matthias Platzeck nach dem Ende seiner Politikerkarriere. Ein halbes Jahr lang war er Schröders Nachfolger im Amt des SPD-Vorsitzenden. Nach seinem krankheitsbedingten Rücktritt als Parteichef legt er 2013 auch das Amt des Ministerpräsidenten von Brandenburg nieder. Wieder aus gesundheitlichen Gründen. Doch nur kurz nach seinem Ausscheiden aus der Politik übernimmt er den Vorsitz des Deutsch-Russischen Forums, das sich wesentlich homogener zusammensetzt als der Petersburger Dialog, denn Kritiker der russischen Führung haben im Forum von vornherein keinen Platz. Eine Politik, die der angebliche Brückenbauer Platzeck fortsetzt. Platzeck wirkt nach außen versöhnlich und verständnisvoll, hinter den Kulissen sortiert er aus. Russlandkritiker, egal ob aus gesellschaftlichen Organisationen oder Journalisten, werden weder zu den Veranstaltungen des Forums eingeladen, noch gewährt man ihnen Interviews. Die Botschaft ist unmissverständlich: Man möchte unter sich bleiben. Beim ersten »Russlandtag«, den sein Ex-Ministerpräsidenten-Kollege Erwin Sellering in Mecklenburg-Vorpommern 2014 ins Leben ruft, ist Platzeck als prominenter Gast mit von der Partie. Als Hauptsponsor des Russlandtages tritt die Nord Stream AG in Erscheinung, demzufolge erscheint Altkanzler Schröder zur Eröffnung als Hauptredner.

Als neuer Russland-Lobbyist macht sich Matthias Platzeck blitzschnell einen Namen. Im Jahr 2014 fordert er, dass die Annexion der Krim nachträglich völkerrechtlich geregelt werden muss. Auf Platzeck richten sich alle Scheinwerfer. Der SPD-Mann bietet der Ukraine und der EU wie auch dem Westen insgesamt die Stirn, indem er bereit ist, Russlands Expansion zu legalisieren, »mit finanzielle[n] Leistungen, einer Wiederholung des Referendums unter OSZE-Kontrolle und weiterem«. Als sich auch in der eigenen Partei Protest regt, rudert der neue Kremlfreund etwas zurück. Nun muss es keine Anerkennung der völkerrechtswidrigen Annexion der Krim mehr sein, aber das Krim-Problem müsse völkerrechtlich zwischen Moskau und Kiew geregelt werden – nur so könnten Blockaden gelöst werden. Seinen Vorschlag begründet er damit, in der gesamten Krise endlich einen Schritt vorankommen zu wollen und aus einem regionalen Konflikt kein Flächenbrand werden zu lassen.

Der Schaden für die SPD ist unübersehbar. Niels Annen warnt, dass eine nachträgliche Anerkennung der Annexion einen Präzedenzfall mit destabilisierender Wirkung weit über die Ukraine hinaus schaffen würde. Wer allerdings geglaubt hatte, dass man sich in Deutschland nach Platzecks Vorpreschen mit derartigen Forderungen künftig zurückhalten würde, wird eines Besseren belehrt. Putin-Versteher finden sich selbst bis in die obersten Bundeswehr-Ränge. Als solcher outete sich Kay-Achim Schönbach, Vizeadmiral und Inspekteur der deutschen Marine, sogar noch im Januar 2022. »Was Putin wirklich will, ist Respekt. Und – mein Gott – jemandem Respekt entgegenzubringen (...) kostet nichts. Also, wenn man mich fragen würde: Es ist leicht, ihm sogar den Respekt zu geben, den er wirklich fordert – und vermutlich auch verdient.« Während die EU über Jahre um ihre Glaubwürdigkeit und ihren Zusammenhalt ringt, gibt ausgerechnet ein deutscher General die Krim verloren: »Die Halbinsel Krim ist weg, sie wird nicht zurückkommen, das ist eine Tatsache.« Wie Schönbach sieht es auch Gregor Gysi, der zwar versteht, dass sich die Ukraine empört, aber: »Trotzdem hat der Admiral natürlich recht, dass die Krim nicht zurückkehren wird.« Der General, ein strenggläubiger Katholik, sieht Russland als christliches Land, und die weit größere Bedrohung in China. Russland werde gegen China gebraucht.

Reines Wunschdenken! Warum sollte sich Russland an der Seite des Westens einfinden? Stehen sich die beiden Diktaturen nicht viel näher, die russische und die chinesische? Diese Fragen bleiben bis heute unbeantwortet.

Hinter Schönbach stellen sich außerdem der ehemalige Generalinspekteur der Bundeswehr, Harald Kujat, und die beiden AfD-Bundestagsabgeordneten Rüdiger Lucassen und Joachim Wundrak. Schönbach spreche aus, was viele Realpolitiker wissen, befindet der General a. D. Von den beiden Rechtsextremen kommt auch jede Menge Einfühlungsvermögen: »Moskau fasst die Osterweiterungspolitik von NATO und EU als Bedrohung auf.« Jetzt gehe es um »selbstbewusstes Abstecken eigener Interessen, bei gleichzeitiger Respektierung legitimer russischer Sicherheitsbedürfnisse«.

So viel Beifall von ganz links und ganz rechts kann nicht verwundern, wenn selbst vom ehemaligen Außenminister Frank-Walter Steinmeiner und anderen SPD-Außenpolitikern das schrittweise Zurückfahren der Sanktionen gegen Russland schon gefordert wird, als die noch nicht einmal ein Jahr in Kraft sind. Rolf Mützenich findet, dass die Sanktionen kein Selbstzweck sind und deswegen nach und nach aufgehoben werden sollten, wenn in der Ostukraine die Waffenruhe eingehalten werde und andere Bedingungen erfüllt sind. Steinmeier sorgt sich schon im Dezember 2014 – da sind noch nicht einmal die Minsker Friedensverhandlungen in Sicht –, dass Russland destabilisiert werde, wenn Europa die Sanktionen nicht lockere.

Steinmeier hätte es als Außenminister besser wissen müssen: Die Wirtschaftsbeschränkungen waren vor allem wegen der völkerrechtswidrigen Annexion der Krim erlassen worden, nicht wegen des Krieges in der Ostukraine.

In Kiew hört man Steinmeier Putins Lied singen und folgert daraus vor allem eines: Auf die Deutschen ist kein Verlass. Sie binden sich nur noch enger an Russland. Die Regierung

Merkel erlaubt 2015, dass wichtige Infrastruktur in Deutschland in russische Hände gerät, als BASF alle seine Gasspeicher gegen Anteile an einem Erdgasfeld in Sibirien an Gazprom verkauft. Ein Viertel der deutschen Speicher gehören nun dem russischen Staatskonzern. Von der Einrichtung einer strategischen deutschen Erdgas-Reserve nach dem Vorbild der Mineralöl-Bevorratung will die Bundesregierung nichts wissen. Auf der anderen Seite kommt für die Bundeskanzlerin eine Lockerung der Sanktionen gegen Russland zu keinem Zeitpunkt in Betracht. Alle halbe Jahre versammelt sie die EU-Mitgliedsländer hinter sich und organisiert die Verlängerung. Doch sie konterkariert ihre eigene Sanktionspolitik, indem sie 2016 das Nord-Stream-2-Projekt durchwinkt. Kritiker speist die Kanzlerin über Jahre hinweg mit dem immer gleichen Satz ab: dass es sich um ein rein privatwirtschaftliches Projekt handele und in Deutschlands Interesse sei.

Sie weiß selbst am besten, dass sie damit niemanden überzeugt. Viele, nicht nur in ihrer Partei, fühlen sich abserviert. Sie begreifen nicht, warum die Christdemokratin die Ängste der Partner abbürstet, den Zusammenhalt in der EU aufs Spiel setzt und die Warnungen vor einer einseitigen Energieabhängigkeit, die auch aus den USA kommen, in den Wind schlägt. Die sonst so abwägende Kabinettschefin schaltet auf Durchzug. Sie schreitet auch nicht ein, als Schröder den Verkauf der Ölraffinerie in Schwedt an den russischen Ölgiganten Rosneft einfädelt, für den er seit 2017 im Vorstand sitzt. Das Geschäft wird im November 2021 unter Dach und Fach gebracht. Zu diesem Zeitpunkt vollzieht sich gerade der größte Truppenaufmarsch an der ukrainischen Grenze. Kiew macht das mehr als nervös, Berlin offenbar nicht. Im Gegenteil, man gestattet, dass von Deutschlands Wirtschaft noch ein Filetstück mehr in russische Hände gerät. In Mecklenburg-Vorpommern ist man sogar noch etwas weiter.

Russlandtag und Klimastiftung

Nirgendwo hat sich das russische Staatsunternehmen Gazprom in Deutschland so breitgemacht wie in Mecklenburg-Vorpommern. Der »Russlandtag« ist ein Großereignis von Wirtschaft und Politik, das seit 2014 alle zwei Jahre stattfindet und für das die Schweriner Landesregierung nicht einmal tief in die Kasse greifen muss. Die sogenannten »Unternehmertage: Russland in Mecklenburg-Vorpommern« werden hauptsächlich von den Firmen finanziert, die von Nord Stream profitieren. Gascade in Lubmin zum Beispiel, das die Ostsee-Röhren mit den Anschlussleitungen verbindet. Gascade ist eine Tochter der Wiga Transport Beteiligungs-GmbH, die Gazprom und der Wintershall Holding gehört. Der Rostocker Hafen und Mukran Port bei Sassnitz auf Rügen, beide ebenfalls wirtschaftlich mit Nord Stream verbunden, geben auch Geld für das Wirtschaftsevent. Zur Tradition gehört ebenfalls, dass die Gazprom-Russland-Tage, denn um nichts anderes handelt es sich in Wahrheit, jeweils von SPD-Spitzenpolitikern beehrt werden.

2016 erfreut der damalige Bundeswirtschaftsminister Sigmar Gabriel die Unternehmer und Lobbyisten mit seiner Forderung, die Russland-Sanktionen schrittweise abzubauen, wie er es 2015 schon in Moskau getan hatte. Zwei Jahre später wird Thomas Oppermann dabei sein, der Chef der SPD-Bundestagsfraktion. Regelmäßig vertreten ist Matthias Warnig, bis zum Ende der DDR Hauptmann beim Ministerium für Staatssicherheit und zuletzt stellvertretender Leiter des Referats 5 der Abteilung XV der MfS-Bezirksverwaltung Berlin – jetzt »Managing Director der Nord Stream 2 AG«.

Erwin Sellering, zu dieser Zeit Ministerpräsident eines extrem strukturschwachen Bundeslandes, hofft, dass Nord Stream ihm hilft, die Schlusslaterne abzugeben. So geht Entwicklungshilfe *pa russki*. Im Politsprech klingt das bei ihm so: »Die Wirtschaft ist in den letzten Jahren einer der Träger gewesen in den Beziehungen zwischen Deutschland und Russland.« Ein Euphemismus dafür, dass die russische Staatswirtschaft den deutschen Nordosten gekapert hat. Auch Manuela Schwesig hält fest an der Tradition des Russlandtages, als Erwin Sellering 2017 seine beiden Ämter in ihre Hände legt, das des Ministerpräsidenten und das des SPD-Vorsitzenden. Am nächsten turnusmäßigen Treffen im Oktober 2018 nimmt Matthias Platzeck wieder teil. Aber nicht mehr nur als Vorsitzender des Deutsch-Russischen Forums, sondern auch als Träger des Ordens der Freundschaft, der ihm wenige Tage zuvor von Außenminister Sergej Lawrow auf Anweisung von Präsident Wladimir Putin überreicht worden war.

Platzeck, Sellering, Schwesig, Gerhard Schröder und in ihrem Schatten Warnig betreiben eine Art Nebenaußenpolitik. Angela Merkel spricht kein Machtwort, sondern verteidigt, wenn auch nicht eben nachdrücklich, die überflüssigen neuen Gasröhren.

Muss sie nicht annehmen, dass Putin dieses Weiter-so als Zeichen versteht, dass ihm nicht einmal für einen eklatanten Völkerrechtsbruch ernsthafte Konsequenzen drohen? Das deutsche Aufklärungsinteresse an diesen Fehlentscheidungen ist merkwürdig gering. Vielleicht, weil alle politischen Kräfte irgendwie mit in dem Dilemma stecken? Sogar die Grünen, obwohl sie als Einzige stets Distanz zum Kreml und zu Nord Stream bewahrten. Aber selbst sie fragen lieber nicht so laut nach, wollen sie doch das Klima retten und dafür den Atom- und später auch noch den Kohleausstieg um jeden Preis durchsetzen.

Auf der Suche nach einem Grund, warum Merkel stets an Nord Stream 2 festhielt, dies aber nicht wirklich erläuterte, lohnt sich ein Blick auf den 11. März 2011. In Japan ereignet sich am Nachmittag kurz vor drei Uhr das Tohoku-Erdbeben. Es beginnt in mehr als 30 Kilometern Tiefe unter dem Meer und löst knapp 400 Kilometer östlich von Tokio einen Tsunami aus. Die Wellen türmen sich zehn Meter hoch. 1960, 1933 oder 1896 waren sie kleiner und weniger brachial. Die Welle, die auf den AKW-Standort Fukushima trifft, ist sogar 14 Meter hoch. Japan, das als das Land mit dem besten Tsunami-Schutzsystem gilt, muss mit ansehen, dass viele seiner wichtigen Küstenschutzbauten einfach überspült werden. Im Atomkraftwerk Fukushima Daiichi zerstört die Flutwelle die Meerwasserpumpen. Auch die Dieselgeneratoren der Notstromversorgung halten nicht mehr stand und produzieren somit keine Energie für die Kühlung der inzwischen abgeschalteten Reaktorblöcke und des Abklingbeckens. In zwei Reaktoren verdampft das Kühlwasser, es kommt zu Explosionen, bei denen Radioaktivität austritt, die der Wind auf den Pazifik trägt. Elf Reaktorblöcke in vier Kraftwerken werden abgeschaltet. Die Meldung von der Dreifachkatastrophe – Erdbeben, Tsunami, AKW-Havarie – erreicht Deutschland in den Morgenstunden. Die Nachrichtensendungen sind voll mit Berichten von Riesenwellen an der Ostküste Japans. Über 20 000 Menschen werden getötet, über 200 000 evakuiert. Viele Gebäude werden beschädigt, ebenso Straßen, Schienen und Brücken, selbst die Spitze des Towers von Tokio wird verbogen. Der Strom fällt aus.

Die Nuklearkatastrophe passiert zwar am anderen Ende der Welt, ruft in Deutschland aber sofort alle bekannten Ängste wieder wach. Die schwarz-gelbe Bundesregierung gerät unter Handlungsdruck, denn CDU/CSU und FDP haben erst ein halbes Jahr zuvor den Atomausstieg der rot-grünen Vorgängerregierung gekippt. Grüne und Sozialdemokraten sehen sich in ihrem geplanten Atomausstieg von 2001 bestätigt, denn sie hatten ihn immer mit fehlenden Atommüllendlagern und seit Tschernobyl mit mangelhafter Sicherheit begründet. Nach dem Sieg der Kernkraftgegner hatte sich die Wirtschaft gerade notgedrungen mit dem Atomausstieg arrangiert. Dann beschließt Schwarz-Gelb den Ausstieg aus dem Ausstieg. Doch nun überrascht die Kanzlerin mit einer abermaligen Kehrtwende. Der Reaktorunfall von Fukushima verwandelt die besonnene Naturwissenschaftlerin in eine ad-hoc-Politikerin.

Angela Merkel hat freilich noch andere Gründe für diesen Sinneswandel. Auch wenn zwischen Fukushima und Stuttgart Kontinente liegen, ist klar, dass das japanische Unglück von nun an Hauptthema für die Landtagswahlen in zwei Wochen in Baden-Württemberg sein wird. In Rheinland-Pfalz soll am 27. März 2011 ebenfalls gewählt werden und eine Woche später in Sachsen-Anhalt. Doch vor allem das CDU-Stammland ist von Bedeutung, denn es droht der Union verloren zu gehen. Spitzenkandidat Stefan Mappus hat sich im Wahlkampf deutlich für eine längere Laufzeit der AKWs positioniert, was nun wie aus der Zeit gefallen wirkt. Die CDU-Chefin besitzt sehr feine Sensoren für die Stimmungen im Wahlvolk. Deswegen ist sie empfänglich für die reaktivierten Atomängste der meisten Deutschen, so wenig sie sie vermutlich selbst teilt. Denn als Physikerin hat sie die Kernkraft in der Vergangenheit mitnichten verteufelt.

Merkels Solonummer so kurz vor den Wahlen löst Kritik und Erstaunen aus. Ihr Umweltminister Norbert Röttgen kann ihr nicht folgen, auch im Ausland erntet sie vor allem Unverständnis. Liegt Deutschland im Erdbebengebiet? Herrscht latente Tsunami-Gefahr? Ihre Reaktion erscheint vielen reichlich übertrieben. Aber ihre Rechnung geht zunächst auf. Die CDU wird 2011 stärkste Kraft in Stuttgart. Allerdings fehlen drei Stimmen für eine Mehrheit mit der FDP, somit gehen die Grünen, die erstmals auf dem zweiten Platz landen, am Ende als Gewinner hervor. In Baden-Württemberg regiert zum ersten Mal in der Geschichte des Bundeslandes eine grün-rote Koalition.

Da ist das Ende der Atomenergienutzung bereits beschlossene Sache. Bereits am 14. März hat die Bundesregierung entschieden, die sieben ältesten AKWs vom Netz zu nehmen und herunterzufahren. 2021 sind 14 Kraftwerke abgeschaltet, die drei restlichen sollen Ende 2022 ihren Dienst einstellen. Deutschland wird dann überhaupt keinen Atomstrom mehr produzieren – wenn es denn so bleibt.

Im Jahr 2011 kommt auch das erste russische Erdgas von Wyborg nach Lubmin durch die Leitung auf dem Meeresgrund. Statt Atomkraft wird jetzt vermehrt Gas als Übergangsenergie genutzt. Da die Gasleitung tief im Meer verlegt wird und von der Riesenbaustelle bestenfalls einige Spezialschiffe an der Wasseroberfläche zu sehen sind, verschwindet das Großprojekt immer wieder aus dem Blick. Nahezu unbemerkt beginnen 2013 die ersten Planungen für Nord Stream 2.

Im Jahr darauf verabschiedet die große Koalition das Erneuerbare-Energien-Gesetz. Bis zum Jahr 2035 sollen 60 Prozent der Energie aus regenerierbaren Stromquellen kommen.

Ende 2015, wenige Wochen nachdem Sigmar Gabriel in Moskau mit Putin über Nord Stream 2 gesprochen und Horst Seehofer auf dem CSU-Parteitag Angela Merkel eine 13 Minuten lange Standpauke über Obergrenzen für die Zuwanderung gehalten hatte, die sich die Kanzlerin auf der Bühne wie ein Schulmädchen anhörte, findet die Pariser Klimakonferenz statt. Dort wird beschlossen, die globale Erwärmung auf deutlich unter zwei Grad zu begrenzen und bis 2030 den Kohleausstieg zu schaffen. Im politischen Berlin diskutiert man den Verzicht auf fossile Brennstoffe ausschließlich unter Klimaaspekten. Die damit einhergehende immer größere Abhängigkeit von Russland spielt überhaupt keine Rolle. Einwände werden sofort mit dem

Verweis abgetan, dass Russland mindestens ebenso angewiesen sei auf Deutschland wie umgekehrt, bräuchte Moskau doch schließlich die Export-Einnahmen. Die Frage wird nicht ausdiskutiert. Das Gas fließt, es ist billig. Die Industrie hält Sonne und Wind ohnehin für unsichere Kantonisten, fürchtet Versorgungsmängel, wenn nach dem Atom- nun auch noch der Kohlestrom wegfallen soll. Entsprechend wenig ambitioniert fallen die Pläne für die Erneuerbaren aus. Nord Stream 1 und bald auch Nord Stream 2 ist Merkels Absicherung, dass dem Land und seiner Wirtschaft genügend Energie zur Verfügung steht. Sie möchte als Kanzlerin mit der Richtlinienkompetenz nicht verantwortlich gemacht werden für einen eventuellen Stromausfall, einen Blackout.

Vermutlich hätte sie auch nicht erleben wollen, worauf der Bundeswirtschafts- und Klimaschutzminister Robert Habeck das Land nur ein halbes Jahr nach der Bundestagswahl 2021 vorbereiten muss, sollte Putin den Gashahn zudrehen oder die Koalition sich doch noch zu einem Boykott durchringen. Der grüne Realo hat in seinem Ministerium mit der Ausrufung der Frühwarnstufe einen Krisenstab aus Behörden und Energieversorgern installiert, der im Notfall festlegen muss, wer in welcher Reihenfolge kein Gas mehr bekommt.

Sich für die Versorgungssicherheit eines Industriestandortes wie Deutschland verantwortlich zu fühlen, ist eigentlich ein berechtigter Beweggrund. Merkel könnte das erklären. Stattdessen speist sie die Öffentlichkeit ein ums andere Mal mit der Plattitüde ab, Nord Stream 2 sei ein kommerzielles Projekt. Den Herrn im Kreml amüsiert der Krach bei den Deutschen: »Sie wollen keine Atomenergie? Kein Gas? Womit wollen Sie dann heizen? Mit Holz? Aber für Holz muss man auch nach Sibirien fahren.«

Befürworter von Nord-Stream und Russland freundlich Gesonnene sitzen auch in anderen Parteien. Sie verschwenden keinen Gedanken, welche Folgen ihr Kuschelkurs mit Putin für die Ukraine hat.

Im Bundestagswahlkampf 2017 hagelt es von allen Seiten Vorwürfe, als Christian Lindner vorschlägt, die russische Annexion der Krim-Halbinsel vorerst zu akzeptieren. Wolfgang Kubicki, FDP-Abgeordneter und damaliger Bundestagsvizepräsident, erklärt 2018 im Brustton tiefster Überzeugung, dass Nord Stream 1 nicht geschadet habe und Nord Stream 2 es auch nicht tun werde. Die Verluste, die Kiew und Warschau erleiden, zählen nicht. Ginge es nach Kubicki, könnte man das Sanktionsregime step by step beenden. Denn er sieht »mit großer Besorgnis, dass die NATO wieder einen Feind braucht, damit sie erstens ihre eigene Existenz rechtfertigt und zweitens, dass Herr Stoltenberg seine Idee von zwei Prozent des Bruttoinlandsprodukts in Rüstung zu stecken, auch umsetzen kann«. Der Liberale offenbart deutliche Orientierungsschwierigkeiten bei der Ortung von Verbündeten und Gegnern. Letztere sichtet er in den USA, in Gestalt von 39 US-Senatoren, »die aus Fracking-Staaten kommen und dafür werben, dass das amerikanische Gas in Europa verarbeitet werden soll«. Sie verbänden das ganz unlauter mit politischen Angriffen und wirtschaftlichen Sanktionen. Kubicki hält es lieber mit der anderen Seite. Er unterstützt nicht nur die dritte und vierte Nord-Stream-Röhre, sondern arbeitet in seiner Kanzlei mit einem mutmaßlichen Gazprom-Lobbyisten zusammen. Gemeint ist der ehemalige deutsche Botschafter in Polen, Frank Elbe. Ebenfalls ein FDP-Mitglied. Lobby Control schreibt auf seiner Webseite am 24. November 2017: »Eine der britischen Zeitung *The Guardian* zugespielte E-Mail legt nun nahe, dass der ehemalige Botschafter Frank Elbe (FDP) an Lobbyarbeit für das umstrittene Pipeline-Projekt Nord Stream 2 beteiligt ist. Bemerkenswert ist, dass die fragliche Mail unterzeichnet ist mit der Formulierung ›In Zusammenarbeit mit Kubicki & Schöler, Rechtsanwälte‹. (...) Auffällig ist, dass führende FDP-Politiker wie Christian Lindner und auch Wolfgang Kubicki sich in letzter Zeit überraschend kritisch zum Thema Sanktionen gegen Russland vor dem Hintergrund der Krimkrise äußerten. (...) Es stellt sich somit die Frage, (...) ob Elbe auch in die FDP hinein im Auftrag von Nord Stream wirkte.« Im Deutschlandfunk am 18. März 2018 danach gefragt, sagt Wolfgang Kubicki, dass seine Kanzlei und die des Parteifreundes Elbe nur bei internationalen Strafsachen zusammenarbeiteten. »Das ist also keine Sozietät, sondern eine Kooperation, dass er mich oder unsere Kanzlei auf seinem Briefbogen hat, ist sein gutes Recht, aber ich habe das schon einmal erklärt, es ist einfach albern. Wir haben weder mittelbar noch unmittelbar eine Beziehung zu irgendjemandem, der was mit Gazprom oder mit Nord Stream 2 zu tun hat.«

Ungeachtet aller Einwände aus Kiew und den osteuropäischen Hauptstädten werden ab 2018 die Rohre auf dem Ostseeboden verlegt. Eine geräuschlose Bautätigkeit, wenn nicht mit jeder neuen Etappe Streit in der EU ausbrechen würde. Die Pipeline hat eine weitreichende destabilisierende Wirkung. EU-Kommission, Parlament und Europäischer Rat waren von Beginn an gegen den Bau, weil er dem Ziel widerspricht, Versorgungsquellen, Routen und Anbieter zu diversifizieren, und die Klimaziele unterläuft. Ärger provozieren die russischen Röhren auch mit den USA, die aus sicherheitspolitischen Gründen zu weniger Abhängigkeit raten und – ganz eigennützig – ihr Fracking-Gas in Europa verkaufen wollen. Der Ost-Ausschuss der Deutschen Wirtschaft sieht in den Sanktionen und Blockadeversuchen der USA, die unter Präsident Donald Trump immer schriller vorgetragen werden, schließlich sogar eine Bedrohung der demokratischen Prozesse in Deutschland und Europa.

Putin darf sich als Sieger auf ganzer Linie fühlen, denn er hat eines seiner Ziele erreicht: Er hat den Westen gespalten. Eine geschlossene europäische und transatlantische Gemeinschaft kann er nicht gebrauchen. Ihm nützen Abweichler, ganz besonders dann, wenn sie aus der Mitte der Gesellschaft kommen, sich für seine Agenda einspannen lassen und selbst schwerste Angriffe auf die Opposition zu relativieren wissen. Ministerpräsidentin Manuela Schwesig zum Beispiel, die sich selbst dann noch gegen jeden politischen Druck auf das Nord-Stream-2-Projekt verwahrt, als der russische Oppositionelle Alexej Nawalny mit dem Chemiekampfstoff Nowitschok vergiftet wird. Am Tag des Attentats besucht sie eine Betriebsversammlung in Mukran und fordert zwar die Aufklärung des Verbrechens, schränkt aber sofort ein, dass es nicht dazu genutzt werden dürfe, die Ostsee-Pipeline zu verhindern. »Wir sind kurz vor der Fertigstellung. Deutschland braucht diese Energieversorgung, und die Bundesregierung darf es nicht zulassen, dass amerikanische Politiker, Institutionen deutscher Arbeitsplätze bedrohen.« *Druschba* – Freundschaft!

In der Schweriner Schlossstraße ist man genervt von den Interventionen aus den USA. Die Landesregierung findet, dass die unter Trump immer unflätiger werden. Mehrere US-Senatoren drohen den deutschen Baufirmen offen Sanktionen an. Die Kabinettschefin und ihr Vorgänger suchen nach einer Lösung, bevor die Strafmaßnahmen eintreten. Mit Hilfe von Nord Stream 2 wird ein Ausweg gefunden. Schwesig schlägt dem Landtag vor, eine Stiftung Klima- und Umweltschutz MV ins Leben zu rufen, mit Ex-Ministerpräsident Erwin Sellering als Vorsitzendem, der wie Matthias Platzeck aus gesundheitlichen Gründen aus dem Amt geschieden und jetzt als Russland-Lobbyist tätig ist. Sellering ist quasi vom Fach, denn er hat schon einen Verein gegründet, den Deutsch-Russische Partnerschaft e.V., dem auch der Nord-Stream-Sprecher Steffen Ebert angehört. Das Parlament beschließt am 7. Januar 2021 mit der Mehrheit von SPD, CDU und Linkspartei die Schaffung dieser landeseigenen Stiftung. Was die Abgeordneten zum Zeitpunkt der Abstimmung nicht wissen: Sie wurde auf Initiative des Nord-Stream-2-Chefs Matthias Warnig ins Leben gerufen, der Schwesig diese Idee schon im August 2020 antrug, also zum Zeitpunkt des Mordversuchs an Nawalny. Die Mitglieder des Landtages kannten auch nicht den eigentlichen Stiftungszweck, denn der wurde als topsecret gehandelt. Nord Stream 2 erklärte in einer geheimen Verschlusssache an die Landesregierung, wie mit Hilfe der Stiftung mögliche US-Sanktionen unterlaufen werden können. Unter anderem mit Scheinbeschäftigungsverhältnissen, bei denen Mitarbeiter der bisherigen Firmen pro forma bei der Stiftung angestellt werden und die Pipeline fertigbauen.

Die Landespolitik agierte »wie eine Filiale der Nord Stream 2 AG«, resümiert am 10. April 2022 die *Welt am Sonntag,* die sich erst auf das Informationsfreiheitsgesetz berufen musste, um den Schriftwechsel zur Einrichtung der Landesstiftung von der Schweriner Staatskanzlei zu bekommen. Aus den Papieren geht hervor, dass dem Energieminister Christian Pegel (SPD) und dem Staatskanzleichef Heiko Geue die Vertragsverhandlungen mit Nord Stream 2 oblagen. Beide erhielten regelrechte Anweisungen von einem engen Mitarbeiter Warnigs, dem »Communications Manager Germany« von Nord Stream 2. Der wollte nichts dem Zufall überlassen, auch nicht, mit welcher Sprachregelung die Stiftung der Öffentlichkeit präsentiert werden sollte. Die Landesregierung musste dem PR-Beauftragten von Nord Stream 2 vorab sogar den Wortlaut der Presseerklärung vorlegen. Obendrein sollte ein Mitarbeiter der PR-Agentur aus Berlin heimlich das Pressehintergrundgespräch mithören dürfen, »um Statements sowie Fragen und Antworten mitzuschneiden und zu protokollieren«.

Eine offizielle Begründung für die Fortführung der Bauarbeiten sollte lauten: »Russland hat ein weit größeres Interesse an der Pipeline und bleibt so dem deutsch-russischen Dialog zugänglich.«

Die neue Landesstiftung wird mit einem Startkapital von 20,2 Millionen Euro ausgestattet. Für die Zwei hinter dem

Komma, die 200000 Euro, ist das Land Mecklenburg-Vorpommern zuständig. Den hundertfachen Betrag von 20 Millionen Euro spendiert die Nord Stream 2 AG. Weitere 60 Millionen Euro hat Russland zugesagt, und Gazprom noch einmal 20 Jahre lang je zwei Millionen Euro. Jede Menge Geld für den Umweltschutz, den angegebenen Stiftungszweck. »Diese 60 Millionen stehen ausschließlich für Klima- und Umweltprojekte zur Verfügung«, versichert Stiftungsvorstand Erwin Sellering. Öffentlichkeitswirksam lässt man Kinder Bäume pflanzen, wird ein Seegras-wiesen-Forschungsprojekt zugesagt, denn die Wasserpflanzen können Kohlendioxid aus der Atmosphäre aufnehmen und so mithelfen, den Klimawandel zu stoppen. Die viel wichtigere Aufgabe erwähnt Erwin Sellering nur nebenbei, auf Nachfrage. »Natürlich haben wir die Stiftung auch gegründet, um Nord Stream 2 zu Ende zu bauen.« Mit ihrer Hilfe sollen Rohstoffe und Baumaschinen an Nord Stream geliefert werden, die beteiligten deutschen Firmen aber stets versteckt bleiben. In Erscheinung träte nur die Stiftung. Umweltverbände sprechen von Etikettenschwindel, weil der Naturschutz nur ein »Feigenblatt« ist.

Andere störten sich an diesem Deal wegen der anhaltenden Menschenrechtsverletzungen in Russland. Bei den Nawalny-Protesten, die zeitgleich zur Stiftungsgründung stattfinden, werden gerade Zehntausende Russinnen und Russen verhaftet und in Schnellverfahren abgeurteilt.

Was die Schwesig-Sellering-Stiftung plante, könnte man absichtliches Unterlaufen von Sanktionen nennen. Glück für die Verantwortlichen, dass die nie verhängt wurden.

An Solidarität mit der Ukraine hat in Mecklenburg-Vorpommern kaum jemand auch nur einen Gedanken verschwendet. Die Frage nach dem möglichen wirtschaftlichen Aus für die ukrainische Pipeline stellt in Schwerin niemand.

Gefährlicher Hobbyhistoriker – Putin erklärt die Einheit von Russen und Ukrainern

Wer im Spätsommer 2021 mit Ukrainerinnen und Ukrainern spricht, spürt deren Dünnhäutigkeit. Kein Wunder angesichts des gigantischen russischen Truppenaufmarsches an der ukrainisch-russischen Grenze, der großen Manöver in unmittelbarer Nähe und vor allem angesichts des unheilvollen Geschichtsartikels von Wladimir Putin. Historiker wie Sergej Kot und seine Kollegin Tetiana Sebta in Kiew oder Polina Barwinskaja aus Odessa verstehen, welche Gefahr von dem Pamphlet ausgeht, in welchem Maße der Kremlherr darin die historischen Tatsachen verdreht. Putins Aufsatz erscheint auf der Webseite des Kremls in russischer und ukrainischer Sprache. »Über die historische Einheit von Russen und Ukrainern« lautet die Überschrift, unter der er seine Ukraine-Doktrin vorstellt, die auch Bekanntes aus früheren Schriften enthält. An Radikalität übertrifft das Traktat jedoch alles Bisherige. Denn Putin spricht dem Nachbarland das Existenzrecht ab. Er bezieht sich dabei auf die Sowjetunion, mit der alles Unheil seinen Lauf genommen habe: »Die Erklärung über die Union der Sozialistischen Sowjetrepubliken und später die Verfassung der UdSSR von 1924 enthielten das Recht der Republiken, sich frei von der Union zu lösen. Damit wurde die gefährlichste ›Zeitbombe‹ in das Fundament unserer Staatlichkeit gelegt. Sie explodierte, als der Sicherheitsmechanismus in Form der überwachenden Rolle der

KPdSU verschwand. Eine ›Parade der Souveränität‹ begann. Am
8. Dezember 1991 wurden die sogenannten Belowescher Verein-
barungen über die Gründung der Gemeinschaft Unabhängiger
Staaten unterzeichnet, in denen erklärt wurde, dass ›die UdSSR
nicht mehr existiert‹. (...) Es war die sowjetische Nationalpolitik,
die anstelle einer großen russischen Nation eine dreigeteilte Nation aus Welikorussen, Kleinrussen und Weißrussen schuf, die
auf staatlicher Ebene die Stellung dreier getrennter slawischer
Nationen – Russen, Ukrainer und Weißrussen – festschrieb. (...)
Im Jahr 1954 wurde die Krim-Region der RSFSR [Russische Föde-
rative Sowjetrepublik] an die Ukrainische SSR übertragen – ein
eklatanter Verstoß gegen das damals geltende Recht. Letztlich
spielt es keine Rolle, wovon sich die bolschewistischen Führer
leiten ließen, als sie das Land zerhackten. Eines ist klar: Russland wurde in der Tat ausgeraubt. Schritt für Schritt wurde die
Ukraine in ein gefährliches geopolitisches Spiel hineingezogen,
das darauf abzielt, die Ukraine zu einer Barriere zwischen Europa und Russland, zu einem Brückenkopf gegen Russland zu
machen. Es wurde ein ›Anti-Russland‹ benötigt, das wir niemals
akzeptieren werden. Und das Abscheulichste ist, dass die Russen in der Ukraine nicht nur gezwungen werden, ihre Wurzeln,
ihre Vorfahren zu verleugnen, sondern auch zu glauben, dass
Russland ihr Feind ist. Es ist keine Übertreibung zu sagen, dass
der Kurs in Richtung Zwangsassimilation, in Richtung Bildung
eines ethnisch reinen ukrainischen Staates, der gegenüber Russland aggressiv ist, in seinen Folgen mit dem Einsatz von Massenvernichtungswaffen gegen uns vergleichbar ist. Eine solche
grobe, künstliche Trennung zwischen Russen und Ukrainern
könnte dazu führen, dass die Zahl der russischen Bevölkerung
um Hunderttausende oder sogar Millionen sinkt. Ich denke, es
ist auch logisch, dass ukrainische Vertreter wiederholt gegen
die Resolution der UN-Generalversammlung gestimmt haben,
in der die Verherrlichung des Nazismus verurteilt wird. Unter

dem Schutz der offiziellen Behörden finden Aufmärsche und Fackelmärsche zu Ehren der unversehrten Kriegsverbrecher aus den SS-Verbänden statt. Sie drohten mit ethnischer Säuberung und dem Einsatz militärischer Gewalt. Und die Bewohner von Donezk und Luhansk griffen zu den Waffen, um ihre Heimat, ihre Sprache und ihr Leben zu verteidigen. Nach den Pogromen, die durch ukrainische Städte fegten, nach dem Horror und der Tragödie vom 2. Mai 2014 in Odessa, wo ukrainische Neonazis Menschen bei lebendigem Leib verbrannten, veranstalteten sie ein neues Katyn? Das gleiche Massaker wollten die Anhänger der Banderisten auf der Krim, in Sewastopol, Donezk und Luhansk verüben. (...) Der Staatsstreich und das anschließende Vorgehen der Behörden in Kiew führten unweigerlich zu einer Konfrontation und einem Bürgerkrieg. Das Hochkommissariat für Menschenrechte der Vereinten Nationen schätzt die Gesamtzahl der Opfer im Zusammenhang mit dem Konflikt im Donbass auf über 13 000. (...) Schreckliche, unersetzliche Verluste. Russland hat alles getan, um einen Brudermord zu verhindern. Russland ist offen für den Dialog mit der Ukraine und bereit, auch die komplexesten Fragen zu erörtern. Wir respektieren die ukrainische Sprache und Traditionen. Wir respektieren den Wunsch der Ukrainer, ihr Land als frei, sicher und wohlhabend zu sehen. Ich bin überzeugt, dass eine echte Souveränität der Ukraine nur in Partnerschaft mit Russland möglich ist. Unsere Verwandtschaft wurde von Generation zu Generation weitergegeben. Sie ist in den Herzen, in der Erinnerung der Menschen, die im heutigen Russland und der Ukraine leben, in den Blutsbanden, die Millionen unserer Familien vereinen. Gemeinsam waren wir schon immer und werden wir auch in Zukunft um ein Vielfaches stärker und erfolgreicher sein. Denn wir sind ein Volk. Und ich will eines sagen: Russland war nie und wird nie ›anti-ukrainisch‹ sein. Und was die Ukraine sein wird, entscheiden ihre Bürger.«

Was wollte der Verfasser der Welt, vor allem aber seinen Landsleuten und den Ukrainerinnen und Ukrainern auf den insgesamt rund 20 Seiten sagen? Putin suggeriert in seinem Aufsatz, dass die sowjetischen Kommunisten die Einheit von Großrussen, Kleinrussen und Belarussen zerschlagen und freiwillig die große russische Nation aufgegeben, ihren Bestand nicht abgesichert hätten. Großrussen sind demnach die Russen, Kleinrussen die Ukrainer. Hinzu kommt die Behauptung, die Krim sei verschenkt worden. Er erweckt den Eindruck, dass der Westen aus der Ukraine ein Anti-Russland forme, in dem eine Zwangsassimilation stattfinde, die dem Einsatz von Atomwaffen gleichkomme. Die 13 000 Todesopfer des von ihm angezettelten Krieges in der Ostukraine schreibt er Kiew zu. Die wichtigste Aussage Putins lautet: Wir sind ein Volk. Mit ihr verknüpft der russische Präsident die gefährliche Ankündigung, jeder Versuch, die Ukraine von Russland zu lösen, sei als Einsatz von Massenvernichtungswaffen zu werten.

Alle im Text enthaltenen Absichtserklärungen über Dialog, Respekt, Souveränität und die Entscheidungshoheit der Ukrainer müssen nicht mehr erläutert werden. Der russische Überfall auf die Ukraine am 24. Februar 2022 hat hier grausame Klarheit geschaffen.

In Kiew schellen nach der Veröffentlichung des Artikels die Alarmglocken. Der ukrainische Staatschef Wolodymyr Selenskyj reagiert auf Putins Artikel in einer schriftlichen und per Video verlesenen Grußbotschaft anlässlich des 1033. Jahrestages der Taufe der Kiewer Rus: »Heute feiern wir den Tag der Taufe der Kiewer Rus – Ukraine. Dies ist der offizielle und vor allem historisch gerechte Name des Feiertags, der die Untrennbarkeit der beiden Staaten unterstreicht. Zwischen der Kiewer Rus und der Ukraine liegen tausend Jahre und ein Zeichen. Im Text des entsprechenden Dekrets des ukrainischen Präsidenten ist ein Bindestrich dazwischen gesetzt. Und es ist nicht nur ein Interpunktionssymbol. Es ist ein Zeichen dafür, dass die Ukraine das Erbe eines der mächtigsten Staaten des mittelalterlichen Europas angetreten hat. In ihrer Hauptstadt, der heutigen Ukraine, begann die Geschichte des Christentums in Osteuropa, als Großfürst Wladimir von Kiew vor 1033 Jahren die Kiewer Rus taufte. Kiewer Rus – Ukraine.

Sie ist nicht Teil unserer Geschichte, sie ist unsere Geschichte. Wir müssen das nicht mit historischen Abhandlungen, Werken und Artikeln beweisen. Denn unsere Beweise sind nicht auf Papier, sondern in Metall und in Stein. Nicht in Mythen und Legenden, sondern in unseren Städten und auf unseren Straßen.«

Der ukrainische Kulturminister Oleksandr Tkachenko befand, Wladimir Putins Geschichtsinterpretation sei »nicht besonders originell«. Seiner Meinung nach waren es die russischen Zaren, die begannen, die Geschichte umzuschreiben. Selenskyj hat sich vor seiner schriftlichen Stellungnahme zunächst erstaunt gezeigt, dass der russische Präsident historische Forschungen betreibe, aber keine Zeit habe, ihn, seinen ukrainischen Amtskollegen, zu treffen. Immerhin gebe es einen Waffenstillstand, Gefangenenaustausch oder gar Friedenschluss zu besprechen. Stattdessen Geschichtsabhandlungen über längst vergangene Zeiten.

Die ukrainische Historikerin Polina Barwinskaja, die der 2015 gegründeten Deutsch-Ukrainischen Historikerkommission angehört, macht der Zweck des Pamphlets nicht nur Sorgen, sondern Angst. Denn der russische Verteidigungsminister Sergej Schoigu hat ihn umgehend zur Pflichtlektüre in der militärischen und politischen Ausbildung der Armee erhoben. Professorin Barwinskaja lehrt an der Nationalen I.-I.-Metschnikow-Universität Odessa. Ihre Habilitationsschrift über die Instrumentalisierung von Geschichte während der Zeit des Nationalsozialismus bekommt geradezu tagesaktuelle Bedeutung.

Dass russische Soldaten Putins sogenannte historische Schrift lesen sollen, sei systemtypisch, denn totalitäre Regime würden Geschichte benutzen, um ihre Handlungen zu legitimieren. »Das war in der UdSSR so wie im Dritten Reich. Generalsekretär Stalin sah sich ja auch als Historiker und Sprachwissenschaftler. Und Wladimir Putin ist ein Produkt der sowjetischen Ära.« Die Wissenschaftlerin erinnert an die Osteuropastudien der deutschen Historiker Albert Brackmann und Hermann Aubin, deren Broschüren an Wehrmacht-Soldaten verteilt wurden. Beide gehörten zu den Mitautoren einer Denkschrift über die nationalsozialistische Eroberungs- und Vernichtungspolitik im Osten, die die »Rückführung deutscher Menschen in die wiedergewonnenen Ostprovinzen«, die »Herauslösung des Judentums aus den polnischen Städten« und die »Herstellung eines geschlossenen deutschen Volksbodens in diesen Gebieten« propagierten.

Polina Barwinskaja stört sich an Putins willkürlicher und manipulativer Zusammenstellung angeblicher Fakten. Viele stimmten nicht, so wie die hundertfach wiederholte Mär, dass die Krim ein Geschenk von Generalssekretär Nikita Chruschtschow an die Ukraine gewesen sei. »Damals hatte die Krim akute Wasser- und Stromprobleme, wie heute. Der Oberste Sowjet der UdSSR entschied, dass sich Kiew um die Krim kümmern sollte. Und damit gehörte sie zur Ukraine. Irgendwann fing man an, das als Chruschtschows Geschenk an die Ukraine darzustellen. Doch davon existiert kein Dokument.«

Der russische Schriftsteller Sergej Lebedew schreibt seine Romane sicherheitshalber längst aus dem Ausland. Sie thematisieren das Gebilde des Vielvölkerstaates UdSSR und die Nachwirkungen des sowjetischen Totalitarismus. Im Interview für den Deutschlandfunk am 18. Juli 2021 fällt ihm eine Szene aus dem Kindergarten Mitte der 1980er Jahre ein. »Bei einem Fest stellten wir Kinder die verschiedenen Sowjetrepubliken dar. Ich war Russland, weil ich groß und blond war. Alles Nationale wurde auf streng sowjetische Art gefördert. Sobald eine Nation ausscherte, wurde sie zurückgepfiffen. Als die Sowjetunion zusammenbrach, endete die Völkerfreundschaft, alle bis dahin eingefrorenen Konflikte traten sofort hervor.«

Putin hat zwar den Zerfall der UdSSR als größte Tragödie des 20. Jahrhunderts bezeichnet, doch in ihrer Nationalitätenpolitik sind ihm die Zaren, die die Völker brutal unterjochten, viel näher als die Genossen. Sergej Lebedew weist darauf hin, dass Putin in seinem Aufsatz die Existenz der Ukraine – als Staat, Land, Nation und Volk – leugnet. »Das ist eine absolut aggressive undiplomatische Aktion, die auf einer sehr zweifelhaften Interpretation der Geschichte beruht.« Der Schriftsteller hält es durchaus für möglich, dass Litauen, Lettland oder Estland Gegenstand ähnlicher Putin-Artikel werden könnten, vermutlich mit dem Verweis auf die gemeinsamen Sowjetjahre. In das historische Gedächtnis des Baltikums sind sie als Zeit der Okkupation eingegangen.

Putin geht es nicht um Geschichte, sondern um Politik. Wolodymyr Fesenko, Leiter des Kiewer Zentrums für politische Studien Penta, liest die Botschaft des russischen Präsidenten aus dem Juli 2021 als Kriegserklärung: »Wenn uns Putin selbst auf diese Weise aufmerksam macht, bedeutet das zumindest einen neuen kalten Krieg, eine gründliche ideologische und propagandistische Offensive, bei der der Artikel die Grundlage, das Hauptargument sein soll. Offensichtlich nimmt man uns aufs Korn. Der russische Präsident erkennt die Grenzen von 1991, so wie die Sowjetunion zusammengebrochen ist, nicht an. Damit hat er schon die Annexion der Krim gerechtfertigt. Aber wenn er jetzt wieder damit kommt, kann es als Rechtfertigung neuer territorialer Ansprüche, einer neuen Aggression verstanden werden. Deshalb gibt es natürlich Ängste.«

Leerstellen – Stalins Terror und der unbekannte Holocaust

Dass die Ukraine nie ein eigener Staat war, wie Putin in seinem Aufsatz »Über die historische Einheit von Russen und Ukrainern« im Juli 2021 behauptet, stimmt schon mal nicht. Am 26. Januar 1918 erklärte sich die Ukraine für unabhängig. Sie bildete ihr Nationalbewusstsein zeitgleich mit anderen europäischen Ländern aus, wie zum Beispiel den Nachfolgestaaten der Habsburger Monarchie. Auch Russland war zu dieser Zeit kein Nationalstaat, sondern ein Vielvölkerimperium. Die von Putin viel zitierte Kiewer Rus führte mitnichten aus dem Mittelalter schnurstracks zum heutigen Russland, sie war ein multiethnisches Gebilde bestehend aus Ostslawen, Wikingern, Balten und anderen Ethnien.

Nach der Oktoberrevolution 1917 herrscht im Zarenreich erst einmal Chaos. Ein günstiger Moment, den ukrainische Nationalisten nutzen, um sich daraus zu lösen und einen eigenen Staat zu gründen. Alles Ukrainische ist plötzlich en vogue. Vor allem die Sprache. Ukrainisch zu sprechen, gar zu unterrichten, hatte eine Reihe von Zaren untersagt. Alexander I. befand im Jahr 1804: Ukrainisch ist keine Sprache, sondern nur ein Dialekt. (Wenn das stimmte, wäre Spanisch ein Dialekt des Französischen.) Auch seine Nachfolger Alexander II. und Nikolaus II. hielten am strikten ukrainischen Sprachenverbot fest, zu Recht ahnend, dass sich eine Nation über die Sprache identifiziert. Ukrainer wurden in der Schule auf Russisch unterrichtet. Da ukrainische Bauernkinder diese Sprache nicht gut verstanden, konnten sie dem Unterricht nicht folgen. Das führte zu Analphabetismus. Karriere machte im Zarenreich, wer Russisch sprach.

Ohne einen Zaren als Staatsoberhaupt erlebt die ukrainische Sprache einen Aufwind. Es werden Wörterbücher gedruckt. Taras Schewtschenko, der dichtende ukrainische Bauernsohn und einer der ersten, der Literatur auf Ukrainisch verfasste, wird postum zum Nationaldichter und Helden. Doch schon am 9. Februar 1918, nur zwei Wochen nach der ukrainischen Unabhängigkeitserklärung, besetzt die Rote Armee Kiew. Die Sowjets wollen den Traum von der ukrainischen Unabhängigkeit beenden, bevor dieser Realität wird. Die wenigen kommunistischen Bolschewiki in der ukrainischen Hauptstadt bekommen schlagkräftige Unterstützung aus Moskau bei der Bekämpfung der Nationalisten. Jeder, der noch öffentlich Ukrainisch spricht, riskiert, getötet zu werden. Alle ukrainischen Symbole werden zerstört, sogar Straßenschilder auf Ukrainisch. In der Partei ist Stalin für Nationalitätenfragen zuständig. Er hält Nationalismus für eine Ablenkung vom Sozialismus. Nationalismus sei vor allem dort stark, wo es viele Bauern gebe. Ein Gedanke, der die ukrainischen Landwirte schon jetzt beunruhigen muss.

Neben der Ukraine verabschieden sich auch Estland, Litauen, Livland, Kurland, Finnland und der Kaukasus zwischen Dezember 1917 und Februar 1918 von Russland in die Selbständigkeit. Polen, das bis zum Ende des Ersten Weltkrieges zum Teil zu Russland gehörte, wird nach dem Friedensvertrag von Brest-Litowsk wieder ein eigener Staat. Außerdem wird Sowjetrussland zur Anerkennung der Unabhängigkeit von Finnland und der Ukraine gezwungen. Das Deutsche Reich schaut wohlwollend auf die abtrünnigen Länder, weil diese die Rückeroberung durch Russland fürchten müssen und sich deshalb dem Deutschen Reich als Verbündete zuwenden könnten. Folgerichtig helfen die Deutschen den Ukrainern, die Bolschewiki loszuwerden. Am 1. März 1918 besetzen deutsche Truppen Kiew und stoßen bis in das Donezker Gebiet und weiter bis zur Krim vor. Die sowjetische Armee wird zurückgedrängt. Lenin, der Revolutionsführer, interessiert sich für die Ukraine vor allem als Kornkammer. Kiew wird im Februar 1919 erneut von sowjetischen Truppen besetzt und erhält eine Sowjetregierung. Die Ukraine soll Getreide liefern, so viel und so schnell wie möglich, denn Petrograd, die Stadt seiner Oktoberrevolution, und viele andere Regionen in Russland hungern. Lenins Logik ist: Wer Brot gibt, behält die Macht. Er fordert, das gesamte Getreide zu konfiszieren, einschließlich des Saatgutes. Was die Bauern an der nächsten Aussaat hindert. Die Getreideproduktion sinkt von 20 Millionen Tonnen in der Zarenzeit auf acht Millionen Tonnen 1920 und auf knapp drei Millionen Tonnen 1921.

Zudem fehlen in der Landwirtschaft wegen des Ersten Weltkrieges und des Bürgerkrieges nach der Revolution männliche Arbeitskräfte. Der Rat der Volkskommissare gründet eine Ernährungsarmee und Stalin macht in Zarizyn und Umgebung vor, wie die vorzugehen hat: Rotarmisten rauben Händlern in der Stadt und Bauern auf dem Lande das Getreide; den Bestohlenen macht die Geheimpolizei Tscheka den Prozess, der mit Massenhinrichtungen endet. Die Methode ist selbst Lenin zu brutal. Er lässt Stalin aus Zarizyn abziehen.

Nach dem Polnisch-Sowjetischen Krieg teilen im Jahr 1921 Polen, Rumänien und die Tschechoslowakei die Westukraine unter sich auf. Der Osten wird Teil der neu gegründeten Sowjetunion.

1923 verabschiedet die UdSSR eine Verfassung, die 1924 in Kraft tritt. Die einzelnen Sowjetrepubliken könnten rein theoretisch aus der Union austreten, aber ein Mitspracherecht bei der Außen-, Wirtschafts- und Verteidigungspolitik bleibt ihnen von Anfang an verwehrt. Hier hat Moskau das Sagen.

1924 stirbt Lenin an einem zweiten Schlaganfall. Als Todesursache des 53-Jährigen wird »Gehirnsklerose als Folge übermäßiger geistiger Tätigkeit« diagnostiziert. Die von ihm geschaffene »Partei neuen Typus«, ein kompromissloser Funktionärsapparat, der alle Macht im Staat monopolisiert hat, und auch nichts von innerparteilicher Demokratie hält, ist ohne Führer.

1925 heißt Zarizyn Stalingrad. Josef Wissarionowitsch Dschugaschwili, genannt Stalin, hat den Machtkampf um Lenins Nachfolge für sich entschieden.

1928 bringt die sowjetische Regierung, die schon drei Jahre zuvor den Übergang vom Agrar- zum Industrieland beschlossen hat, den ersten Fünfjahresplan auf den Weg. Der fordert, dass die Industrieproduktion jedes Jahr um 20 Prozent zunimmt. Um dieses Ziel zu erreichen, werden Arbeitskräfte gebraucht. Sie kommen vorwiegend aus den ukrainischen Dörfern, jedoch nicht in Folge einer Anwerbekampagne, sondern als Ergebnis der Kollektivierung, bei der zehn Millionen Bauern von ihrem Land vertrieben werden. In der Ukraine strömen die enteigneten »Kulaken« in den Donbass, wo Männer im Bergbau und in der Schwerindustrie mit Kusshand genommen werden. Die Bauern, die ihr Land, ihren Hof, ihre Maschinen und Vieh nicht freiwillig an die Kolchose abtreten, werden dazu gezwungen. Diejenigen, die trotzdem Widerstand leisten, werden kurzerhand deportiert. Im günstigen Fall in sibirische Dörfer in kaum besiedelten Gegenden, die sie nicht mehr verlassen dürfen; im schlimmsten Fall wartet auf sie der Gulag. Ein Kulak ist eigentlich ein wohlhabender Landwirt. Tatsächlich gilt aber jeder schnell als Kulak. Nicht nur, wer seinen Besitz verteidigt, sondern jeder, der zu jener Zeit ein Wort gegen die Kolchosen sagt, auch wenn er bettelarm ist.

Am Ende der Kollektivierung der Landwirtschaft arbeiten die meisten Kleinbauern als Tagelöhner auf fremdem Land mit oft weniger fruchtbaren Böden. Sie müssen ihre Pferde und Kühe – wenn sie nicht zuvor geschlachtet wurden – abgeben und ihre Trecker in die volkseigenen Maschinen-Traktoren-Stationen fahren. Sie wohnen nicht mehr in ihren Häusern, sondern in Gemeinschaftsbaracken und bekommen ihren Lohn in Naturalien ausbezahlt. Nach der gewaltsamen Vergesellschaftung der Landwirtschaft lebt nur noch die Hälfte der Schweine, Kühe sowie Pferde und nur noch ein Drittel der Schafe und Ziegen.

In den nun sowjetischen Dörfern ticken die Uhren völlig anders. Keine Kirchenglocke läutet mehr, denn nach und nach werden alle abgehängt, zertrümmert und eingeschmolzen. Ikonen und Liturgieutensilien werden beschlagnahmt und kommen in ein Depot für eines der vielen Antireligionsmuseen, die entstehen. Manchmal direkt in einer Kirche. Die meisten der über 10 000 geschlossenen Gotteshäuser werden umfunktioniert in Kinosäle, Lagerhallen oder verfallen einfach. Die Priester haben oft nur noch in der Produktion eine Zukunft, viele werden deportiert.

Die Not in der ukrainischen Sowjetrepublik ist groß. Und hauptsächlich hausgemacht. Die Landwirtschaft ist wegen der Kollektivierung so stark eingebrochen, dass an Getreideexporte nicht mehr zu denken ist. Nicht einmal für die Eigenversorgung reichen die Lebensmittel. Schon im Bürgerkrieg, der der Oktoberrevolution folgt, herrscht 1921 eine große Hungersnot. Nach der Missernte von 1924 hungern die Menschen erneut und nun, im Jahr 1928, schon wieder. Die Industrialisierung hat ihren Preis. Deswegen werden die wertvollsten Kunstgegenstände zusammengesucht. Da bereits alle Museen verstaatlicht sind, ist die Konfiszierung der besten Stücke kein Problem, wohl aber die Akzeptanz dieser Aktion im Volk.

Der ukrainische Kunsthistoriker Serhij Giljarow leistet erbitterten Widerstand gegen den Kunst-Ausverkauf. Er verteidigt die Schätze des Chanenko-Museums in Kiew. Giljarow ist eine Lokalgröße. Wenn er seine Vorlesungen hält, ist der Saal stets rappelvoll. Die Studenten lieben ihn, so blendend wie er aussieht: schlank, gepflegt, mit grauem Haar, »immer rasiert wie ein Engländer«, weil er stets frei spricht. Mit Zeigestock, wie ein Dirigent, voller Leidenschaft, inspiriert. Er zieht seine Zuhörer in den Bann, steckt sie an mit seiner Begeisterung für die Kunst. Erst recht, als ihm 1928 ein sensationeller Fund für das Museum gelingt. Er macht ihn in der Kiewer Lawra.

Aus dem Höhlenkloster sind alle Mönche verschwunden, sie wurden Opfer des Roten Terrors. Das Kloster dient um diese Zeit, zehn Jahre nach der Oktoberrevolution, als Antireligionsmuseum mit einem Depot für Kirchenkunst aus den leergeräumten Gotteshäusern. Dort lagern die Kommunisten Kreuze, liturgisches Gerät, Becher, Weihrauchgefäße sowie Ikonen. In der Lawra findet Giljarow eine fast zwei Meter hohe und einen knappen Meter breite Tafel. Sie ist beschädigt und verschmiert. Unter dem Schmutz entdeckt er eine Farbschicht. Was darauf dargestellt ist, kann er zunächst kaum erkennen. Zwei Akte, so viel ist klar. Links ein männlicher und rechts ein weiblicher – Adam und Eva. Ein Diptychon. Von einem Priester erfährt er, dass es 1927 mit vielen anderen wertvollen Kunstgegenständen in der Kiewer Dreifaltigkeitskirche beschlagnahmt wurde. Die Religionsgegner wollen es im Höhlenkloster als abschreckendes Beispiel vorführen, als Beweis für die frivole Doppelmoral der Priester, die die unbekleideten Gestalten Adam und Eva zuvor heimlich betrachtet hätten.

Aber Giljarow macht auf dem Doppelgemälde noch eine Entdeckung: Unter einer alten Lackschicht auf dem Baumstamm legt er eine Schlange frei – mit einem Kamm auf dem Rücken und einem Ring durch die Nase. Der »Drache«. Die Signatur, die Lukas Cranach der Ältere verwendete. Der 41-jährige Kiewer hat ein weltbekanntes Meisterwerk zutage gefördert.

Doch im Museum der westlichen und östlichen Kunst von Bogdan und Warwara Chanenko – es ist das drittwichtigste der Sowjetunion – währt die Freude über das wertvolle, 1556 gemalte Cranach-Diptychon nur ein paar Wochen. Denn das Politbüro der

Kommunistischen Allunions-Partei unter der Führung von Generalsekretär Josef Stalin hat beschlossen, die gewinnbringendsten westlichen Kunstwerke aus den Museen der neugegründeten Sowjetunion ins Ausland zu verkaufen. Das klamme Regime braucht so verzweifelt Devisen, dass es bereits die Zarenkrone von Katharina der Großen verkauft hat. Der spitz zulaufende Kopfschmuck aus dem Jahr 1762 wog zweieinhalb Kilogramm. Insgesamt veräußert die Sowjetregierung Zarengeschmeide im Wert von 250 Millionen Dollar. Am 6. November 1928 werden in Deutschland russische Kunstwerke aus Leningrader Schlössern und Museen angeboten. Das Auktionshaus Rudolph Lepke erzielt bei der Versteigerung den sagenhaften Erlös von 2 650 000 Reichsmark. Russische Emigranten in Berlin sind empört, weil sie unter den Bildern und Preziosen ihr Eigentum ausmachen. Die Polizei beschlagnahmt einzelne Exponate.

Anfangs sollen die Kiewer 20 Gemälde beisteuern. Serhij Giljarow wehrt sich mit Händen und Füßen, handelt, erhebt Einspruch. Am Ende muss das Museum zwar nur vier Arbeiten abgeben, doch darunter befindet sich das Cranach-Gemälde. Denn die Bolschewiki spekulieren auf die 30 000 Rubel, die sie mit dem über 400 Jahre alten Kunstwerk bei der nächsten Auktion erzielen wollen. Als sie es später in Berlin versteigern lassen, bringt es nicht einmal die Hälfte. Für lediglich 10 000 Dollar wechselt das kostbare Meisterwerk die Besitzer. Wegen der Weltwirtschaftskrise sind die Preise im Keller. Ein großer Teil der von den kommunistischen Unterhändlern angebotenen Kunstgegenstände geht unverkauft in die Sowjetunion zurück. »Adam und Eva« aber sind verloren. Insgesamt bringen die russischen Kunstwerke auf den Auktionen in Westeuropa 1929 nur noch rund 40 Millionen Rubel. Nur ein einziges industrielles Großprojekt lässt sich damit finanzieren. Für die kommunistische Planwirtschaft ein maues Ergebnis, für die Museen ein unersetzlicher Verlust. Giljarow muss für seinen Widerstand büßen. Weil er Kontakt mit Ausländern gehabt haben soll, wird er ins Gefängnis gesperrt.

Mit der Arbeitsmoral in den Kolchosen fallen die Erträge. Doch die kommunistischen Funktionäre fordern immer höhere Abgaben ohne Rücksicht auf den Dürresommer 1932. Stalin mag die widerspenstigen Ukrainer nicht. Sie sperren sich gegen die Kollektivierung der Landwirtschaft, also werden sie abgestraft. Noch mehr giert er jedoch nach dem ukrainischen Getreide, das er im Ausland zu Gold machen will. Das durch seine Politik entstandene Elend in der Agrarrepublik ignoriert er. Das Wort Hunger darf offiziell niemand aussprechen.

Sogar in Deutschland sind die Zeitungen plötzlich voll mit Nachrichten von der sowjetischen Nahrungsmittelkatastrophe, denn in Berlin berichten britische Auslandskorrespondenten, was sie in der Sowjetunion mit eigenen Augen gesehen haben. Gareth Jones ist einer von ihnen. Der 28-Jährige ist in Moskau in einen Zug nach Charkiw gestiegen, um Gerüchten über eine Hungersnot nachzugehen. Er hört Dutzenden von Bauern zu, nicht nur ukrainischen »Kulaken«, den angeblichen Sündenböcken für den Hunger in Russland. Er spricht mit ihnen, immer allein, auf Russisch, was in der Ostukraine verbreitet ist, und erfährt von ihren Klagen über die sowjetische Landwirtschaftspolitik. Seinen Vortrag auf einer Pressekonferenz am 29. März 1933 in Berlin beendet er mit einem bitteren Schlusssatz: »Darf ich abschließend das sowjetische Außenministerium zu seinem Geschick beglückwünschen, die wahre Situation in der UdSSR zu verschleiern? Moskau ist nicht Russland, und der Anblick der wohlgenährten Menschen dort verdeckt das wahre Russland.«

Dass inzwischen Millionen Menschen vor allem in der Ukraine an Unterernährung gestorben sind, es aus Verzweiflung zu Kannibalismus kam, sagt in der Ukraine niemand laut, dem sein Leben lieb ist. Doch inzwischen ist es unübersehbar, dass in der Sowjetunion bei der Lebensmittelversorgung nicht alles nach Plan läuft. In der sozialistischen Sowjetrepublik hat der Hunger dramatische Ausmaße angenommen. Die Zeitung *Delo,* die älteste ukrainische Zeitung, die seit 1880 in Galizien erscheint, berichtet am 14. Februar 1934, dass in der Ukraine 140 000 Deutsche verhungert sind und bezieht sich dabei auf die Zeitschrift der Union Deutscher Volksgruppen in Europa *Nation und Staat.* Sie hat die Zahl der Russlanddeutschen vorgelegt, die in den verschiedenen Katastrophen der bolschewistischen Zeit umgekommen sind. »Von allen Deutschen in Russland leben 360 000 in der Ukraine. Von den 45 000 Deutschen, die in den Sümpfen Wolhyniens lebten, starben vier Prozent an Hunger. Die 70 000 Deutschen, die in der Nähe von Odessa lebten, erlitten weitaus mehr Verluste. In den Bezirken Mariupol, Mykolajiw und Melitopol mit 100 000 Deutschen sind zehn Prozent gestorben. Auf der Krim war die Hungersnot am schlimmsten. In beiden Bezirken, wo noch vor fünf Jahren 25 000 Deutsche in großen Dörfern lebten, findet man heute kaum noch 15 000. Im Donbass, wo es Kohle und Fabriken gibt, hungern die Menschen ebenfalls, aber die Regierung hat ein Interesse daran, diese Fabriken am Laufen zu halten, so dass die Lebensmittelversorgung gesichert ist. Von den 12 000 Deutschen im Bezirk Artemiwsk sind nur fünf Prozent gestorben.«

Ab 1937 »säuberte« Stalin die Partei, Millionen Menschen wurden erschossen bzw. in Lagern inhaftiert. Für Jahre überzog der rote Terror die Sowjetrepubliken.

In einem Vierteljahrhundert erlebte die Ukraine, dass ihr erstens die Unabhängigkeit versagt wurde, dass zweitens fast vier Millionen ihrer Bürger verhungerten. Es gibt in der Ukraine ein Wort für dieses Töten durch Verhungernlassen: Holodomor. Drittens steckten den Menschen die schlimmsten Auswüchse des Stalin-Terrors in den Knochen. All diese Verbrechen des Zarenreiches und der Bolschewiki hatte die Ukraine bereits erlitten, als die Wehrmacht am 22. Juni 1941 die UdSSR überfiel.

Zunächst sollten die deutschen Einheiten nach Moskau vordringen. Doch dann entschied sich Hitler um und ließ erst die gesamte Ukraine besetzen. Am 19. September nahm die 6. Armee der Wehrmacht Kiew ein und lieferte sich eine tagelange Kesselschlacht mit der Roten Armee, die zirka 600 000 Menschen das Leben kostete. Doch das Töten ging weiter. Insgesamt wurden während der deutschen Besatzung Kiews allein in der Schlucht Babyn Jar am Rande der Hauptstadt 100 000 ukrainische Opfer bestattet.

Die ukrainische Erde ist voller Massengräber aus dem Zweiten Weltkrieg, 2000 schätzen Experten. Der französische Priester Patrick Desbois, dessen Großvater in der Region von Lemberg umgebracht wurde, forscht, wo genau sich die vielen Gruben voller sterblicher Überreste befinden. Mit einem ehemaligen Kriegsgefangenen kam er 2002 in die Westukraine. Dieser erzählte ihm, dass er damals auf dem Lemberger Flughafen arbeiten musste. Auf der Landebahn hätte es viele Löcher gegeben. Desbois wollte wissen, wie sie gefüllt wurden. Mit Juden, sagte ihm der Ex-Häftling. Allein in und um Lemberg gibt es 49 Massengräber, das größte im Wald von Lesinitschi. 1945 wurden die Körper von Italienern und Juden dort verbrannt, um Spuren zu verwischen. Heute ist an der Stelle ein Park.

Desbois hat es sich zur Lebensaufgabe gemacht, die Toten zu würdigen. »Je leiser wir vorgehen, mit den Verantwortlichen vor Ort reden, desto mehr erreichen wir.« 1700 Massengräber mit jeweils 500 bis zu 2000 Toten konnten dank Patrick Desbois' Hilfe lokalisiert werden. Über 4000 Einwohner der Westukraine wurden von ihm und seinen freiwilligen Helfern befragt. Meist Historiker, Lehrer, manchmal Schüler. Oft weiß man in den Orten, dass es ein Massengrab gibt, aber nicht genau, wo. Mit Scannern, die die Bodendichte messen, die in umgegrabener und mit Leichen vermengter Erde geringer ist, können Experten die Grenze eines Grabes genau nachzeichnen. Unterstützt und beaufsichtigt werden sie von Joe Shik und Maurice Herszaft, die das Komitee für die Erhaltung jüdischer Friedhöfe in Europa entsandt hat. Die beiden Rabbiner mit Schläfenlocken, langen Bärten und breitkrempigen Hüten reisen von Grab zu Grab. Sie sollen verhindern, dass die Toten erneut unwürdig behandelt werden, und sorgen für eine Bestattung nach jüdischem Gesetz.

Der Holocaust durch Massenerschießungen wird erst nach und nach bekannt, auch in der Ukraine. Mit dem Ende der Euromaidan-Bewegung begann man, sich diesen Opfern zuzuwenden. Über die Jahrzehnte war fast in Vergessenheit geraten, wo die Massengräber lagen, nun werden sie als solche kenntlich gemacht.

Marieluise Beck lässt es schon seit Jahren keine Ruhe, dass es die Verbrechen dieses ungeahnten Ausmaßes nicht in das europäische historische Gedächtnis geschafft haben. »Es betrifft ein riesiges Gebiet in Osteuropa, einen Streifen von den baltischen Ländern bis runter zum Schwarzen Meer, der das Ansiedlungsgebiet war für die osteuropäischen Juden. Dort hat es die Shoa durch Erschießungen gegeben, während der ganz systematisch Städte und Dörfer leergeräumt wurden von der jüdischen Bevölkerung. Fast keine jüdische Familie hat das überlebt. Und damit gibt es so gut wie keine Zeugnisse und keine Erzählungen.« Die Grünen-Politikerin möchte an diese bislang wenig beachteten Opfer nicht nur erinnern, sondern ihnen Denkmäler setzen, wo immer das möglich ist. Die frühere parlamentarische Staatssekretärin, Ausländer- und Flüchtlingsbeauftragte hat das Polit-Raumschiff Bonn bzw. Berlin immer wieder verlassen und sich selbst an die Schauplätze verschiedener Kriege gewagt. Sie will die Opfer, die nach Deutschland fliehen, besser verstehen lernen, um ihnen wirksamer helfen zu können.

Beck hat einen wachen Blick für die Nöte anderer. In Bosnien, wo ganz besonders viele Menschen Augenverletzungen durch Scharfschützen erlitten haben, überreichte sie den Ärzten 1994 bei einem Aufenthalt in Sarajewo aus ihrem Handgepäck einen großen Kasten Glasprothesen, denn die waren Mangelware in dem Bürgerkriegsland. Der Krieg auf dem Balkan hat ihre grundsätzlich pazifistische Haltung erschüttert. Seit der Besetzung der Ostukraine 2014 fährt sie immer wieder an die Kontaktlinie. In der Gynäkologie der Klinik von Bilowodsk nahe der Front erfährt sie 2015, dass bei viele Schwangeren die Wehen wegen der Kämpfe vorzeitig einsetzen, es vermehrt zu Frühgeburten kommt. Zurück in Deutschland initiiert sie einen Spendenaufruf für einen Inkubator für die Frühchen. Doch ihr Verständnis von wirksamer Hilfe geht weiter. Schon im Mai 2014, erst recht aber seit dem russischen Truppenaufmarsch an der ukrainisch-russischen Grenze tritt sie für Waffenlieferungen ein. »Zum Schutz derjenigen, die zu Angegriffenen werden, braucht man notfalls militärische Mittel.«

Im Jahr 2013, unter dem Eindruck russischer Behauptungen, Faschisten würden die Protestbewegung auf dem Maidan beherrschen, machte sich die Grüne für eine deutsch-ukrainische Historikerkommission stark, weil sie ahnte, welchen Sprengstoff die wenig aufgearbeitete gemeinsame Geschichte birgt. Die 2015 paritätisch besetzte Arbeitsgemeinschaft widmet sich Themen wie der Erforschung des Ersten und Zweiten Weltkrieges in Deutschland und in der Ukraine, der deutschen Besatzungspolitik und des Holocausts. Außerdem nimmt sie die Geschichte der Ukraine im Staatssozialismus in den Blick. Aus der Arbeit der russischen Menschenrechtsorganisation Memorial, die die Grünen seit Jahrzehnten unterstützen, weiß Marieluise Beck, wie schwer es diese Themen in der postsowjetischen Gesellschaft haben. Umso häufiger erhebt sie ihre Stimme gegen die Repressionen der russischen Regierung gegen die NGO. Am 28. Dezember 2021 wird Memorial in Russland auf Beschluss des Obersten Gerichts aufgelöst. Beck und Ralf Fücks, ihr Mann und Mitbegründer der gemeinsamen Denkfabrik Liberale Moderne, protestieren: »Ein solches Urteil ist undenkbar ohne politische Weisung von ganz oben. Autoritäre Gleichschaltung nach innen und eine aggressive Politik nach außen gehen Hand in Hand. Es braucht jetzt eine gründliche Bewertung der Auswirkungen des Urteils gegen Memorial auf die deutsch-russischen Beziehungen durch die Bundesregierung und die EU.«

Mit ihren Interventionen als Osteuropabeauftragte ihrer Fraktion eckte die bekennende Putin-Kritikerin im Berliner Politbetrieb immer wieder an. So sehr, dass selbst ihre eigene Partei die Idee einiger CDU-Vertreter nicht einmal zu diskutieren wagte, sie als Kandidatin für das Amt als erste Frau im Staat vorzuschlagen. Dass sie als Bundespräsidentin eine bella figura auf dem internationalen Parkett abgeben würde und wichtige Debatten anregen könnte, daran zweifelt niemand. Doch anstatt die Frau mit dem präzisen politischen Kompass ins Rennen zu schicken, wählten Grüne und Christdemokraten lieber das bequeme Weiter-so mit der SPD. Alle einigten sich auf Frank-Walter Steinmeier, der seine erneute Kandidatur ein Jahr vor der Bundestagswahl 2021 angekündigt hatte, als ein Wahlsieg der SPD außerhalb jeder Vorstellungskraft schien.

Die russische Invasion in die Ukraine liegt gerade einen Monat zurück, da reist Beck nach Kiew und im Mai 2022 nach Odessa. Wie in der Hauptstadt schlagen auch dort bereits Raketen ein. Mit der Hafenstadt am Schwarzen Meer fühlt sie sich seit 2014 besonders eng verbunden, sie hat sie unzählige Male besucht und enge Freundschaften geschlossen, so zu Michail Saslawskij, der 2019 gestorben ist, und zu Roman Schwarzman, den sie jetzt im Krieg erneut trifft. Schwarzman leitet den Regionalverband der ehemaligen Gefangenen des Ghettos und der nationalsozialistischen Konzentrationslager. Saslawskij war ein wichtiger Zeitzeuge, der als einer von ganz wenigen Menschen die größte Tragödie der Stadt überlebte.

Im Oktober 1941 töten rumänische Soldaten in Kollaboration mit den Nazis über 22000 jüdische Einwohner der Hafenstadt. Die Rumänen warfen ihn, seine Familie und jüdische Nachbarn zunächst ins Gefängnis. Als das Hauptquartier der rumänischen und deutschen Besatzer von der Roten Armee bei deren Rückzug in die Luft gesprengt wurde, starteten die Okkupanten eine Vergeltungsaktion. Alle Juden wurden abgeführt und in mehreren Kolonnen in neun Armee-Munitionslager getrieben. Auch Michail Saslawskij, der seinen verängstigten Bruder auf den Schultern trug. Zuerst hielt sich der Kleine an ihm fest, doch in dem Gedränge und unter den Tritten der Wachmannschaften wurden sie getrennt. Die trieben immer mehr Menschen in die Baracken und verschlossen alle Türen. Von außen schickten sie einen Kugelhagel nach dem anderen durch die Holzwände. Später zündeten die Rumänen die Baracken an. Decke und Wände stürzten ein, viele retteten sich ins Freie. So wie der damals 16-jährige Michail, der in Richtung eines Maisfeldes rannte. Hinter sich hörte er die Gewehrsalven und die Schreie, wenn die Leute tot zu Boden fielen. »Es müssen Hunderte gewesen sein, vielleicht 500 oder sogar 800. Hinter dem Feld am Übergang zum Wald drehte ich mich um, sah, wie die Flammen aus den Baracken hochschlugen. Ich fiel zu Boden, völlig außer Atem.«

Saslawskij verlor an diesem Tag seine Mutter, vier Geschwister, eine Tante, viele Nachbarn. Der Krieg sollte noch fast vier Jahre dauern. Nichts hat ihn als Soldat später so erschüttert wie die Massenerschießung in Odessa. »Als ich an der Front kämpfte, kamen manchmal plötzlich die Bilder wieder hoch: das Feuer in den Lagerhallen und darin meine Mutter, Schwestern, mein Bruder, die Tante und Nachbarn. Alle sind bei lebendigem Leib verbrannt.« Wie Michail Saslawskij hat Roman Schwarzman sein Leben in Odessa verbracht. Wenn er einen Stadtplan zeichnen sollte, sähe der etwas anders aus als einer für Touristen. »Bis vor einigen Jahren riefen mich Augenzeugen an, die während der Besatzung zum Teil von ihren Fenstern aus Verbrechen beobachtet haben. Einer beschrieb ein Massaker an der Trolleybus-Haltestelle und sagte: Grabt dort im Boden. Wir kennen so viele solcher Plätze in Odessa und Umgebung. In Bohdaniwka waren es 54000 Juden, in Domaniwka 18000, in Beresiwka 12000. Der Geruch von den in den Lagerhallen verbrannten Menschen hielt sich einen Monat lang im Umkreis von Kilometern.«

Heute zählen die unterschiedlich ausgerichteten jüdischen Gemeinden in Odessa rund 5000 Mitglieder, nur ein Viertel so viele wie 1941, aber in der südukrainischen Stadt am Schwarzen Meer regt sich wieder sichtbares jüdisches Leben. Es blühte mit dem Zerfall in der Sowjetunion und der Unabhängigkeit der Ukraine auf. Julia Gris schloss sich 1991 einer liberalen Richtung des Judentums an. Ihr Rabbi prophezeite ihr, einmal eine sehr gute Ehefrau an der Seite eines Rabbiners abzugeben. Doch Julia Gris wollte nicht nur heiraten, sondern selbst Rabbinerin werden. Auf der ersten Gedenkveranstaltung im Oktober 2018 in Odessa, die den 22000 Opfern des Munitionslagers gewidmet ist, spricht sie das Kaddisch.

Die Rabbinerin geht mit dem Gebet ein wenig anders um als üblich. Das Kaddisch enthält im Unterschied zum christlichen Gedenkgebet nicht die Wörter Trauer, Bedauern, Kummer oder Verlust, sondern die Lobpreisung Gottes, denn im jüdischen Glauben ist der Tod ein natürlicher Vorgang. »Etwas anderes ist es allerdings, wenn er auf unnatürlichem Wege herbeigeführt wurde. Deswegen habe ich dem Kaddisch ein Gebet vorangestellt.« Marieluise Beck belässt es nicht bei der Gedenkfeier, zu der auch der RathsChor aus Bremen gekommen ist, wo ihr Wahlkreis war. Seit Langem sind Bremen und Odessa Partnerstädte. Das Kammerorchester Odessa und der Chor der Hansestadt eröffnen mit Felix Mendelssohn Bartholdys »Elias«-Oratorium die

Gedenkfeier. Als Nächstes ist eine Gedenkstätte rund um den Stein mit dem Davidstern geplant. Im Moment befinden sich in dessen Nachbarschaft Garagen und ein Spielplatz, die neue Gesellschaft von Bäumen, Bänken und stilisierten Flammen bekommen sollen. Wenn denn Odessa den gegenwärtigen Krieg Russlands gegen die Ukraine überlebt.

An vielen Orten der Ukraine gibt es noch immer keinerlei Hinweise auf den Holocaust durch Kugeln. Doch nach und nach weihen ukrainische Partner zusammen mit der Bundesregierung und dem American Jewish Comitee neue Gedenkstätten ein. Ulrich Baumann von der Stiftung Denkmal für die ermordeten Juden Europas beobachtet, dass diese Veränderungen auf ein positives Echo stoßen. Der erste Erinnerungsort, der eingeweiht wird, ist in Rawa Ruska. In der Kleinstadt bei Lemberg hat lange keiner mehr ein jiddisches Lied gesungen. Boris Dorfman erlebt diesen 3. Juli 2015 als einen Tag der Freude, denn endlich haben einige seiner Vorfahren eine würdige Ruhestätte erhalten, soweit dies bei einem Massengrab möglich ist. Über die sterblichen Überreste rollen keine Traktoren mehr, auf den Gräbern werden keine Spielplätze oder Kulturpaläste mehr errichtet, wie das seit 1945 über 70 Jahre lang geschah. In Rawa Ruska, Kyssylyn, Ostroschets, Prochid, Bachiv und vielen anderen Orten.

Von Kyssylyn ist seit dem Zweiten Weltkrieg nur noch das halbe Dorf übrig. Erst wurden die Juden erschossen, danach in einem Gottesdienst 70 Polen. In anderen Dörfern haben Polen Ukrainer getötet. Die Nationalsozialisten säten Zwietracht unter den Völkern und zwangen die Menschen zur Kollaboration.

Die Deutschen haben den Holocaust durch Kugeln fast völlig ausgeblendet, aber auch die Ukrainer müssen sich ihm stellen, denn Kollaboration ist nach wie vor ein Thema. Das Parlament hat im März 2022, wenige Tage nach Kriegsbeginn, ein Gesetz erlassen, das Kollaboration heute unter Strafe stellt. Das war 2014 noch anders. Der Krieg im Donbass war auch mit

Verrat verbunden. Einheimische haben mit der russischen Armee zusammengearbeitet. Daraus hat die jetzige Regierung ihre Schlussfolgerungen gezogen. Aber über die Beteiligung an den Verbrechen der Nationalsozialisten, erzwungen oder freiwillig, wird in der Ukraine noch immer nicht gern gesprochen.

Wolodymyr Krawtschuk, Einwohner von Kowel, das 200 Kilometer nördlich von Lemberg liegt, meldet sich bei der Einweihung der Gedenkstätte für die dort ermordeten Juden zu Wort. Der ehemalige Lehrer stört sich an der Inschrift auf dem Denkmal, die besagt, dass an dem Massenmord auch örtliche Kräfte beteiligt waren. Ukrainer seien nicht beteiligt gewesen. »Das war die jüdische Polizei.« Ein Streit entzündet sich, weil ein anderer Besucher Krawtschuk korrigiert: »Die Deutschen wussten nicht, wer Jude war. Die Leute hier aus dem Ort zeigten es ihnen.« »Wer?«, fragt der Lehrer. »Na wer wohl? Die Ukrainer.« Nach dem Kaddisch geht der Streit weiter.

Wenn über die Verstrickung der lokalen Bevölkerung in die Verbrechen gesprochen wird, mahnt Anatolij Podolskyj zu Vorsicht. Die Kollaboration leugnet der Holocaust-Experte mitnichten, aber von rein ukrainischer Kollaboration zu sprechen, hält er für unzulässig. Seiner Meinung nach müsse es sowjetische Kollaboration heißen. Schließlich habe die Ukraine zu jener Zeit nicht existiert, außerdem seien auch Sowjetbürger aus anderen Republiken beteiligt gewesen, nicht nur Ukrainer. Die neuen Denkmäler erfüllen ihren Zweck: Die Auseinandersetzung mit der Geschichte beginnt.

Auf dem Euromaidan in Kiew wurden neben vielen Europafahnen auch rot-schwarze OUN-Flaggen geschwenkt. Wenige, aber genug, um eine unheilvolle Vergangenheit ins Gedächtnis zu rufen. Die Organisation Ukrainischer Nationalisten hat Stepan Bandera gegründet, ein Nationalist, der sich den deutschen Besatzern andiente. Gemeinsam mit den Einsatzkommandos 5 und 6 der Einsatzgruppe C beteiligte sich das Bandera-Bataillon an zahlreichen Massenerschießungen. In Lemberg schlossen sich ihnen auch eine selbsternannte ukrainische Miliz sowie einfache Ukrainer und Polen an. Gemeinsam erschossen sie in wenigen Wochen rund 20 000 Juden oder töteten auf andere Weise. Banderas OUN-Flügel und die ukrainische Untergrundarmee UPA ermordeten zudem etwa 100 000 christliche Polen, denn sie wollten ein ethnisch gesäubertes Gebiet als Basis für einen homogenen ukrainischen Nationalstaat. Beide Nationen, die polnische wie ukrainische, beteiligten sich an den Verbrechen gegen die jüdische Bevölkerung. In bis zu 140 Orten der Westukraine ermordeten Ukrainer und Polen während der deutschen Besatzung zwischen 13 000 und 35 000 Juden. Und sie brachten sich auch gegenseitig um.

In der Ukraine wird die Rolle Banderas von vielen entweder verherrlicht oder aber verdrängt. Dass er gegen die Sowjetmacht kämpfte, ist Verdienst genug, um ihn als Helden zu verehren.

In Lemberg ist sein Name ganz besonders häufig anzutreffen. Gleich drei Straßen sind nach ihm benannt, auch ein Denkmal steht in der Stadt, durch die seit dem 24. Februar 2022 schon Hunderttausende geflohen sind. Im historischen Karree rund um das Rathaus hat das »Kryivka« Berühmtheit erlangt. Kryivka heißt Versteck und ist der Name einer Kneipe, die der ukrainischen Partisanenbewegung huldigt. Bevor man eintreten kann, muss man klopfen. Dann erst öffnet sich ein Fenster in der schweren Holztür und eine Stimme fragt nach der Parole. »Slawa Ukrajini!« (»Ruhm der Ukraine!«) Die Antwort darauf lautet: »Herojam Slawa!« (»Ruhm den Helden!«) Diese Losung geht auf Stepan Bandera zurück. Die Euromaidan-Bewegung hat sie 2013 übernommen und damit auch etliche Ukrainer und Ukrainerinnen verunsichert.

Kriegszeiten sind denkbar ungünstige Momente für eine differenzierte Geschichtsbetrachtung, umso unsinniger war 2016 die Umbenennung des Moskowskij Prospekts in Kiew in Stepan-

Bandera-Prospekt. In Kiew reagierte man seit der Krim-Okkupation allergisch auf alles Russische und erließ deswegen das sogenannte Dekommunisierungsgesetz. Höchste Zeit, wie Vitali Nachamowitsch vom Historischen Museum der Stadt Kiew findet. Endlich werde aufgeräumt mit der sowjetischen Symbolik, an der bis dahin niemand Anstoß genommen habe. Dass Bandera eine Renaissance erlebt, konstatiert er mit Gelassenheit. Er sei lediglich eine Symbolfigur für den Widerstand gegen die Sowjetmacht und damit gegen Russland. Bandera selbst habe sich während des Krieges nicht an Verbrechen beteiligt, er habe schließlich im Konzentrationslager gesessen. Eine erstaunlich nachsichtige Aussage für einen Historiker.

Wie alles an der Figur Bandera ist auch die KZ-Gefangenschaft kompliziert. Seine Organisation, die OUN-B, rief am 30. Juni 1941 in Lemberg einen unabhängigen ukrainischen Staat an der Seite Hitlerdeutschlands aus. Diese Eigenmächtigkeit ging den Nazis viel zu weit. Sie nahmen Bandera im KZ-Sachsenhausen in »Ehrenhaft«, denn einen Todfeind sahen sie in dem deutschlandtreuen fanatischen Ukrainer auch wieder nicht. Bandera-Verteidiger sagen heute, an Banderas Händen klebe kein Blut. Umso mehr an denen seiner Kämpfer. Nach Kriegsende organisierten sie gegen die Sowjetherrschaft erbitterten Widerstand. Bei all dem habe Banderas Name nur auf den Fahnen gestanden, mehr nicht. Man dürfe ihn nicht mit dessen Organisation gleichsetzen, findet auch Nachamowitsch. »Kollaboration ist, wenn jemand mit dem Regime des Feindes kooperiert. Bandera persönlich hat es nicht getan. Es war seine Organisation.«

Die Partisanen, zu denen nicht nur, aber auch Bandera-Anhänger gehörten, kämpften bis in die 1950er Jahre für eine unabhängige Ukraine. Diese Ausdauer beantwortete die Sowjetmacht mit brutaler Gewalt. Sie tötete 150 000 Westukrainer und deportierte noch einmal 200 000 Ukrainer. Die sowjetischen

Verbrechen trugen zu einem geheimen Helden- und Opferkult um Bandera bei. Dabei war sicher nicht unerheblich, dass er am 15. Oktober 1959 in München von einem KGB-Agenten mit einer Giftpistole erschossen wurde. Von seinem deutschen Exil aus hätte er angeblich gegen die Versklavung der Ukraine durch die Sowjetunion agitiert.

Bandera sei das kleinere Übel, finden viele Ukrainer, weswegen sich die Empörung über die Umbenennung von Straßen und Plätzen in Grenzen hält. Der Historiker lastet der Sowjetmacht weit größere Verbrechen an als dem ukrainischen Nationalisten. Bandera habe den Kampf gegen die Sowjets aufgenommen und sich dafür mit den Nazis verbündet. Er konnte nicht wissen, wo das enden würde. »Bandera ist nicht mein Held, ich hätte auch nicht in einem Staat leben wollen, den Bandera errichtet hat.« Vitali Nachamowitsch hat zu Sowjetzeiten erlebt, dass eine differenzierte Auseinandersetzung mit der Geschichte des 20. Jahrhunderts unmöglich sein kann. So mancher, der auf seine nichtrussische Nationalität stolz war, wurde damals als Faschist diffamiert. Die Aussichten für eine neue kritische Befassung mit Bandera und den Nationalisten sind mit dem Krieg nicht besser geworden, zumal Putin den Namen ständig gegen die Ukraine im Munde führt. Welche toxische Wirkung nicht hinterfragte Narrative entfalten, erleben die Ukrainerinnen und Ukrainer derzeit schmerzhaft. Ihr eigenes Ringen um Geschichtsaufarbeitung wird hierzulande viel zu selten thematisiert. Und auch in der Bundesrepublik wäre es nicht zu so mancher Fehleinschätzung gekommen, hätte man sich gründlich mit der Vergangenheit des Landes auseinandergesetzt, in dem Deutsche so großes Unheil angerichtet haben.

Einseitige Rücksichtnahme aufgrund selektiver Erinnerung

In Russland immer noch einen guten Partner zu sehen, entspricht sogar im Jahr 2021 noch einer weit verbreiteten Haltung in Deutschland – nicht nur in der Wirtschaft, sondern auch in der Politik.

Vor allem ein Mann steht für diese Position: Bundespräsident Frank-Walter Steinmeier. Er hat die deutsche Russlandpolitik länger als jeder deutsche Politiker seit dem Fall der Mauer geprägt: zuerst an der Seite von Gerhard Schröder als dessen Kanzleramtschef und Erfinder der »Modernisierungspartnerschaft mit Russland«, dann als Vorsitzender der SPD-Bundestagsfraktion, zweimal als Außenminister und auch jetzt als Bundespräsident hat er einen enormen Gestaltungsspielraum. Steinmeier setzt den Ton, läutet Phasen der Annäherung an Moskau ein und lässt sich weder von Menschenrechtsverletzungen noch von einem Völkerrechtsbruch aufhalten. Er wischt sogar Deutschlands Sicherheitsinteressen beiseite, wenn es sein muss. Und selbst Warnungen, dass Russland nachweislich immer bedrohlicher wird, nicht nur für die Ukraine, sondern auch für die baltischen Länder und Polen, überhört er. Dass die NATO die Verteidigung der unmittelbaren Grenze zu Russland stärken muss, qualifizierte der Außenminister im Juni 2016 sogar als »Säbelrasseln« ab. Ausgerechnet er, der regelmäßig an den stundenlangen und ergebnisarmen Verhandlungen des Minsker Friedensprozesses und im Normandie-Format teilnahm und über die russische Aggression im Donbass hätte im Bilde sein müssen, kritisierte damals die Manöver der NATO-Verbündeten in Osteuropa, an denen Deutschland selbst beteiligt war. Steinmeier forderte stattdessen mehr Dialog und Kooperation mit Russland. »Was wir jetzt nicht tun sollten, ist durch lautes Säbelrasseln und Kriegsgeheul die Lage weiter anzuheizen.« Das lehre die Geschichte.

Ein halbes Jahr später, Ende 2016, hält Steinmeier eine Rede an der Boris-Jelzin-Universität von Jekaterinburg, die ihm bei früherer Gelegenheit die Ehrendoktorwürde verliehen hat. Zu diesem Zeitpunkt unterstützt Russland nicht nur den Krieg in der Ostukraine, sondern kämpft parallel auch für den Machterhalt des syrischen Diktators Baschar al-Assad. Nach russischen Bombardements gleicht Aleppo im Norden Syriens der tschetschenischen Hauptstadt Grosny im Jahr 1999. Die russischen Streitkräfte verüben auch hier Menschenrechtsverbrechen, denn wieder wird die Zivilbevölkerung gezielt angegriffen und vertrieben. Steinmeier fragt derweil in Jekaterinburg das studentische Publikum: »Wann sollen wir uns Sorgen machen und wann nicht? (...) Das militärische Eingreifen Russlands [in Syrien] war für den Westen überraschend, wir konnten nicht abschätzen, mit welchen Zielen, mit welchen Mitteln (...) und mit welcher Bewaffnung. Oder nehmen wir die Krim: am Anfang war von ›lokalen Selbstverteidigungskräften‹ die Rede, später tauchten die sogenannten ›grünen Männchen‹ auf, und noch später hieß es, es seien auch Spezialkräfte im Einsatz gewesen. (...) Ich finde es (...) wichtig, diese Fragen ehrlich zu stellen. Und ich bin sicher, es gibt umgekehrt auch Fragen an die deutsche oder europäische Außenpolitik von russischer Seite.«

Der damalige Außenminister vollführt einen Gang wie auf rohen Eiern, um die russische Armee und die von dem Oligarchen und Putin-Freund Jewgeni Prigoschin finanzierte Wagner-Söldnertruppe keinesfalls zu deutlich zu kritisieren – nicht für ihr Vorgehen in der Ukraine, nicht für ihren Einsatz in Syrien, der einem Herrscher dient, der sein Volk knechten und foltern lässt. Steinmeier sagt in Jekaterinburg zwar nichts Falsches, aber er spart viel zu viel aus. Nirgendwo bezieht er wirklich Position. An keiner Stelle finden sich eindeutige Worte der Kritik, stattdessen reihenweise Relativierungen. Der deutsche Außenminister fasst das russische Regime mit Samthandschuhen an: »Aber all das ist kein Grund, einander den Rücken zuzukehren. Im Gegenteil: Es ist umso mehr Grund, alle Anstrengungen darauf zu richten, sich nicht zu verlieren oder gar zu entfremden, sondern das Gespräch zu suchen, auch wenn es schwieriger geworden ist.«

Noch heikler wird es, wenn er, wie 2020 in seiner Rede zum 75. Jahrestag der Befreiung vom Nationalsozialismus und des Endes des Zweiten Weltkrieges in Europa das »Nie wieder!« beschwört. »Dieses ›Nie wieder!‹, es bedeutet für uns Deutsche vor allem: ›Nie wieder allein!‹ Und dieser Satz gilt nirgendwo so sehr wie in Europa. Wir müssen Europa zusammenhalten.« Eine Mahnung, die gerade seine Partei geflissentlich überhört, besonders wenn es um Nord Stream und um die Ukraine geht. Keiner hat sie zudem so oft wie Steinmeier selbst in den Wind geschlagen.

Dann überrascht der Bundespräsident die Öffentlichkeit, wenn auch nicht mit einer Einsicht, so doch mit einem Eingeständnis. Er fährt im Herbst 2021 in die ukrainische Kleinstadt Korjukiwka an die ukrainisch-belarussische Grenze. Als Staatsoberhaupt ist er raus aus der aktuellen Politik, bei diesem Besuch geht es um Geschichte. Korjukiwka hat Steinmeier vorher schon einmal in seiner Rede zum 80. Jahrestag des Kriegsbeginns in der UdSSR am 22. Juni 1941 erwähnt. Er hielt sie im Museum Berlin-Karlshorst, das damals noch Deutsch-Russisches Museum Berlin-Karlshorst hieß. Die Ukrainer reagierten verschnupft, denn sie fanden ein deutsch-russisches Museum für die Erinnerung an diesen Jahrestag unangemessen. Inzwischen hat sich das Museum umbenannt, weil es unabhängig von deren Nationalität an alle sowjetischen Opfer des deutschen Vernichtungskrieges erinnern möchte. Am Tag von Steinmeiers Rede, dem 18. Juni 2021, fühlte sich die Ukraine einmal mehr mit ihrer eigenständigen, von Russland losgelösten Geschichte übergangen. Deswegen mokierte sich der ukrainische Botschafter in Berlin, Andrij Melnyk, über den Veranstaltungsort. Da nützten auch die vor der Gedenkstätte aufgezogenen Flaggen der Nachfolgestaaten der Sowjetunion nichts.

So viel zur Vorgeschichte. In Korjukiwka ereignet sich fast unbemerkt etwas sehr Seltenes in der deutschen Politik. Steinmeier, der bereits erklärt hat, dass er als Bundespräsident gern wiedergewählt werden möchte, macht öffentlich auf einen Fehler aufmerksam. In der ukrainischen Kleinstadt wurden 1941 erst die jüdischen Einwohner getötet und zwei Jahre später, 1943, fast alle übrigen 6700 Menschen. Angesichts dieser Opferzahl könnte man in Deutschland von dem Ort schon einmal gehört haben.

Auch in Korjukiwka wurde die Tragödie lange verschwiegen. Erst in den letzten Jahren begann man darüber zu reden. Die Zeitzeugin Halina Popowa schildert dem deutschen Politiker, wie sie als Sechsjährige das Massaker überlebte. Außer Steinmeier hören viele Kinder in der Aula der örtlichen Schule zu. Manche Mädchen und Jungen sind Ururenkel einiger weniger Überlebender von damals. Die Jugendlichen kennen die Geschichten vom Fliehen und Verstecken in den Sümpfen. Sie wissen, was sich 1943 zugetragen hat, und erzählen dem Gast aus Berlin davon mit ausgesuchter Höflichkeit, und dass sie sich in Korjukiwka über ein Denkmal freuen würden. Vielleicht könnte es mit deutscher Hilfe dort aufgestellt werden, wo man die sterblichen Überreste, die man erst in den Gärten begraben hatte, ein zweites Mal bestattete.

Am Abend wiederholt Frank-Walter Steinmeier in Kiew sein Geständnis. Beim feierlichen Gedenken zum 80. Jahrestag des Massakers von Babyn Jar gibt er noch einmal zu, dass den Deutschen zu wenig bewusst ist, dass das Menschheitsverbrechen des Holocaust nicht erst in den deutschen Todesfabriken von Auschwitz, Treblinka, Sobibor, Majdanek oder Belzec begann, sondern schon vorher auf dem Eroberungsfeldzug Richtung Osten. Er fragt: »Wer in meinem Land, in Deutschland, weiß heute von diesem Holocaust durch Kugeln?« Sein öffentliches Bekenntnis nährt die Hoffnung, diesen Fehler der Vergangenheit nicht mehr zu wiederholen. Es zeugt von einem Versäumnis der angeblich so gründlich aufgearbeiteten Geschichte des Nationalsozialismus, wenn viele Bundesbürger selbst mit dem Namen Babyn Jar immer noch nichts anfangen können. »Es gibt keine umfassende Aufarbeitung des deutschen Angriffskrieges in Osteuropa«, stellt auch Martin Schulze Wessel klar. Der Osteuropa-Historiker an der Ludwig-Maximilians-Universität München ist der Sprecher der deutschen Sektion in der Deutsch-Ukrainischen Historikerkommission. »Wir haben von dem Holocaust vor allem die Vorstellung, dass er in Konzentrationslagern, in Vernichtungslagern geschehen ist. Wir haben weniger eine Vorstellung davon, dass es auch den Holocaust durch Erschießungen, durch Kugeln, gegeben hat, der beispielsweise in der Ukraine, in Kiew stattgefunden hat. Das heißt, unsere Vorstellung vom Holocaust ist unvollständig. (...) Wir haben wenig Verständnis davon, dass (...) es natürlich auch eine Vernichtungspolitik gegeben hat, die sich vor allem gegen Belarus und die Ukraine richtete. Auch gegen Russland. Aber Russland war eben nicht in dem Maße besetzt wie Belarus und die Ukraine, wo die deutsche Besatzung umfassend war, und die Vernichtung deswegen schon sehr viel größer.«

159 Deutsche haben am Massaker in Babyn Jar teilgenommen. Am 29. und 30. September 1941 beorderten die Besatzer alle

jüdischen Männer, Frauen und Kinder aus Kiew an die Schlucht, die damals vor den Toren Kiews lag, wo sie erschossen wurden. Über 33 000 Menschen.

Um ein Haar wäre auch Wolodymyr Pronitschews Mutter in der Grube am Stadtrand gestorben. Sie hatte ihre Eltern nach Babyn Jar begleitet. Als sie sah, dass die Menschen auf einen Haufen ihre Wertsachen und auf einen anderen ihre Kleider legen mussten, ahnte sie das Unheil. Sie zerriss ihren Pass, in dem stand, dass sie Jüdin ist, und zeigte nur ihren Gewerkschaftsausweis und das Arbeitspapier vor, in denen die Nationalität nicht vermerkt war. Ihr angeheirateter Nachname war russisch, denn Wolodymyrs Vater war Russe. So gab sie sich als nichtjüdische Begleiterin aus. Es nützte nichts, denn noch vor Einbruch der Dunkelheit sollten auch diese Personen exekutiert werden. Was dann geschah, hat sich ihr Sohn Wolodymyr wieder und wieder angehört. Erst von ihr persönlich, später in einem Dokumentarfilm über seine Mutter. Dort sagt sie: »Ich habe die Augen geschlossen und sprang unter den Schüssen in die Tiefe. Ich fiel auf die Leichen. Dann hörten die Schüsse auf, und die Deutschen kamen nach unten in die Grube, stiegen über die Körper und prüften, wer noch nicht tot war. Ich verhielt mich so still wie ich konnte. Dann wurde es dunkel. Sie schippten Sand auf die Körper. Ich verstand, dass ich lebendig begraben war. Nachts bewegte ich meine linke Hand und spürte, dass sie an der Oberfläche war. Dann schaufelte ich mich frei, dass ich mehr Luft bekam. Und schließlich kroch ich über die Leiber aus der Erde wieder heraus. Es war stockfinster. Sie feuerten noch im Dunkeln runter in die Grube. An einer Seite kletterte ich nach oben.«

Noch an der Schlucht wurde sie entdeckt und verhaftet. Sie entkam nicht nur ein, sondern viele Male, sprang aus einem fahrenden Häftlingstransport, versteckte sich in Kellern und auf Dächern, wurde wieder gefasst, ins Gefängnis gesperrt, wo ihr ein deutscher Soldat zur Flucht verhalf. Ihr Mann, Wolodymyrs

Vater, wurde von der Gestapo verhaftet. Er sollte sagen, wo seine jüdische Ehefrau war. Sie suchten sie, denn sie wussten, dass sie gesehen hatte, was in Babyn Jar geschehen war. Der Vater kehrte aus dem Gestapo-Gefängnis nicht mehr nach Hause zurück. Wolodymyr und seine Schwester wurden getrennt in Kinderheimen untergebracht, denn sie waren bei den Großeltern und Freunden nicht mehr sicher. Zwei Jahre dauerte die Flucht der Mutter. Erst einige Wochen nach der Befreiung von den Deutschen fand Dina Pronitschewa zunächst ihre Tochter, dann ihren Sohn wieder. Er bewundert bis heute seine Mutter, die eine berühmte ukrainische Puppenspielerin war, für ihren Überlebenswillen und Mut.

Ein Jahr nach dem Ende des Zweiten Weltkrieges, am 24. Januar 1946, sorgte ihr Augenzeugenbericht während eines Kiewer Gerichtsprozesses in der ganzen Sowjetunion für großes Aufsehen. Angeklagt waren in Babyn Jar beteiligte Deutsche, die gefasst worden waren und zum Tode verurteilt wurden. Dina Pronitschewa schilderte öffentlich, wie genau das deutsche Massaker an der jüdischen Bevölkerung Kiews verlaufen war. Im Historischen Museum der ukrainischen Hauptstadt ist der Filmausschnitt zu sehen, in dem sie als eine der ersten vom Holocaust durch Erschießen berichtete.

Dass insgesamt rund zwei Millionen Juden in Osteuropa von Deutschen mit Gewehren getötet worden sind, kommt in der deutschen Erinnerungskultur fast nicht vor. Die angeblich so umfassende Aufarbeitung der NS-Zeit hat noch nicht den Fokus auf die Tausenden von Wehrmachtssoldaten und Angehörigen der SS-Einsatzgruppen gerichtet, die an den Massentötungen beteiligt waren. Sie kehrten als Täter mit dem Wissen um ihre Verbrechen aus Polen, Belarus, Rumänien, den westlichen Teilen Russlands und der Ukraine nach Hause zurück. Namentlich bekannt sind die Anführer, aber nicht die einzelnen Schützen, von denen jeder allein Hunderte Leben vernichtete.

In der Sowjetunion wurden diese Massaker vor allem in kleinen Orten ebenfalls totgeschwiegen. Niemand durfte darüber sprechen, nichts sollte an diese Opfer erinnern. Dass diese Menschen nicht geschützt werden konnten, hätte den Sieg im Großen Vaterländischen Krieg geschmälert. So gerieten diese traumatischen Ereignisse in Vergessenheit, auch weil kaum noch jemand übrig war, der davon berichten konnte.

Seit mindestens zehn Jahren kann jeder nachlesen, was in den sowjetischen »Bloodlands«, wie Timothy Snyder sie nennt, geschah. Der Historiker listet die deutschen Verbrechen in den Regionen an den unterschiedlichen Bevölkerungsgruppen genau auf. Leider nehmen deutsche Politiker, und die deutsche Gesellschaft insgesamt, diese akribische, wenn auch wenig erbauliche Recherche des amerikanischen Autors kaum wahr, was sich ab 2014 bitter rächte. Da meinte man in Deutschland, sich mit Kritik an Moskau nach der Krim-Annexion zurückhalten zu müssen, denn schließlich hätten deutsche Vorfahren in Russland viel Schlimmes angerichtet. Aus der erschreckenden Unkenntnis heraus, dass die ehemalige Sowjetunion nicht nur das heutige Russland ist, suchte die deutsche Politik über Jahre eine Nähe zu Russland, die sie der Ukraine verweigerte. Den Hunderttausenden Ukrainern, die für den demokratischen Weg ihres Landes in die EU demonstrierten, zeigte sie die kalte Schulter. Die Geschichtsvergessenheit gegenüber der Ukraine ist bis heute beschämend.

Mehr als nur Kunstraub – der Beutezug der Nazis durch die Ukraine

Auf Steinmeiers Eingeständnis in Babyn Jar im Herbst 2021, dass der Holocaust durch Kugeln noch nicht im kollektiven deutschen Gedächtnis verankert ist, könnte neues gegenseitiges Vertrauen aufgebaut werden. Doch dafür muss sich Deutschland noch anderen, gänzlich unbeachteten Kapiteln seiner Geschichte in der Ukraine zuwenden. Gerade, weil Putin ihrem Land abspricht, eine eigene Nation zu sein, erinnern sich viele Ukrainerinnen und Ukrainer seit dem 24. Februar 2022 wieder daran, dass sie schon einmal als Nation ausgelöscht werden sollten. Sie fürchten, neben den vielen Menschenleben nun auch noch einmal ihr kulturelles Erbe zu verlieren. Freiwillige versuchen, die Kunst- und Kulturschätze in Sicherheit zu bringen, doch vielerorts ist es dafür schon zu spät. Zahlreiche Museen, Galerien, Theater, Kirchen und Bibliotheken haben bereits schwere Schäden erlitten. Anderen steht dieses Schicksal mit jeder weiteren Kriegswoche bevor. Auch deswegen ist es so wichtig, dass die Ukraine die Waffen bekommt, die den Feind wirksam zurückdrängen können. Überall ahnen die Menschen, dass ihre Heimat einmal mehr kulturell ausblutet, so wie das vor 80 Jahren geschah, als die deutschen Besatzer auf ukrainischem Territorium sogenannten Lebensraum für 15 bis 20 Millionen Deutsche schaffen wollten.

Die nationalsozialistischen Okkupanten raubten alles, was ihnen gefiel. Die Plünderung der Ukraine diente zwar auch, aber nicht nur der Bereicherung. Waggonweise wurden Bücher, Archivmaterial, Akten und Dokumente verladen und mit der Reichsbahn in Richtung Deutschland transportiert. Berge von Unterlagen. Ein Dienstbericht vom 27. September 1943 in Kiew vermerkt, was in den Waggon 22743 nach München gepackt wurde: »42 Kisten Bücher für die Ostbücherei Rosenberg, 7 Kisten mit Katalogen und Karteien, 1 Kiste mit Bänden für die Hohe Schule (elf andere Kisten mussten wegen Raummangel im Waggon in Kiew bleiben), 21 Kisten mit Zeitschriften, 12 Kisten mit den Bildermappen, 9 Pakete und 7 Rollen mit bolschewistischen Bildern (8 Pakete mussten aber noch in Kiew bleiben) und 22 Pakete mit bolschewistisch-ideologischen Filmen.« Diesem Waggon folgten viele weitere.

Anhand des Materials sollte das Wesen des Gegners erforscht werden. Post mortem, denn zuvor sollte der Feind in Gestalt von Juden und Bolschewiki ausgelöscht werden. Die Nationalsozialisten wollten das kommunistische bolschewistische Gesellschaftssystem studieren, hat Tetiana Sebta herausgefunden, die seit der Unabhängigkeit der Ukraine 1991 über die deutsche Besatzungszeit von 1941 bis 1943 forscht. »Sie wollten wissen, wie die Ideologie in die Praxis umgesetzt wurde, in der Medizin oder Landwirtschaft der Sowjetunion. Was hatte es auf sich mit den Kolchosen? Es ging darum, wie die Sowjetunion aufgebaut war.«

Zum Reichsminister für die besetzten Ostgebiete hatte Diktator Adolf Hitler den NSDAP-Chefideologen Alfred Rosenberg ernannt. Rosenberg war Deutschbalte, der Russisch als Muttersprache gelernt hatte. Er hegte seit der Oktoberrevolution einen tiefen Hass auf die Sowjetunion. In Juden und Bolschewisten sah er die schlimmsten Gegner des deutschen Volkes. Rosenberg war auf ihre Hinterlassenschaften als Studienobjekte aus. In seinem Tagebuch schreibt der langjährige Hitler-Vertraute: »Im Osten leben noch etwa sechs Millionen Juden. Die Judenfrage ist für Deutschland erst gelöst, wenn der letzte Jude das deutsche Territorium verlassen hat, und für Europa, wenn kein Jude mehr bis zum Ural auf dem europäischen Kontinent steht.«

Den mordenden Einheiten folgten die Kunsträuber dicht auf den Fersen. Wenn von Raubzügen der Nazis in Osteuropa gesprochen wird, sind oft nur die russischen Verluste gemeint. Dabei sei der Aderlass in der heutigen Ukraine weitaus größer gewesen, korrigiert der Bremer Beutekunstexperte Wolfgang Eichwede, der sich seit Jahrzehnten für die Restitution zwischen den Ländern einsetzt. »Nach allen Zählungen, die in der Sowjetunion vorgenommen wurden, und nach allen Angaben [aus] deutschen Akten (...) sind zwei Drittel aller sowjetischen Kulturverluste ukrainische Verluste.« Dass der überwiegende Teil in der Ukraine gestohlen wurde, lag am Frontverlauf. Die Sowjetrepublik war während des gesamten Feldzugs gegen die UdSSR besetzt. Hier hatten die deutschen Okkupanten Zeit.

Ende 1941 begann der Aufbau von Rosenbergs Ostbibliothek. In Kiew musste die Zentrale Oblast-Bibliothek, die heutige Wernadskyj-Nationalbibliothek, dafür bluten. Ihre gesamte sowjetische Literatur wurde konfisziert. Innerhalb von zwei Jahren wurden Unmengen Bücher zusammengetragen, unter anderem 10 000 Bände aus Dnipropetrowsk. Alle jüdischen Schriften bekam das Frankfurter »Institut zur Erforschung der Judenfrage«. Für dessen Bibliothek wurden Bücher in ganz Europa zusammengestohlen. 167 000 Bände auf Hebräisch und Jiddisch sowie Handschriften kamen aus Kiew. Den größten Teil hatten die Sowjets schon in den 1930er Jahren gehortet, als die Synagogen und Kirchen geschlossen wurden. Nun nahmen die Deutschen diese Bücher mit.

In der Ukraine raubten die deutschen Besatzer auch Gemälde. Zum Beispiel aus dem Museum für westliche und östliche Kunst in Kiew, das in einer Reihe mit der Tretjakow-Galerie in Moskau und der Eremitage in Sankt Petersburg stand. Dem

Gründer- und Sammlerehepaar Bogdan und Warwara Chanenko zu Ehren wird es heute noch Chanenko-Museum genannt. Untergebracht ist es in deren Villa, ein wohnlicher, im italienischen Stil erbauter Stadtpalast in der ukrainischen Hauptstadt. Serhij Giljarow, der von den Bolschewiki inhaftiert worden war, weil er verhindern wollte, dass die sowjetischen Staatsfinanzen mit dem Verkauf von Kunst aus dem Chanenko-Museum aufgebessert wurden, lebte während der Besatzungszeit noch immer in Kiew. Er war inzwischen 54 Jahre alt, hatte sein gesamtes Berufsleben im Museum verbracht und gehörte beinahe schon zum Inventar. Nun spannten ihn die deutschen Okkupanten für ihre Dienste ein, wofür er von den sowjetischen Kommunisten nach dem Krieg erneut verhaftet wurde. 1946 starb er offiziell an einer Lungenentzündung. Seine Familie berichtete, dass er im Gefängnis die Nahrung verweigert hatte.

Nichts war vor den deutschen Marodeuren sicher. Sie bedienten sich auch privat, viele Bilder sind bis heute verschollen. Beutekunst-Expertin Tetiana Sebta nennt die größten Diebe: »Der Reichskommissar für die Ukraine, Erich Koch, stahl 16 Bilder aus dem Chanenko-Museum und ein Bild aus dem Russischen Museum mit dem Titel ›Mädchen in roter Tracht‹. Die allermeisten Bilder nahm Generalkommissar Waldemar Magunia mit. 48! 27 sind wiederaufgetaucht, 21 fehlen noch immer.«

Einen Teil der Sammlung konnten die Mitarbeiter vor den Nazis verstecken. Die Besatzer nahmen sich aus dem Bestand des Museums, was sie kriegen konnten. Manches schickten sie nach Deutschland, mit anderen Bildern dekorierten sie ihre Verwaltungsräume und Dienstwohnungen in Kiew. Dokumentiert haben sie alles in Vermerken, die noch heute in den Museumsarchiven zu finden sind. Die Verlustlisten führen nach dem Krieg 25 000 Kunstwerke auf, darunter 20 000 Kupferstiche, unter anderem von Rembrandt und Dürer. Außerdem fehlen 450 Gemälde. Das Museum, genauer Olena Schiwkowa, die als

Vizedirektorin für Restitutionsfragen zuständig ist, sucht diese Arbeiten bis heute. Erst vier Bilder sind zurückgekehrt, zwei davon hat Olena Schiwkowa auf internationalen Auktionen entdeckt. Monatlich schaut sie die Kataloge der Auktionshäuser durch. Alle Gemälde, die das Museum vermisst, kennt sie. Sie hat fast 500 Schwarz-Weiß-Fotografien von den Gemälden und anderen Kunstwerken ihres Hauses.

Als die Rote Armee 1943 ihre Gegenoffensive startete und die deutschen Besatzer zurückdrängte, wurde das Diebesgut eilig in Richtung Westen transportiert. Es gab unzählige Zwischenlager, unter anderem in einem Schloss bei Königsberg. Dort sei vieles bei einem Brand vernichtet worden, hieß es nach Kriegsende. Doch hin und wieder tauchen Kunstwerke aus genau diesen Transporten auf.

18 Millionen Deutsche gehörten der Wehrmacht an und sehr viele von ihnen waren an den Einsätzen und damit auch oft an den Raubzügen in Osteuropa beteiligt.

In den leergeräumten Kiewer Museumsräumen lagerten nach 1945 fast 100 000 Werke der Dresdener Gemäldegalerie. Die sowjetische Trophäenbrigade hatte Kunst vor allem in Ostdeutschland als Entschädigung für ihre zuvor erlittenen Verluste in der Sowjetunion konfisziert. Die Gemäldegalerie bekam ihre Bilder ab 1950 zurück, als eine Geste der UdSSR an den Bruderstaat DDR. Für das Chanenko-Museum verlief die Rückgabe weit weniger erfolgreich. Wonach das Museum fahndet, hat es in die Lost-Art-Datenbank eingetragen, ein Online-Verzeichnis für vermisste Kunstwerke. Derzeit sind es 477 Arbeiten.

Im Februar 2014 wurde Olena Schiwkowa das erste Mal an die Schrecken des Zweiten Weltkrieges erinnert. Als Russland die Krim annektierte, zogen sie und ihr Team ernsthaft in Erwägung, das Museum zu evakuieren. »Denn es war absolut nicht klar, was der russische Präsident Putin mit unserem Land vorhatte.« Die Kolleginnen entschieden sich dagegen, weil die Erfahrung aus dem Krieg besagte, dass die Schäden durch Transporte und die Lagerung an Orten, die für Kunstschätze nicht geeignet sind, im Zweifel noch verheerender sein können. Sie brachten die Bilder in die Kellerräume des Museums.

Ab dem 24. Februar 2022 packen Olena Schiwkowa und ihre Kolleginnen Tag und Nacht wieder Exponate ein. Gemälde, Plastiken, Büsten, feines chinesisches und japanisches Porzellan, Fächer – alle wertvollen Stücke sollen vor möglichen russischen Angriffen auf Kiew gesichert werden. In einer Mail aus dem März 2022 schreibt sie: »Es gibt so ein Sprichwort: Hoffe auf das Beste, aber nimm das Schlimmste an. Das ist eingetreten.«

Alfred Rosenberg war besessen von einer sogenannten Hohen Schule. Seit 1936 hatte er Hitler wegen der Partei-Elite-Universität schon in den Ohren gelegen. Um die insgesamt 17 geplanten Institute der Hohen Schule auszustatten, holte sich Rosenberg für seinen Raubzug zahlreiche deutsche Spezialisten an seine Seite: Archivare, Bibliothekare, Historiker, Archäologen, Musikwissenschaftler, Volkskundler, Wirtschaftswissenschaftler, Mikrobiologen, Geologen und Psychologen. Für die zukünftige Parteischule ließ er in ganz Osteuropa zusammenstehlen, »was geeignet ist, das bolschewistische Leben in der Sowjetunion anschaulich zu schildern«.

Truppen seines Einsatzstabes waren auch im besetzten Dnipropetrowsk, dem heutigen Dnipro, unterwegs. Die Industriestadt befand sich ab dem 25. August 1941 in deutscher Hand. Nach den Kampfhandlungen wurden Hochschulen, Betriebe, Parteiorganisationen, Archive und Museen besetzt. Überliefert ist, wie akribisch eine Expertenkommission aus Deutschland zunächst die Bestandslisten der Institutionen durchforstete. Valentina Sazuta arbeitet schon 45 Jahre im Nationalen Historischen Museum in Dnipro und ist damit die Dienstälteste. »Die Deutschen schlossen das Museum für Besucher, und die Spezialisten begannen sehr gründlich, die Inventarbücher zu studieren. Sie

verglichen die Listen und kontrollierten, was nach der Evakuie-
rung durch die sowjetischen Behörden noch vorhanden war.«
Frau Sazuta erinnert sich, wie verwundert ihre Kolleginnen, die
die Okkupation noch selbst erlebt hatten, davon erzählten. Das
ist deutsche Gründlichkeit, dachten sie und lagen nicht falsch
damit. Doch mit welchem teuflischen Plan die Nazis gekommen
waren, dass sie in der Ukraine Juden und Bolschewiki zunächst
vernichten und erst dann studieren wollten, wussten die Mu-
seumsangestellten damals nicht. Diejenigen, die die deutsche
Besatzung überlebten, fanden heraus, dass die Besatzer einen
großen Teil der archäologischen Sammlung und auch Gemälde
des Museums nach Deutschland gebracht hatten.

Weil die Hohe Schule der Nazis auch ein Institut für nor-
disch-germanische Geschichte des Ostraumes bekommen sollte,
war das Gebiet um Dnipropetrowsk von besonderem Interesse für Rosenbergs Einsatzstab. Aber nicht nur für ihn, denn
der Ideologe hatte Konkurrenz. Gleich vier rivalisierende
Kunstraub-Verbände der Nazis machten von 1941 bis 1944 Jagd
auf Kulturschätze in der Ukraine, oder auf das, was die Wehrmachtsoldaten noch nicht zerstört, verwüstet oder geplündert
hatten. Auf Bilder, Bücher und andere Kulturgüter hatte es nicht
nur die Rauborganisation der NSDAP abgesehen, also der Einsatzstab Reichsleiter Rosenberg. Auch die sogenannten »Kunst-
schutz«-Einheiten der Wehrmacht beschlagnahmten ganze
Bibliotheken, wie zum Beispiel in Dnipropetrowsk die des Berg-
bauinstituts oder in Kiew das sowjetische militärhistorische Archiv. Neben dem Sonderkommando Künsberg vom Auswärtigen
Amt, benannt nach seinem Leiter, SS-Sturmbannführer Baron
Eberhard von Künsberg, war auch noch Himmlers »Ahnenerbe«
unterwegs. Diese vier Organisationen lieferten sich oft ein regel-
rechtes Rennen um die Schätze.

Der Reichsführer der SS, Heinrich Himmler, hatte eine
Vorliebe für Okkultes, was ihm große Sympathien bei vielen

NSDAP-Mitgliedern einbrachte. Mit dem Privatgelehrten Herman Wirth aus den Niederlanden hatte er 1935 die Forschungsgemeinschaft Deutsches Ahnenerbe gegründet, die sich als »Studiengesellschaft für Geistesurgeschichte« verstand. Zu den »Studien« gehörten medizinische Versuche an Menschen sowie Ausgrabungen auf dem Territorium der Ukrainischen Sowjetrepublik, wo die Möchtegern-Archäologen Zeugnisse germanischer Vorfahren suchten. Himmlers Leute wurden auch auf Ausgrabungen an den Fluss Dnipro geschickt. Sie sollten anhand von »deutschen Spuren« in der Ukraine begründen, warum die gewaltsame Expansion des sogenannten Dritten Reiches angeblich berechtigt war. Dass auf dem Gebiet um Dnipro Goten gelebt hatten, war für die einheimischen Archäologen nichts Neues, wohl aber für die Deutschen. Sie betrachteten es als Beweis dafür, dass hier Arier ansässig gewesen waren, woraus sie ein Anrecht auf diese Gebiete ableiteten.

Oksana Rudkowskaja ist die Archäologin des Nationalen Historischen Museums in Dnipro. Sie findet die ideologische Fixierung der Faschisten auf angebliche deutsche Spuren indiskutabel und aus wissenschaftlicher Sicht äußerst befremdlich. Ihnen habe diese ganze Goten-Romantik keine Ruhe gelassen. »Sie waren auf der Suche nach einer Art Hauptstadt. Aber es gibt hier keine solche Goten-Hauptstadt. Dafür jede Menge archäologische Denkmäler, die heute noch unberührt im Boden sind. Noch immer sind Expeditionen mit Ausgrabungen beschäftigt.« Während der Völkerwanderung 300 bis 600 Jahre nach Christus vermischten sich sehr viele Stämme in der Region, alle haben zahlreiche Zeugnisse hinterlassen. Auch die Skythen, die schon vor gut 2000 Jahren in der Südukraine lebten, die die Nazis ebenfalls als frühe Vorfahren betrachteten, wie später die Goten. Die Wissenschaftlerin erzählt auch, dass ortskundige Archäologen die Nazi-Expeditionen von Himmlers Ahnenerbe begleiten mussten. Auch der damalige ukrainische Direktor des Museums, Pawel Kosar, wurde zu einer dreiwöchigen Ausgrabungstour gezwungen. Nach dem Krieg beschuldigte die Sowjetmacht den Archäologen des Nationalismus und bezichtigte ihn, ein Bourgeois zu sein. Er musste das Museum verlassen und wurde politisch verfolgt, weil er mit den Besatzern zusammengearbeitet hatte.

Auf dem Platz vor dem Museumsgebäude stehen auf einer kreisrunden Fläche an die 50 Steinfiguren. 38 Frauen- und Männergestalten von den Kiptschaken aus dem 9. bis 13. Jahrhundert und von den Skythen aus dem 5. oder 6. Jahrhundert vor Christus. Auch diese archäologischen Kostbarkeiten hätten bei den Nazis große Begehrlichkeiten geweckt, sagt Oksana Rudkowskaja. Die Statuen wurden in oder auf Hügelgräbern gefunden, sogenannten Kurganen, die oft reich bestückt sind. Mindestens 15 000 verteilen sich über die meist flache Landschaft der Ostukraine.

Inzwischen sind die tonnenschweren Gestalten in Sandsäcke eingepackt und mit einem Holzgerüst ummantelt. Oksana Rudkowskaja hofft, dass sie auf diese Weise geschützt die russischen Angriffe auf Dnipro überstehen. Die Überreste einer Rakete, die am 25. März 2022 in einem Stadtviertel im Osten einschlug, hat sie als Exponat bereits gesichert. Einige ihrer Kolleginnen, die im Sommer 2021 noch im Museum waren, sind ins Ausland geflohen. Oksana Rudkowskaja bleibt, organisiert kleinere archäologische Ausstellungen, aber auch Malzirkel. Alles findet im Keller statt. Eines ihrer Handy-Videos zeigt eine kleine Werkstatt, wo Flüchtlingskinder aus Charkiw im April 2022 Ostereier mit kunstvollen Mustern bemalen. Eine Tätigkeit, die die Nerven beruhigt.

Seit dem Einmarsch am 24. Februar 2022 haben die russischen Truppen eine Spur der Verwüstung in der Ukraine hinterlassen. So schonungslos sie mit der Bevölkerung umgehen, so rücksichtslos wird auch Kunst zerstört. Die Liste der beschädigten oder vernichteten Objekte wird jeden Tag länger, und sie ist längst nicht vollständig. Im Historischen Museum in Kiew hofft man, dass dem Haus das Schicksal erspart bleibt, das bereits Dutzende Kulturstätten ereilt hat. Darunter das Dramaturgische Theater sowie das Kunstmuseum von Mariupol, das Geschichts- und Heimatmuseum in Iwankiw bei Kiew, in dem die Werke der berühmten ukrainischen Volkskünstlerin Marija Prymatschenko ausgestellt waren. Die Anwohner konnten sie rechtzeitig retten, indem sie sie in ihren Häusern versteckten. Das Gebäude der Holocaust-Gedenkstätte von Babyn Jar wurde gleich in den ersten Kriegstagen, am 1. März, beschädigt. In Charkiw hat das legendäre Slowo-Haus, das aus der Luft wie ein russisches S aussieht, unter den russischen Angriffen gelitten. Dort wohnten Anfang der 1930er Jahre ukrainische Künstler, die während des Stalin-Terrors verschwanden. Später werden immer mehr Orte im Osten evakuiert, was auch die Mitarbeiterinnen des Historischen Museums in Dnipro spüren, die Stadt wird immer voller.

Dort, wo jetzt die eingepackten Steinfiguren aus den Hügelgräbern stehen, hatte bis zur deutschen Besatzungszeit im Zweiten Weltkrieg das Denkmal von Katharina der Großen seinen Platz. Oksana Rudkowskaja hofft, dass es ihren Figuren nicht wie Katharina ergeht, denn von ihr fehlt bis heute jede Spur. Die Deutschen nahmen alles mit, was einen Bezug zur deutschen Kultur hatte. Katharina stammte aus Deutschland wie auch der Bildhauer, somit war das Monument eine Art Leuchtturm der deutschen Kunst. Im Sommer 2021 zog die Museumsdirektorin Julia Pischanska Parallelen zwischen der deutschen Besatzung und dem aggressiven russischen Militär, das schon seit 2014 einen Frieden in der Ostukraine verhindert. »Es werden Anzeichen dafür gesucht, das hier Russen lebten. Nicht slawische Völker, sondern eben genau Russen. Zugleich wird behauptet, dass Ukrainer nie existierten. Dieses unwissenschaftliche, ideologische und fanatische Vorgehen ist typisch für totalitäre Diktaturen, die Besatzungskriege führen. Sie suchen eine Rechtfertigung, weil ein Befreiungskrieg besser als ein Besatzungs-krieg klingt.«

Der Phantomschmerz über das verlorene Katharinen-Denk-mal hält sich in Grenzen, ähnlich wie bei dem Zaren-Gemälde von Michail Panin. Er war der erste Direktor des Kunstmuseums in der Stadt am Dnipro. Dargestellt hat er »Die heimliche Ab-reise von Iwan dem Schrecklichen vor der Opritschnina«. Das Gemälde ist dreieinhalb Meter lang und stößt mit seinen zwei-einhalb Meter Höhe fast an die Decke der Restaurationswerk-statt in Kiew, in der es seit Ende 2019 steht. Längst sollte es nach Dnipro zurückgekehrt sein, wo man es durchaus mit einiger Vorfreude erwartet hat. Zumal das imposante Bild eine wilde Kunstraub-Geschichte umweht. Es hat eine Odyssee hinter sich. Bevor es Ende 2019 in der ukrainischen Hauptstadt Kiew ankam, war es zuerst in Sankt Petersburg, dann im Kunstmuseum in Dnipropetrowsk und schließlich im US-amerikanischen Ridge-field im Bundesstaat Connecticut. Dort hatte das Ehepaar Gabby und David Tracy 1987 ein vollständig möbliertes Haus erworben, samt Iwan dem Schrecklichen, dem Bild, von dessen Geschichte sie in den 30 Jahren, in denen sie das Haus bewohnten, nichts wussten. Als sie 2017 das Haus inklusive Einrichtung wieder verkaufen wollten, zögerte die Auktionsfirma, denn das offen-sichtlich russische Werk sah verdächtig nach Raubkunst aus. Die Signatur befand sich auf der Rückseite. Jemand hatte die Lein-wand so zusammengefaltet, dass sie in einen kleineren Rahmen passte. Zu sehen ist Zar Iwan Grosny in Pelzmantel und Fell-mütze auf einem kräftigen Schimmel. Reiter und Pferd traben mit gesenkten Köpfen durch einen Torbogen aus einer Festung in den Schnee hinaus. Bewaffnete Gestalten und Bettler blicken ihnen hinterher. Eine Kirche mit Zwiebeltürmen leuchtet fern im Abendrot.

Michail Panin war kein unbekannter Maler, sondern Absol-vent der Zarenkunstschule, und kam 1925 nach Jekaterinoslaw, so hieß die Stadt am Dnipro damals. Ein so offensichtlich russisches Gemälde in den USA – das roch nach Bilderdiebstahl, deshalb musste vor dem Verkauf die Herkunft des Gemäldes, die Provenienz, geklärt werden. 2017 erreichte die heutige Direktorin des Kunstmuseums, Tetjana Schaparenko, eine Anfrage vom Auktionshaus, der Potomack Company in Alexandria im US-Bundesstaat Virginia, ob sich das Werk auf dem mitgeschickten Foto je im Bestand ihres Museums befunden hätte. Michail Panins Kunstwerk zählt zu den insgesamt 1002 Bildern, die die deutschen Besatzer auf ihrem Beutezug aus dem Museum hinausgetragen haben. Es steht unter der Nummer 417 der konfiszierten Arbeiten, die die Okkupanten auflisteten. Auch Dank der pedantischen Nazi-Bürokratie konnte Tetjana Schaparenko mit zahlreichen Dokumenten und Fotos belegen, dass Panins »Iwan der Schreckliche« ihrem Museum gehört. In einer Notiz vom 17. Juli 1942 findet sich beispielsweise folgender Nachweis: »Dem Brigadeführer Tatz wurden sieben Exponate ausgehändigt: eine Porzellan-Vase, eine Büste, einige Gemälde, unter anderem Panins ›Iwan der Schreckliche‹.« Die US-Geheimdienste interessierten sich sofort für den Vorbesitzer des Bildes und verfolgten die Spuren des ominösen Brigadeführers Tatz. Er reiste 1946 unter falschem Namen in die USA ein, hatte sich als Schweizer Grenzsoldat ausgegeben und eine neue Identität zugelegt. Das Zettelchen mit der auf Russisch geschriebenen Liste sagt noch nicht viel über den Kunsträuber Tatz aus. Auch sein Dienstrang »Brigadeführer« lässt keinen sicheren Rückschluss darauf zu, welchem der vier rivalisierenden Kunstraub-Verbände der Nazis er angehörte. Brigadeführer Tatz, Dieb des Zarenbildes, dürfte längst gestorben sein. Die letzten Besitzer des Gemäldes, das Ehepaar Tracy, zögerten keinen Moment, das Kunstwerk freizugeben; unentgeltlich, wie es das US-Recht vorschreibt. Kein Problem für Gabby Tracy, die eine ungarische Holocaust-Überlebende ist.

Trotzdem kehrte »Iwan der Schreckliche« nicht sofort nach Dnipro zurück. Erst musste das Bild restauriert werden. Die Farbschichten hatten sich durch Hitze verändert, weil es wahrscheinlich lange über einem Kamin oder einer Heizung gehangen hatte. Außerdem hat es jemand ständig übermalt, völlig unprofessionell, stellte Olena Krawtschenko fest, die das beschädigte Zarenbild restaurierte. Seit Februar 2022 erstrahlt es wieder in altem Glanz. Nach 80 Jahren sollte es nach Dnipro zurückkehren. Als erstes und bisher einziges von über 1000 Gemälden des Dniproer Kunstmuseums, die von den Deutschen gestohlen wurden. Da vor Kiew bereits der russische Krieg tobte, wurde der Transport vorsichtshalber aufgeschoben.

Andere, sehr wenige Stücke wurden aus Deutschland noch rechtzeitig zurückgegeben. Archäologische Exponate, Bücher und eine Zarenurkunde. Sie wurden aus der Wernadskyj-Nationalbibliothek in Kiew gestohlen, wo das Einsatzkommando Künsberg sein Unwesen getrieben hatte. Es war vor allem hinter Urkunden und Kartenmaterial her. Künsbergs Leute konfiszierten in der Bibliothek die Handschriftenabteilung, darunter ein Originalschriftstück von Zar Peter I. Nach dem Zweiten Weltkrieg hing diese Zarenurkunde für jedermann sichtbar in der Universität Tübingen. Doch erst über 70 Jahre später, ab 2014, fragte man sich dort, was es mit ihr eigentlich auf sich hat. 2019 gab die Tübinger Universität die Zarenurkunde an die Bibliothek zurück.

In Kiew hielt sich der Jubel über die Rückgabe in Grenzen, auch weil der deutsch-ukrainische Restitutionsdialog eine einzige Enttäuschung für die Ukrainer ist. Das habe auch an den Erwartungen gelegen, die 1993, als die Gespräche begannen, viel zu groß gewesen waren, so der Historiker Serhij Kot. Er starb am 28. März 2022. Er war Mitglied der Ukrainisch-Deutschen Restitutionskommission und bezeichnete sich zu Beginn der Restitutionsgespräche als Idealist. »Wir dachten, wenn wir Sachen zurückgeben, dann tut Deutschland das auch. Denn dort liegt alles, was wir vermissen. Stattdessen kamen nur einzelne Stücke zurück. Praktisch nichts, im Vergleich zu den Verlusten der Ukraine.« Serhij Kot war einer der wichtigsten Beutekunst-Experten der Ukraine.

Zwei Jahre hielten die Nationalsozialisten die Ukraine besetzt. Dann näherte sich die Rote Armee unaufhaltsam, was für die Ukraine einmal mehr mit massiven Zerstörungen und Verlusten einherging. Denn die Deutschen waren nicht die einzigen, die während des Zweiten Weltkrieges die Ukraine bestahlen. Als die Rotarmisten die Nazis vertrieben hatten, konfiszierten sie deren Depots mit dem Diebesgut. Die wertvollsten Stücke wurden auf Moskau sowie das damalige Leningrad, heute Sankt Petersburg, verteilt. Dort hängt zum Beispiel ein Bild aus dem Chanenko-Museum, das eindeutig zu denen gehörte, die Erich Koch in Kiew gestohlen hatte.

Die allergrößten Beutelager stellte die US-Armee sicher. In sogenannten Collecting Points, Sammelpunkten, führte sie alle Raubkunst aus Dutzenden Depots der Nazis zusammen und sandte große Mengen in deren Herkunftsländer in Ost- und auch Westeuropa zurück. In die Sowjetunion sind nach amerikanischen Angaben 530 000 Exponate aus Museen, Archiven und Bibliotheken zurückgegangen. Von diesen 530 000 Exponaten stammten 350 000 aus der Ukraine. Das sind 70 Prozent dessen, was die Deutschen geraubt hatten und schließlich in Deutschland und Österreich wiedergefunden wurde. Und davon wiederum 170 000 Objekte aus der Stadt Kiew. Doch sie landeten oft nicht in den Orten, aus denen die Nazis sie gestohlen hatten, was Serhij Kot bis an sein Lebensende bedauerte. Die US-Streitkräfte übergaben das sichergestellte Diebesgut in Berlin an die Sowjetische Militäradministration in Deutschland, zu der ukrainische Experten nicht vorgelassen wurden, um die ukrainischen Exponate auszusortieren. Nur Spezialisten aus Moskau und Leningrad hatten laut Serhij Kot Zugang. »Die Ukrainer durften erst dann dazukommen, als alles schon in Kisten eingepackt war.« So gingen viele kostbare Exponate wie die berühmten Fresken aus der Kiewer Michailowski-Kirche erst nach Pawlowsk, dann nach Nowgorod und wurden von dort in die Eremitage gebracht oder in das Staatliche Russische Museum. »Deswegen sprechen wir von zweifachem Raub, einmal durch die Deutschen und dann durch die sowjetischen Institutionen, die sich das Wertvollste sicherten.« Bis zuletzt hat Serhij Kot um die Rückgabe ukrainischer Kunstwerke aus deutschen und russischen Beständen gekämpft, freundlich, aber bestimmt. Als Putins Truppen vor Kiew standen, ist er geflohen. Er musste seinen Computer zurücklassen, der seine gesammelten Aufzeichnungen enthielt. Für den Wissenschaftler ein schrecklicher Verlust. Zuletzt bat er in Kiew darum, dass sich die Deutschen in ihren Wohnzimmern umsehen sollten, wo sich ganz sicher das eine oder andere Kunstwerk befinde, das der Großvater oder Großonkel aus der Ukraine mitgenommen habe. Wenn ihre Nachfahren diese Beute der Ukraine zurückgeben würden, käme sicher einiges für das Kulturerbe der ukrainischen Nation zusammen. Auch das hätte seiner Meinung nach zur historischen Verantwortung gehört, an der den Deutschen angeblich so viel liege.

Merkels kalter Abschied, der zähe Start von Bundeskanzler Scholz und ein versenkter Joker

Bis zuletzt, bis zum Abschiedsbesuch der Bundeskanzlerin im August 2021, hofft Kiew auf das Aus für die überflüssige Pipeline. Die Ukrainer wissen, dass Putins im Juli publiziertes Geschichtspamphlet in Wahrheit eine Kriegsdrohung ist, zumal sich immer mehr russische Streitkräfte entlang der ukrainischen Grenze in Stellung bringen. Dass sie nur Manöver abhalten, glaubt kein Ukrainer und keine Ukrainerin mehr. Aber sie sind optimistisch, dass die zukünftige Ex-Kanzlerin doch noch ein Abschiedsgeschenk im Gepäck hat. Sie wollen den Stopp von Nord Stream 2 oder Waffen. Doch die deutsche Regierungschefin lässt auch diese letzte Gelegenheit verstreichen, was viele Ukrainer als Verrat werten. Merkel, die 16 Jahre Deutschlands Gesicht im Ausland war, ist das alles viel zu emotional. Sachlich, bürokratisch, sich selbst bis zum Schluss treu bleibend, verweist sie auf eine neue deutsch-amerikanische Übereinkunft, die sie über Selenskyjs Kopf hinweg mit dem amerikanischen Präsidenten Joe Biden abgeschlossen hat. Darin steht, dass die ukrainische Gasversorgung im Notfall auch ohne Russland gewährleistet werden soll. Außerdem wird der Ukraine ein »Grüner Fonds« in Aussicht gestellt, mit dessen Hilfe sie den Einstieg in die Wasserstoffproduktion schaffen soll. Alles Zukunftsmusik, für die der junge Präsident angesichts der drohenden Gefahr aus dem Osten kein Ohr hat. Er muss sich sichtlich beherrschen neben der krisenerfahrenen Politikerin, die ihren Abschiedsbesuch routiniert durchzieht und weder ein Gespür für ihren Gastgeber hat noch für die Menschen in der Ukraine. Die warten auf ein Signal der Solidarität, des Mitgefühls, und sei es noch so klein. Am meisten hätten sie sich über Waffen gefreut, denn sie wissen, dass sie die schon bald am allerdringendsten brauchen werden. Umsonst. Die Kanzlerin stellt nichts dergleichen in Aussicht. Stattdessen überreicht sie 1,5 Millionen Impfdosen gegen Corona. Doch die Pandemie ist in der Ukraine, anders als in Deutschland, bei Weitem nicht die größte aller Sorgen.

Hatte man Angela Merkel ihren Einsatz für das Minsker Abkommen noch angerechnet, winken die Ukrainer am Ende ihrer Amtszeit nur noch ab. Das Abkommen war bereits obsolet, eine politische Lösung für die Ostukraine so wenig in Sicht wie der Frieden. Im Gegenteil, fast eine Million Ostukrainer hat inzwischen russische Pässe.

Ausgerechnet die Kanzlerin, die in der Regel Rücksicht auf die kleineren Länder in Europa nahm, blieb in Bezug auf die Ukraine bis zum Schluss unnachgiebig. Ohne der Öffentlichkeit mitzuteilen, warum. Wollte sie sich Nord Stream 2 als letzten Trumpf aufsparen, um Putin Paroli zu bieten? Dann hätte sie diese Karte in der Krimkrise ausspielen müssen. Chance verpasst. Eine nächste Gelegenheit hätte es nach der Vergiftung des russischen Oppositionspolitikers Alexej Nawalny gegeben. Wieder tut sie nichts. Wollte sie zeigen, dass mit Moskau zwar nicht mehr viel, aber immerhin noch etwas geht? Wozu? Nicht in Europa fehlt es an Kooperationswillen, sondern im Kreml. Die Pipeline ist Merkels größter europapolitischer Fehler. Die Gas-Röhre war von Anfang an ein klimapolitischer Dinosaurier, spaltete den Kontinent, schadete der Ukraine – zur Freude Putins. Werner Schulz, ehemaliger Bundestags- und Europaabgeordneter von Bündnis 90/Die Grünen, bezeichnete die Westausdehnung von Gazprom als eine weitaus größere Bedrohung als die Ostausdehnung der NATO. Über den Nutzen des Nord-Stream-Projektes für Deutschland schwieg Angela Merkel als Kanzlerin. In der Euro- oder Flüchtlingskrise erklärte sie sich, bei der für Moskau so wichtigen Pipeline nicht. Damit stieß sie die europäischen Partner und auch ihre Landsleute über Jahre vor den Kopf. Viele haben sich von ihr abgewendet, andere lernten von ihrem ruppigen Stil und kopieren ihn.

Anstatt schon aus Klimaschutzgründen die russischen Importe zu senken, führt Deutschland am Ende von Merkels Kanzlerschaft mehr Gas ein als je zuvor und füllt damit die russische Staatskasse. Nach offiziellen Angaben machen Moskaus Einnahmen aus dem Export fossiler Brennstoffe ein gutes Drittel aus, nach westlichen Schätzungen sind es mindestens 40 Prozent des Staatsbudgets, die aus dem Verkauf der fossilen Brennstoffe stammen. Militärexperten registrieren seit Jahren, dass die russische Armee immer besser ausgestattet ist, teure Rüstungsprojekte realisiert werden. Putin lässt es sich nicht nehmen, höchstpersönlich die neuesten militärischen Errungenschaften wie Hyperschallraketen vorzuführen, wobei er nie zu erwähnen vergisst, wie mühelos sie Ziele im Westen erreichen können. Warum wurde angesichts seiner immer schärferen Rhetorik gegen die NATO, USA und EU niemand im Kanzleramt, Verteidigungsministerium oder Auswärtigen Amt unruhig? Warum begann kein öffentliches Nachdenken, dass die deutschen Euros für gefährliche Zwecke verwendet werden? Warum glaubte Deutschland weiter an die Friedensdividende und erlaubte sich eine immer schlechter ausgerüstete Bundeswehr? Warum musste es erst zum Krieg kommen, damit Deutschland zum Umdenken bereit ist?

Da das Truppenaufgebot im Norden, Osten und Westen der Ukraine immer beängstigendere Ausmaße annimmt, geben sich im Kreml viele Vermittler die Klinke in die Hand. Doch sie erreichen den Präsidenten nicht, denn der doziert nach seinem

Geschichtsaufsatz lieber über Vergangenes, als dass er den Gästen mit ihren Sorgen zuhört. So verlassen die Besucher die reich geschmückten Säle unverrichteter Dinge.

Deutschlands neuem Kanzler Olaf Scholz geht es nicht anders. Sein Besuch im Kreml am 15. Februar 2022 ist zugleich sein Antrittsbesuch in Moskau. Deshalb interessiert sich das politische Berlin mehr dafür, wie sich der neue Regierungschef im Vergleich zu seiner Vorgängerin Angela Merkel schlägt, als dafür, was er erzielt. Scholz wird gefeiert für das vierstündige Gespräch, über das die Öffentlichkeit aber kaum etwas erfährt. Hat er eine Ringvorlesung in Geschichtsrevisionismus bekommen? Wir wissen es nicht. Scholz wird auch dafür gelobt, dass er in der anschließenden Pressekonferenz Rückgrat bewiesen hat. Aber hat er das wirklich getan? Das Aus für Nord Stream 2 hat er jedenfalls nicht verkündet – nicht im Kreml und auch nicht eine Woche zuvor bei seinem ersten Besuch als Kanzler im Weißen Haus. Dort versicherte der Hanseat zwar, fest mit dem transatlantischen Partner zusammenzustehen, »gemeinsam das Gleiche zu sagen, gemeinsam zu handeln«, aber er tut es nicht. Es ist US-Präsident Joe Biden, der Klartext in Richtung Moskau spricht: »Wenn Russland zum Beispiel mit Panzern und Truppen die Grenze zur Ukraine überquert, wird es Nord Stream 2 nicht mehr geben.« Anders als Biden kommen Scholz die Worte Ostsee-Pipeline oder Nord Stream 2 nicht über die Lippen. Er verweist lieber auf den reanimierten NATO-Russland-Rat und das Normandie-Format, das habe »jahrelang nicht mehr viel Leben ausgestrahlt.« Scholz reitet ein totes Pferd.

Joe Biden gewährt dem neuen, fast unhöflich kurz angebundenen Kanzler einen gehörigen Vertrauensvorschuss. Das stößt im US-Kongress auf großes Unverständnis. Denn dort hat man weit weniger Geduld mit dem zaudernden Deutschen, der so wenig wie Angela Merkel versucht, mit der Pipeline politischen Druck auf Moskau zu erzeugen, der die flehentlichen Bitten aus Kiew, Waffen zur Selbstverteidigung zu liefern, einfach an sich abtropfen lässt. Die neue Regierung in Berlin setzt die Fehler der alten fort. Die Lernkurve bleibt flach.

Als die Olympischen Winterspiele in China am 20. Februar 2022 beendet sind, überrascht der russische Präsident Putin einen Tag später die Weltöffentlichkeit mit einer Ankündigung. Russland erkenne die Unabhängigkeit der sogenannten Donezker und Luhansker Volksrepubliken an. Außerdem teilt er mit, dass diese um Hilfe gebeten hätten. Übersetzt heißt das an diesem 21. Februar 2022: Es gibt Krieg. Die Frage ist nur: was für einen? Soll der Krieg in der Ostukraine ausgedehnt werden? Könnten die prorussischen Separatisten bis an die Oblast-Grenzen vorrücken, also ein Gebiet mehr als doppelt so groß als das bisher okkupierte besetzen? Oder soll gar die gesamte Ukraine unterworfen werden?

Die Antwort lässt nicht lange auf sich warten. Am nächsten Tag, am 22. Februar 2022, gibt Putin den Entsendungsbefehl für die russischen Soldaten, in den umkämpften Osten der Ukraine einzumarschieren. Jetzt stoppt Bundeskanzler Olaf Scholz Nord Stream 2. Das Genehmigungsverfahren wird angehalten. Die Lage sei heute eine grundlegend andere. Die internationale Staatengemeinschaft müsse nun reagieren, betont Scholz. Er hat sich gründlich verzockt. Die Pipeline, Deutschlands letzter Joker, liegt nun milliardenschwer und als nutzlose Investruine am Ostseegrund. Von wegen Brücke, von wegen Druckmittel. Sie ist eine Politikruine, ein Mahnmal der deutschen Appeasement-Politik, das – zum Glück für die deutsche Politik! – so tief im Wasser niemand sieht.

Bevor die möglichen Kriegsszenarien auch nur durchgespielt sind, erfährt die Welt am Morgen des 24. Februar, dass Putin die schlimmste der Optionen gewählt hat: einen Angriff auf die *ganze* Ukraine. Die gemeinsame Militärübung mit Belarus war ein Täuschungsmanöver. Es wuchs sich aus zu einer

Invasion. Von Anfang an fliegt die russische Luftwaffe Angriffe auf ukrainische Städte in vielen Landesteilen, zusätzlich fallen Bodentruppen von Süden, Osten und Norden ein.

Um sechs Uhr morgens wendet sich Wladimir Putin in einer Fernsehansprache an die Öffentlichkeit. Er spricht fast eine halbe Stunde. Die erste Hälfte seiner Rede widmet er der NATO, die angeblich Russland bedroht. Dass Russland die Ukraine bereits überfallen, dass der Krieg schon begonnen hat, erwähnt er während der knapp 30 Minuten nicht. Auch die Worte Krieg, Invasion oder Überfall spricht er kein einziges Mal aus. Nur ganz am Ende geht es um eine spezielle Militäroperation, deren Zweck es sei, den Albtraum – »de[n] Genozid an Millionen Menschen, die dort [im Donbass] leben und deren einzige Hoffnung Russland ist, also wir sind« – zu beenden. Die führenden NATO-Länder würden, um ihre eigenen Ziele zu erreichen, extreme Nationalisten und Neonazis in der Ukraine unterstützen, und als Nächstes Menschen auf der Krim töten, genau wie die Strafkolonnen der ukrainischen Nationalisten, Hitlers Kollaborateure während des Großen Vaterländischen Krieges. Die Nationalisten würden sogar behaupten, Atomwaffen zu besitzen. Ziel der militärischen Spezialoperation sei der Schutz der Menschen, die seit acht Jahren Misshandlungen und einem Genozid ausgesetzt seien, sowie die Entmilitarisierung und Entnazifizierung der Ukraine. Außerdem würden diejenigen vor Gericht gestellt, die zahlreiche blutige Verbrechen gegen die Zivilbevölkerung, einschließlich der Bürger der Russischen Föderation, begangen hätten. Zum Schluss droht Putin: »Wer auch immer versucht, sich bei uns einzumischen, geschweige denn unser Land und unser Volk zu gefährden, muss wissen, dass die Antwort Russlands sofort erfolgen und zu Konsequenzen führen wird, die Sie in Ihrer Geschichte noch nie erlebt haben.«

Damit alle verstehen, wie ernst es ihm mit der Warnung ist, lässt er die nuklearen »Abschreckungskräfte« in Alarmbereitschaft versetzen. Die deutsche Öffentlichkeit lernt, was die unterschiedlichen Eskalationsstufen für die Einsatzbereitschaft russischer Atomwaffen bedeuten: Stufe 1 – Friedenszeit mit geparkten Atomwaffen, Stufe 2 – erhöhte Alarmbereitschaft durch Dauerbesetzung der Kasernen, Stufe 3 – Scharfmachen der Atomraketen, Stufe 4 – Krieg mit Nuklearwaffen. Die von Putin ausgerufene dritte Stufe meint demnach, dass die Waffen scharfgemacht, also Sprengköpfe, auch atomare, und Raketen zusammengeführt werden.

Es ist das dritte Mal, dass Putin der Welt mit der schlimmsten aller Waffen droht. Schon 2014 sei er bereit gewesen, die Nuklearstreitkräfte in erhöhte Bereitschaft zu versetzen, teilte er rund ein Jahr später dem Fernsehpublikum von Rossija 1 mit. 2020 erweiterte er die Möglichkeiten für den Ersteinsatz von Kernwaffen, die nun auch im Fall einer Aggression gegen die Russische Föderation mit konventionellen Waffen genutzt werden dürfen, wenn die Existenz des Staates in Gefahr ist.

Sein wiederholter Vorwurf des Genozids ist purer Unsinn. Hätte es einen Genozid, wie Putin behauptet, in der Ukraine gegeben, wäre der UN-Sicherheitsrat das entsprechende Gremium gewesen, das Russland – zumal als ständiges Mitglied – hätte anrufen können. Diesen Versuch hat Moskau nicht unternommen. Putins sogenannte »Entnazifizierung« der Ukraine ist eine Schimäre. Er unterstellt, die Ukraine werde von Nazis bedroht, dabei ist er es, der die Ukraine als Nation beseitigen will.

Am 24. Februar 2022 teilt sich Europas Geschichte in eine Zeit vor Russlands Krieg gegen die Ukraine und eine Zeit danach. Die EU und der Westen müssen jetzt handeln. Dass sich Deutschland so lange geweigert hat, Nord Stream 2 aufzugeben, schadet dem Ansehen der neuen Regierung bereits immens. Der Imageverlust setzt sich fort, als es um den Ausschluss Russlands aus dem internationalen Bezahlsystem Swift geht. Deutschland zieht schon wieder nicht mit. Außenministerin Annalena Baerbock kündigt zwar Sanktionen für Präsident Putin und Außenminister Lawrow an, lehnt eine vollständige Aussetzung von Swift jedoch ab. Weil eine Enkelin in Europa ihrer Großmutter in Russland kein Geld mehr überweisen könnte, wegen möglicher »massiver Kollateralschäden«. Die gibt es in der Tat sofort. Deutschlands Ansehen ist nun ganz am Boden. Baerbock hat eigentlich die Gefährdung der deutschen Energieversorgung gemeint und dass Deutschland aufpassen müsse, »dass wir nicht Instrumente wählen, wo Putin am Ende drüber lacht, weil sie uns viel härter treffen.« Nur hat sie es so am 28. Februar nicht gesagt, sondern eben erst zwei Wochen später am 8. März.

In Kiew kommt neben der Botschaft, dass Berlin nicht alle russischen Banken von Swift ausschließen möchte, noch eine zweite an: Deutschland erwägt auch keinen Gas-Boykott. Noch nicht einmal dann, als die Ukraine in Schutt und Asche versinkt, Zivilisten von einer gewalttätigen Soldateska gequält und gemeuchelt werden, will Deutschland seinen Fehler korrigieren und den Gashahn umgehend zudrehen. Denn nun fürchtet die deutsche Wirtschaft, die in der Politik stets eine willige Erfüllungsgehilfin ihrer Interessen fand, um ihre Existenz. Das billige Gas aus Russland hat sie abhängig gemacht. Wie ein Junkie hängt sie an der Nadel. Kommt der Entzug zu plötzlich, besteht Lebensgefahr.

Die östlichen Nachbarn reden dem neuen Kanzler in Berlin ins Gewissen. Dafür kommen sie persönlich nach Berlin. Der polnische Ministerpräsident Mateusz Morawiecki möchte Scholz von Angesicht zu Angesicht fragen, ob die Sache mit den Helmen sein voller Ernst ist. Die bisherige deutsche Hilfe sei weit entfernt von dem, was jetzt notwendig wäre: »Welche Art von Hilfe wurde der Ukraine geliefert? Fünftausend Helme? Das muss ein Witz sein.« Am Abend des zweiten Kriegstages, der polnische Amtskollege ist auf dem Nachhauseweg, unternimmt die Bundesregierung endlich eine erste Kurskorrektur. Sie sagt der Ukraine 1000 Panzerabwehrwaffen und 500 Boden-Luft-Raketen aus dem Arsenal der Bundeswehr zu. Kanzler Scholz spricht jetzt von einer »Pflicht« und zum ersten Mal von einer »Zeitenwende«, die der russische Überfall auf die Ukraine markiere. »Deutschland steht eng an der Seite der Ukraine.« Der ukrainische Präsident Wolodymyr Selenskyj ist nicht nachtragend, er begrüßte die deutsche Entscheidung noch am 26. Februar auf Twitter: »Weiter so, Kanzler Olaf Scholz!«

Damit scheint die monatelange Hängepartie um Waffenlieferungen für die Ukraine beendet. Wieder und wieder hat Berlin sie abgeblockt, weil die rot-grüne Regierung vor 20 Jahren Waffenlieferungen in Krisengebiete untersagte. Im Angesicht der russischen Invasion ist diese Doktrin nicht mehr haltbar.

Etliche Pazifisten gehen diesen Schritt nicht mit. Die Jüngeren haben mit der neuen Realität jedoch weit weniger Probleme als die Älteren, die in den 1960er und 1970er Jahren von der Friedensbewegung geprägt wurden. Anna-Nicole Heinrich, die mit nur 25 Jahren zur Synodenpräses der evangelischen Kirche gewählt wurde, stellt sich der neuen Herausforderung, die sie mit einem Bild beschreibt. Es ist, als würde man »zusammen ein Brettspiel spielen, (...) und vielleicht gibt es auch Menschen, die die Regeln ein Stück weit brechen, aber das Brett liegt die ganze Zeit auf dem Tisch. Und auf einmal kommt jemand und schmeißt das Brett einfach vom Tisch. Das ist eine Aggression, die es vorher nicht gegeben hat, und die uns jetzt in unserer Naivität überrumpelt, die aber so neu ist, dass wir ganz neu lernen müssen, damit umzugehen. Persönlich, politisch, diplomatisch.«

Dass die Politik große Probleme hat, sich auf die veränderte Lage einzustellen, wird auch daran ersichtlich, dass Berlin weiter einen Unterschied zwischen Defensiv- und Offensivwaffen macht, der für die Ukrainer wie graue Theorie klingen muss, ist doch für sie jede Angriffswaffe ein Mittel, sich des Feindes zu erwehren.

Die Zeitenwende-Rede

Drei Tage nach Kriegsbeginn in der Ukraine werden in Berlin die Abgeordneten des Bundestages zu einer Sondersitzung eingeladen. Vieles ist anders als sonst – nicht nur, dass sie an einem Sonntag stattfindet, sondern auch das, was Bundeskanzler Olaf Scholz zu sagen hat.

Er beginnt mit einem Sanktionspaket von bisher unbekanntem Ausmaß, das die EU-Staats- und Regierungschefs verabschiedet haben. Er kündigt den Ausschluss wichtiger russischer Banken aus dem Bankenkommunikationsnetz Swift an. Außerdem sollen der Export von Zukunftstechnologien nach Russland untersagt und Strafmaßnahmen gegen die Oligarchen und ihre Geldanlagen, aber auch gegen Putin und die Personen in seinem direkten Umfeld verhängt werden. Es ist das erste Mal, dass Russlands Präsident auf einer Sanktionsliste auftaucht.

Der Strafmaßnahmenkatalog hat einen Umfang, den sich die Ukraine direkt nach der Annexion der Krim erhofft hatte. Jetzt nach dem russischen Überfall auf das gesamte Land geht er ihr immer noch nicht weit genug. Vom Swift-Ausschluss hätten alle russischen Banken betroffen sein müssen. Vor allem vermisst man auf ukrainischer Seite, dass sich Deutschland für ein sofortiges Öl- und Gasembargo der EU ausspricht. Das bleibt aus.

Der Paukenschlag gelingt Scholz mit der Ankündigung eines »Sondervermögens« von 100 Milliarden Euro für die Bundeswehr. »Bravo!« ruft jemand aus den CDU-Reihen, aus vielen Richtungen kommt lauter Applaus. Das Sondervermögen soll bereits im Bundeshaushalt 2022 eingerichtet werden, ist nur für überfällige Investitionen und Rüstungsvorhaben bestimmt und wird sogar mit einer Grundgesetzänderung abgesichert werden. Damit will die Regierung das Signal aussenden, »dass die mittel- bis langfristige Ertüchtigung der Bundeswehr auf Basis einer dauerhaft gesicherten Finanzierungsgrundlage und damit international sichtbar und glaubwürdig umgesetzt werden wird«.

Darüber hinaus sagt Scholz zu, die Militärausgaben dauerhaft auf zwei Prozent anzuheben und so das NATO-Ziel für die Verteidigungsausgaben der Mitgliedsstaaten einzuhalten.

Alles, was Scholz an diesem Sonntagvormittag vorträgt, muss sich an der neuen Wirklichkeit, die der Krieg geschaffen hat, messen lassen. Vieles hält diesem Anspruch stand. Die zwei Prozent der Wirtschaftsleistung für den Verteidigungsetat sind nicht nur die fällige Umsetzung einer Zusage an die Verbündeten, sondern dienen der eigenen Sicherheit. Die lange vernachlässigte Bundeswehr soll wieder auf Vordermann gebracht werden, auch dafür gibt es Applaus. Sogar an die Gefahr von Cyberangriffen und Desinformationskampagnen hat Scholz gedacht, an die Abwehr von Angriffen auf die kritische Infrastruktur und Kommunikationswege. Er verspricht eine neue Generation von Kampfflugzeugen und Panzern, die gemeinsam mit europäischen Partnern, insbesondere Frankreich, gebaut werden sollen, ebenso die Eurodrohne. Die lange Diskussion über die Anschaffung der bewaffneten Heron-Drohne aus Israel beendet Scholz ebenfalls an diesem Tag, sie soll gekauft werden.

Der zurückhaltende 63-Jährige wählt für die Vorhaben der Bundesregierung einen großen Begriff: Zeitenwende. Sie soll auch in der Energiepolitik stattfinden, um die Importabhängigkeit von einzelnen Lieferanten zu überwinden, denn Energiepolitik werde spätestens jetzt auch als Sicherheitspolitik begriffen. Zwei Flüssiggasterminals in Brunsbüttel und Wilhelmshaven, die bislang durch jahrelange Streitigkeiten verhindert wurden, sollen nun zügig entstehen.

Viele Abgeordnete im Bundestag verfolgen die Rede wie elektrisiert, die Begeisterung für diese überfällige Kurskorrektur ist groß, mehrere CSU-Vertreter klatschen im Stehen, manche Kollegen von der SPD, die das bemerken, erheben sich ebenfalls. Schließlich soll die Opposition nicht euphorischer erscheinen als die Koalition. Nur Rolf Mützenichs Gesicht wird immer länger und der Mund immer schmaler. Das, was sein Kanzler hier vorträgt, war mit ihm nicht abgesprochen. Er wäre dagegen gewesen, denn selbst nach dem russischen Einmarsch in die Ukraine wehrte sich der Vorsitzende der SPD-Fraktion gegen jede Art von Aufrüstung. Bei den Genossen fühlen sich einige vor den Kopf gestoßen. Andere sind hellauf begeistert. Binnen einer halben Stunde hat Scholz die Fehler der Vergangenheit benannt und, viel wichtiger noch, korrigiert. Er hat der deutschen Sicherheits-, Energie- und Umweltpolitik eine neue Richtung gewiesen. Seinen markigen Wahlkampfspruch aus dem Hamburger Bürgerschaftswahlkampf, »Wer Führung bestellt, bekommt sie!«, hat er an diesem 27. Februar 2022 jedenfalls eingelöst.

Von Berlin geht in diesem Moment die Botschaft aus: Wir haben verstanden.

Noch bevor Scholz am Pult seine schwarze FFP2-Maske abstreift und mit seiner Rede beginnt, wird der ukrainische Botschafter im Parlament mit langem Applaus begrüßt. Obwohl der so manchem mit seinen hartnäckigen Forderungen nach Waffenlieferungen auf die Nerven geht. Andrij Melnyk verbeugt sich in alle Richtungen, klatscht dann aber anders als die Abgeordneten sehr viel seltener. Denn Scholz macht denselben Fehler wie viele deutsche Politiker vor ihm. Seiner Rede mangelt es an Balance: Selbst jetzt zu Kriegsbeginn geht der Kanzler sehr viel ausführlicher auf die Befindlichkeiten der Russinnen und Russen ein als auf die Not der Ukrainer. Während diese in Lebensgefahr schweben und es bereits Dutzende Tote gibt, thematisiert Scholz deutlich länger und in allen Einzelheiten den Mut, den es momentan in Russland braucht, um gegen den Krieg zu demonstrieren. Aus dem Plenum kommt für diese tapferen Russen und Russinnen sehr viel Beifall. Über die Männer und Frauen in der Ukraine, die sich sofort bei der Armee oder der Nationalgarde gemeldet haben oder Gruppen zur territorialen Verteidigung bildeten, in denen Einwohner ihre Städte und Dörfer vor den Angreifern schützen, über die Freiwilligen, die Essen für die Soldaten kochen, Tarnnetze flechten und flüchtende Menschen in Sicherheit bringen, über diejenigen, die todesmutig den Widerstand gegen die russischen Raketen und Panzer wagen – kein Wort. Die Ukrainer bedenkt Scholz mit einem Standardsatz: »Sie kämpfen für Freiheit und ihre Demokratie, für Werte, die wir mit ihnen teilen.« Weiter nichts. Dagegen die ausführliche Passage über das russische Volk, das Putins Krieg angeblich nicht möchte. Man muss nicht Ukrainer oder Ukrainerin sein, um zu spüren, dass die Relationen einmal mehr nicht stimmen, dass die deutsche Politik nicht wirklich in die Ukraine schaut und nur eine grobe Kenntnis der Vorgänge dort hat.

Dass der Bundestag dem kriegsgebeutelten Land alle infrage kommenden politischen, wirtschaftlichen, finanziellen und humanitären Unterstützungsmaßnahmen zukommen lassen will, ist ehrenwert. Aber dass nun »geprüft werden soll, ob weitere militärische Ausrüstungsgüter zur Verfügung gestellt werden können«, klingt deutlich zaghafter.

Im kräftigen Beifall für den Kanzler gehen auch Seufzer der Erleichterung unter. Scholz, der seit seiner Regierungserklärung im Dezember 2021 praktisch von der Bildfläche verschwunden war, ist nicht nur wieder aufgetaucht, sondern hat einen Kraftakt vollführt, den ihm kaum noch jemand zugetraut hat. Dass sich die AfD den Applaus spart, ist erwartungsgemäß. Für sie trägt der Westen eine Mitverantwortung an der russischen Invasion, weil »Hardliner an der NATO-Beitrittsperspektive für das Land festgehalten und dabei Russland überheblich den Großmachtstatus abgesprochen haben«, sagt Alice Weidel. Das historische Versagen des Westens besteht für die Fraktionsvorsitzende »in der Kränkung Russlands, was aber nichts an der Verwerflichkeit des russischen Einmarsches« ändere.

Gemessen an den Rechtsextremen zeigt sich die Vorsitzende der Linksfraktion Amira Mohamed Ali um einiges selbstkritischer, denn sie räumt ein, den russischen Präsidenten falsch eingeschätzt zu haben. Er sei der Aggressor und müsse sofort aufgehalten werden. Der russische Angriff sei durch nichts zu relativieren und durch nichts zu rechtfertigen. Gleichwohl erteile ihre Fraktion Waffenlieferungen an die Ukraine und der Aufrüstung der Bundeswehr eine Absage. Dieses Hochrüsten, diese Militarisierung, könne und würde sie nicht mittragen, denn nur Abrüstung und Demokratie seien der Weg zum Frieden.

Wie einschneidend die Berliner Republik die Zeitenwende wahrnimmt, wird auch bei dem veränderten Blick des FDP-Finanzministers auf die erneuerbaren Energien deutlich. Er nennt sie jetzt »Freiheitsenergien«, so wie auch die Milliarden-Unterstützung für die Bundeswehr eine »Freiheitsinvestition« sei.

In der SPD-Fraktion herrscht vor allem Verwirrung. Denn der Kanzler hatte in einer internen Videokonferenz am Morgen den einschneidenden Politikwechsel nicht einmal angedeutet. Er hat sie alle überrascht, wie auch die Grünen und die FDP. Das nimmt man ihm in den eigenen Reihen übel, auch wenn viele grundsätzlich mit dem neuen Kurs einverstanden sind. Scholz weiß, dass er in der Fraktion nacharbeiten muss, um die Wogen zu glätten. Zwei Tage später nimmt er sich Zeit, den Genossinnen und Genossen seine Überlegungen zu erläutern. Er will sie überzeugen, vermeidet den leisesten Anklang an ein Basta. Seine SPD ist ein ganz eigener Kosmos, in dem es urplötzlich Meteoriten hageln kann. So wie sie ihn nicht als Parteivorsitzenden wollten, könnten sie ihm auch als Kanzler das Leben schwermachen. Deswegen streichelt er die Seelen. Nur die Parteifreunde vom

Forum Demokratische Linke geben sich unbeeindruckt. Sie lehnen sein Sondervermögen und das Zwei-Prozent-Ziel weiterhin ab. Aber sie machen nur 30 von 206 Abgeordneten aus.

Die Weichenstellungen, die die Bundesregierung nach dem Scholz-Auftritt vornehmen muss, kommen einem Aufbruch in eine neue deutsche Außen- und Sicherheitspolitik gleich. Das Echo in den NATO-Staaten ist durchweg positiv, das Bekenntnis zum Zwei-Prozent-Ziel für die Verteidigung war überfällig. Nur Wolodymyr Selenskyj wartet noch auf eine Antwort. Er hatte am Tag vor der Sondersitzung getwittert, dass wegen des Krieges gegen sein Land neu über die NATO-Mitgliedschaft befunden werden müsse. Auf dieses Ansinnen ist Scholz mit keiner Silbe eingegangen. Die Ukraine kommt in der Sicherheitsarchitektur, die der deutsche Kanzler stärken will, nicht vor.

Auch ein Gas- oder Ölembargo erwähnte er kein einziges Mal, denn es war eben doch keine Blut-Schweiß-und-Tränen-Rede, mit der Scholz die Deutschen auf die nahe Zukunft einschwor. Wenn er von Energie sprach, dann nur im Zusammenhang mit Versorgungsunabhängigkeit und -sicherheit sowie Preisentwicklung. Ebenso vermied er jede Erinnerung an die Milliarden von Euros, die Russlands Kassen gefüllt und die Aufrüstung mitfinanziert haben.

All das erspart der Regierungschef seinen Landsleuten, auch, weil an den Tankstellen die Preise rasant steigen. Der März 2022 ist für Autofahrer der teuerste Monat aller Zeiten mit 2,069 Euro für einen Liter Super E10 und 2,140 Euro für einen Liter Diesel. Ein Anstieg um 49 Cent bzw. 30 Cent seit Kriegsbeginn.

Doch die Forderungen, keine russischen Brennstoffe mehr zu importieren, kommen in unverminderter Deutlichkeit aus Kiew. Kanzler und Vizekanzler argumentieren gemeinsam, warum sie dem Drängen nicht nachgeben können. Robert Habeck macht sich auf den Weg in die Vereinigten Arabischen Emirate und nach Katar, wo er Gas und langfristig Wasserstoff als Ersatz für die russischen Lieferungen organisieren will. Er erklärt, wie schwer ihm dieser Handel mit Ländern fällt, für die Menschenrechte vernachlässigbar sind. Er wirkt glaubwürdig und authentisch. Habeck nimmt sich auch Zeit für den ukrainischen Botschafter, der nicht lockerlässt mit seinen stoischen Waffenforderungen. Der Grüne ist einer der wenigen, die sich die Mühe machen, direkt mit Andrij Melnyk zu sprechen. Andere gehen auf Abstand oder mokieren sich über dessen Twittergewitter. Mit ihrer Wankelmütigkeit liefert ihm die Bundesregierung immer neue Anlässe.

Zwei Monate benötigt Deutschland, um zu klären, welche Waffen die Ukraine bekommt. Es ist ein kleinliches, zum Teil inkompetentes und widersprüchliches Gezerre. In jedem Fall eine neuerliche Blamage auf der Weltbühne.

Berlin schickt Panzerfäuste, Handgranaten und Maschinengewehre, aber keine Kampf- oder Schützenpanzer, keine Kriegsschiffe oder Kampfflugzeuge und zunächst auch keine gepanzerten Fahrzeuge oder Artilleriegeschütze. Auch nicht aus Bundeswehrbeständen. Wenn aber andere Länder schweres Gerät sowjetischer Bauart in die Ukraine liefern, ist Deutschland gewillt, die Lücken bei den Bündnispartnern aufzufüllen.

Die Niederlande wollen Panzerhaubitzen an die Ukraine liefern. Estland kann die neun Haubitzen aus den DDR-Beständen auf den Weg bringen, da nun endlich die Genehmigungspapiere aus Deutschland eingetroffen sind. Die Slowakei gibt ihr einziges Luftabwehrsystem S-300 ab. Tschechien ist mit T-72-Kampfpanzern und BMP-1-Schützenpanzern sowjetischer Bauart dabei. Litauen hat schwere Mörser geliefert. Polen bietet Kampfflugzeuge an, die Sache ist aber verwickelt. Am Ende gibt es für das, was Warschau vorschlägt, das Wort Ringtausch. Rüstungsgüter aus sowjetischer Produktion werden an die Ukraine geliefert und von anderen NATO-Ländern durch neue, westliche Technik ersetzt. Gut, dass die östlichen NATO-Partner weit weniger Zeit brauchen, um sich zu der dringend benötigten Waffenhilfe durchzuringen. Die USA betreiben, anders als Deutschland zunächst, um ihre militärische Unterstützung keine Geheimniskrämerei. Die Liste ist auf einer offenen Webseite einsehbar und führt elf Hubschrauber russischer Bauart vom Typ Mi-17 auf, 200 gepanzerte Mannschaftstransporter, 90 Haubitzen plus Munition, außerdem 120 neue Drohnen vom Typ Phoenix Ghost. Frankreich zeigt sich eher verschwiegen, welche Waffen es nun genau an die Ukraine abgibt. Es sollen Panzerabwehrraketen und Caesar-Haubitzen darunter sein, also schwere Artilleriegeschütze.

Schon vor dem Krieg hat die Türkei Kampfdrohnen des Typs Bayraktar TB2 an die Ukraine verkauft, von denen zwölf geliefert worden sein sollen. Großbritannien hat Kiew 150 »Mastiff« versprochen, das sind gepanzerte Fahrzeuge. Nirgendwo, so scheint es, tun sich die Verbündeten so schwer wie in Berlin. Deutschland braucht nach der Zeitenwende-Rede von Scholz zwei Monate, um die Lieferung von schweren Waffen zu beschließen. Am 28. April 2022 findet die namentliche Abstimmung im Bundestag statt, in der sich 586 Abgeordnete dafür, 100 dagegen aussprechen und sieben sich enthalten. Die Zusage, Kiew endlich auch Gepard-Flugabwehrpanzer und zwölf Panzerhaubitzen zu liefern, könnte das Vertrauen des ukrainischen Präsidenten in die deutsche Politik befördern, würde nicht alles derart zäh verlaufen. In Rheinland-Pfalz werden zwar ukrainische Soldaten an den Haubitzen geschult, aber 100 Tage nach Kriegsbeginn hat noch immer keine schwere Waffe aus Deutschland ukrainisches Gebiet erreicht. Die Bundesregierung listet auf, was stattdessen auf den Weg gebracht wurde: einige Tausend Panzerfäuste, Panzerminen, Flugabwehrraketen vom Typ Stinger und Strela, Artillerie- und andere Munition, Maschinengewehre, Panzerabwehrrichtminen, Handgranaten.

Scholz nimmt an der Diskussion, was wie schnell, direkt oder über Umwege, an die Ukraine geliefert werden kann, kaum teil. Der Wirrwarr ist beträchtlich. Der Hanseat, der eigentlich aus Osnabrück stammt, zieht immer mehr Ärger auf sich, weil er sich zu wenig erklärt. Darin folgt er Ex-Kanzlerin Angela Merkel. Wenn er sich doch einmal zu einer Äußerung herablässt, agiert er arrogant. In einem rbb-Radio-Interview auf seinen Führungsanspruch und die Reaktionen auf sein derzeitiges Handeln angesprochen, antwortet er: »Manchen von diesen Jungs und Mädels muss ich mal sagen: Weil ich nicht tue, was ihr wollt, deshalb führe ich.«

Die »Jungs und Mädels« sind empört. In Kiew kann man sich über diese deutsche Debatte nur noch wundern, bei einer anderen geht es ums Ganze. Im Zentrum stehen dabei zwei Fragen: *Muss* die Ukraine den Krieg gewinnen? Oder: *Darf* Russland den Krieg *nicht* gewinnen? Eine Wortklauberei, möchte man meinen, oder eine Art Schibboleth: Nur wer das Wort richtig ausspricht, oder in diesem Fall den richtigen Satz sagt, steht wahrhaftig an der Seite der Ukraine in ihrem Freiheitskampf, glaubt an ihren Sieg. Aber weder von der Verteidigungsministerin noch vom Kanzler selbst hört man: Die Ukraine muss den Krieg gewinnen. So wenig, wie Scholz Nord Stream 2 sagen, geschweige denn das Aus dieses Projekts vor dem 24. Februar 2022 verkünden wollte.

Warum Olaf Scholz es bei »Russland darf diesen Krieg nicht gewinnen« belässt, erklärt er nicht. Stattdessen greift er gemeinsam mit Emmanuel Macron zum Telefonhörer und führt mit Wladimir Putin ein 80-minütiges Gespräch – zu einem Zeitpunkt, als weder die russische noch die ukrainische Seite ein Interesse an Friedensverhandlungen erkennen lässt. Es ist ein Vermittlungsversuch zur Unzeit, den man vor allem Scholz übelnimmt. Dass ausgerechnet der Deutsche mit dem russischen Präsidenten spricht, aber Selenskyj in Kiew nicht besucht, gilt als Fauxpas.

Am 1. Juni 2022 informiert der Kanzler im Bundestag darüber, dass Deutschland Kiew neben einem Ortungsradar auch das modernste Luftabwehrsystem zur Verfügung stellt, das die Bundesrepublik hat. Es handelt sich um das Iris-T SLM, Lieferfrist wie beim Gepard, für den erst einmal Munition gesucht werden muss, mehrere Monate. Derweil vermeldet die polnische Regierung, dass Polen der Ukraine 18 Haubitzen schickt und die ukrainischen Soldaten im Umgang mit dieser Waffe bereits ausgebildet hat. Stets bleibt Deutschland zweiter Sieger.

Gemessen an den späten Waffenlieferungen ist die verfahrene Diskussion sicherlich das kleinere Übel, doch die verfehlte Kommunikation der deutschen Regierung trägt zum kontinuierlichen Reputationsverlust Deutschlands in Europa und der Welt bei und, noch viel wichtiger, sie kostet in der Ukraine Menschenleben. Umso unangebrachter ist Scholz' Unterton: Lasst mich mal machen, ihr werdet es dann schon sehen.

Ursula von der Leyen, die Präsidentin der Europäischen Kommission, ist da wesentlich trittsicherer. Sie spürt, dass die Ukrainer in diesen schweren Stunden vor allem das Gefühl vermittelt bekommen wollen, dass Europa an ihrer Seite steht, sie nicht allein und in der EU nach dem Krieg willkommen sind. Deswegen reagiert sie auf Kiews Begehren am 26. Februar sofort. Wolodymyr Selenskyj weiß es, sie weiß es, jeder und jedem im politischen Brüssel und Berlin ist klar, dass der Kandidatenstatus nur der Beginn eines langen Weges in die EU ist. Die Bedenkenträger warnen vor den Hürden und äußern ihre Zweifel, dass die ehemalige Sowjetrepublik sie angesichts der Korruption und einer reformbedürftigen Justiz tatsächlich überwinden wird. Millionen ukrainische Kriegsflüchtlinge verstehen diese Einwände als Zurückweisung. Solidarität sieht anders aus. Der EU-Kommissionspräsidentin liegt aber gerade an der Glaubwürdigkeit der Gemeinschaft. Sie reist am 8. April 2022 zu Selenskyj nach Kiew und reicht ihm bei der Begrüßung gleich beide Hände. Mitgebracht hat sie etwas, worüber man an anderer Stelle stöhnen würde: Formulare. Der Ukrainer nimmt sie freudig entgegen, denn es handelt sich um den EU-Aufnahmeantrag seines Landes. Von der Leyen hat ihm ein deutlich beschleunigtes Beitrittsverfahren in Aussicht gestellt, wissend, dass nach Kriegsende parallel zum Wiederaufbau Reformen anstehen: Die Justizorgane müssen unabhängig werden, Gesetze auch für Oligarchen gelten. Innerhalb weniger Tage schickt die Kiewer Präsidialadministration die Papiere ausgefüllt nach Brüssel zurück, wo nun die Kommissionspräsidentin im Wort steht. Eine Stellungnahme und Empfehlung der EU-Kommission dauere normalerweise Jahre, sagte von der Leyen bei ihrem Besuch. Jetzt aber macht sie Tempo, verspricht eine Entscheidung in Wochen. Die EU-Chefin nimmt sich auch Zeit für Butscha, wo eine Vielzahl von schweren Kriegsverbrechen bekannt geworden sind. Ihre Anteilnahme tut den Ukrainern gut, aber auch dem Ansehen der EU und Deutschlands.

Das ukrainische Vertrauen in Deutschland hat noch längst kein stabiles Fundament. Steinmeiers Schuldeingeständnis in Babyn Jar hat die Ukrainer beeindruckt. Es war ebenso überfällig wie richtig. Leider überzeugte es nicht vollends, denn das Umdenken der Deutschen ist den Ukrainern zu punktuell. Sie befürchten, dass sich die Haltung gegenüber ihrem Land nicht nachhaltig verändert hat. In dem Moment, in dem die Ukraine erneut in ihrer Existenz bedroht war, reichte die Unterstützung der deutschen Verantwortlichen nicht aus. Sie kam weder vorbehaltlos, noch schnell, vielmehr zögerlich, zaudernd.

Bei der Gedenkveranstaltung in Babyn Jar im Herbst 2021 gehörte auch Viktor Pintschuk zu den Rednern, neben Präsident Selenskyj, dem israelischen Amtskollegen Izchak Herzog und Steinmeier. Pintschuk war durchaus angetan von der Entschuldigung des deutschen Staatsoberhauptes. Aber ein halbes Jahr später zweifelt er an Steinmeiers Worten. Die Massenhinrichtungen, die russische Truppen seit dem 24. Februar in seinem Land verübten, und wie sie hinterher die Leichen verscharrten, erinnern den in Kiew geborenen 61-Jährigen sogar visuell an Babyn Jar. Für den jüdischen Unternehmer passt es nicht zusammen, dass sich Deutschland einerseits für die Verbrechen während des Zweiten Weltkrieges entschuldigt und andererseits die Ukraine nicht in dem Maße unterstützt, wie es das könnte. Viktor Pintschuk ist deswegen vom deutschen »Nie wieder!« nicht überzeugt, denn das würde bedeuten, gegen Massenmord, Genozid und Kriegsverbrechen mit allem zu kämpfen, was man hat. Für den Kunstmäzen und Multimillionär trägt Deutschland eine Mitschuld daran, dass das neue Böse so stark werden konnte. Deswegen würde er gern ein weiteres Eingeständnis hören, nämlich sich in Russland fundamental getäuscht zu haben. »[W]egen der nationalsozialistischen Vergangenheit und wegen Ihrer Profite in der jüngsten Vergangenheit scheint es mir heute richtig, würden Sie heute in aller Klarheit sagen: Unser guter Glaube war ein schlimmer Fehler.« Pintschuk verlangt von Deutschland, endlich Risiken einzugehen und Opfer zu bringen. Sein Appell in der *Frankfurter Allgemeinen Zeitung* erscheint zusammen mit den Fotos der vier Amtskollegen aus Polen, Litauen, Lettland und Estland, die am 13. April 2022 gemeinsam nach Kiew gereist waren. Bei seinem Besuch in Warschau hatte Präsident Andrzej Duda Steinmeier am Tag zuvor ermuntert, sich ihnen spontan anzuschließen, doch Selenskyjs Präsidialadministration gab dem Deutschen zu verstehen, dass er derzeit in der Ukraine nicht erwünscht sei. Von keinem der Amtskollegen wurde ein Wort des Bedauerns bekannt, dass Steinmeier nicht mitkommen konnte, niemand von ihnen nahm den Kollegen in Schutz. Zu sehr strapaziert Deutschland ihrer aller Geduld. Olaf Scholz wäre jetzt als Vermittler besonders gefragt. Doch zunächst macht er aus Rücksicht auf den Bundespräsidenten keine eigenen Reisepläne, dann entwickelt auch die Debatte um den Besuch des Bundeskanzlers bei Selenskyj ein Eigenleben. Statt das Zerwürfnis zu kitten, wird Scholz Teil des Problems. Wieder scheint er sich einzumauern, statt voranzugehen. Und einmal mehr haben die Beteiligten die Ukraine aus dem Blick verloren, geht es ihnen vor allem um einen innenpolitischen Machtkampf, bei dem Oppositionsführer Friedrich Merz nach seinem Kiew-Besuch den Kanzler und dessen Verteidigungsministerin vor sich hertreibt.

Andrij Melnyk hat es vor allem auf Steinmeier abgesehen. Melnyk stammt aus Lemberg, ist Völkerrechtler und 20 Jahre jünger als der SPD-Mann mit der ruhenden Parteimitgliedschaft. Der Diplomat spricht exzellent Deutsch. Er klingt zugleich ein wenig fremd und auch weich mit seinem Wiener Akzent, den er von seinen vier Jahren an der ukrainischen Botschaft in Österreich mitgebracht hat. Aber was er sagt, ist hart. Das war nicht immer so. Wer Melnyk aus seinen ersten Tagen in Berlin kennt, schätzt seine natürliche Höflichkeit und Freundlichkeit. Jetzt formuliert er seine Nachrichten auf Twitter alles andere als diplomatisch. Für den Bundespräsidenten ist ihm kein Geschütz zu groß, eines bringt er in einem Zeitungsinterview in Stellung: »Für Steinmeier war und bleibt das Verhältnis zu Russland etwas Fundamentales, ja Heiliges, egal was geschieht. Auch der Angriffskrieg spielt da keine große Rolle. (...) Aus Putins Sicht gibt es kein ukrainisches Volk, keine Sprache, keine Kultur, und daher auch keinen Staat. Steinmeier scheint den Gedanken zu teilen, dass die Ukrainer eigentlich kein Subjekt sind.« Deutschland habe zu viele eigene Interessen in Bezug auf Russland, etwa seine Abhängigkeit von Gas, Öl und Kohle. Schuld daran sei auch Steinmeiers Agieren als Kanzleramtschef und später als Außenminister. »Steinmeier hat seit Jahrzehnten ein Spinnennetz der Kontakte mit Russland geknüpft. Darin sind viele Leute verwickelt, die jetzt in der Ampel das Sagen haben.« Melnyk führt mehrere Namen auf, die außerhalb des Berliner Regierungsviertels zwar nur wenigen Deutschen etwas sagen dürften, die aber als Spitzenbeamte enormen Einfluss ausüben.

Er nennt den außenpolitischen Berater von Bundeskanzler Olaf Scholz, Jens Plötner, und den Staatssekretär im Auswärtigen Amt, Andreas Michaelis. In den Verhandlungen mit Russland und der Ukraine hätten die Deutschen immer versucht, vor allem der Ukraine Zugeständnisse abzuringen. »Mein Präsident Selenskyj hat einmal gesagt: Wir werden wie Pferde in der Manege herumgeführt.«

Das Interview spaltet die Öffentlichkeit. »Unverschämt!«, finden viele. So darf ein Botschafter nicht sprechen. Wo bleibt die diplomatische Zurückhaltung? Endlich sagt's mal einer, denken andere, die sich in ihrer Zustimmung aber öffentlich zurückhalten. Nicht wenige vermissen Dankbarkeit für die geleistete Flüchtlingshilfe, für das Geld aus Bundes- und EU-Etat, für die Waffenlieferungen. In Steinmeiers politischer Heimat, der SPD, springen augenblicklich alle Verteidigungsreflexe an. Die Vorwürfe tun auch deshalb so weh, weil vieles an ihnen wahr ist. Melnyk bohrt mit dem Finger in der Wunde. Der sonst so entgegenkommende Botschafter bleibt bei seiner Ablehnung Steinmeiers konsequent. Auch dessen Rede zur Wiederwahl als Bundespräsident, in der er so deutlich wie nie zuvor mit Putin abgerechnet hat, kaufte Melnyk ihm nicht ab. »Zu uns Ukrainern hat er keinen Bezug. Steinmeier weiß nicht, was er mit uns anfangen soll, obwohl er selbst in Kiew und sogar in Lwiw war. (...) Feingefühl ist für Steinmeier ein Fremdwort, zumindest in Bezug auf die Ukraine.«

Die lange Liste der deutschen Russlandfehler, die die Ukraine mit Tausenden von Menschenleben bezahlt, wollen die meisten nicht hören. Zumal Melnyks Schlagzahl auf Twitter extrem hoch ist. Er meldet sich dort noch um einiges öfter zu Wort als sein Präsident mit Videobotschaften, und fast nie geht es bei Melnyk ohne neue Vorhaltungen ab. Die Deutschen seit Jahren zum Jagen tragen zu müssen, wenn es um Unterstützung für den Krieg gegen Russland geht, hinterlässt bei dem dauerwütenden Diplomaten Spuren. Er gibt zu, dass er überlegt, bald lieber zurück in die Ukraine zu gehen. Bekannte in Kiew würden jetzt Blockposten bewachen und Straßensperren errichten. »Wenn ich das Gefühl habe, dass in Deutschland nichts mehr zu holen ist, dann werde ich sagen, liebe deutsche Freunde, tschüss. Vielleicht kann ich in meiner Heimat mehr bewirken als in Berlin, bei diesen tauben Ohren hier.«

Thomas Geisel war bis 2020 Bürgermeister von Düsseldorf und gehört zu denen, die mit dieser Kritik nicht umgehen können. Unter der Überschrift »Es reicht, Herr Melnyk! Der Botschafter von Präsident Selenskyj ein anmaßender PR-Profi« macht der Sozialdemokrat eine ganz eigene Rechnung zu den Kriegsverbrechen in Butscha auf: »410 Zivilisten sind – nach ukrainischen Angaben – den Gräueltaten von Butscha zum Opfer gefallen. Selbstverständlich ist jedes zivile Opfer eines Krieges eine Tragödie und eines zu viel. Aber werden durch die ukrainische Genozid-Rhetorik nicht letztlich die Kriegsverbrechen von Srebrenica, My Lai und Babiyar (...) und vielleicht auch die Bombennacht von Dresden, der angeblich 30 000 Menschen zum Opfer fielen, bagatellisiert?«

Abgesehen davon, wie der SPD-Politiker Geisel Babyn Jar schreibt, es gibt unterschiedliche Möglichkeiten, aber seine nicht, ist der Eintrag auf seinem Blog eine einzige Ungeheuerlichkeit. Beispielsweise unterstellt er indirekt, die Opferzahl könnte, weil es ukrainische Angaben sind, vielleicht nicht stimmen. Der Berufspolitiker könnte wissen, dass inzwischen internationale Forensiker die Opfer untersuchen und gezählt haben. Außerdem wirft er den Ukrainern »Genozid-Rhetorik« vor. Ein Genozid ist seit 1948 ein Straftatbestand im Völkerstrafrecht. Er ist durch die Absicht gekennzeichnet, auf direkte oder indirekte Weise eine nationale, ethnische oder religiöse Gruppe als solche ganz oder teilweise zu zerstören. Der SPD-Lokalpolitiker insinuiert, dass die Verbrechen in Butscha an die anderen von ihm aufgeführten

Massaker nicht heranreichen, weil denen mehr Menschen zum Opfer gefallen sind. Er »vergisst« über diese zynische Aufrechnung, dass die Russen in der Ukraine inzwischen viele »Butschas« angerichtet haben. Seine Gleichstellung der Dresdner Bombenopfer im Zweiten Weltkrieg mit denen eines Genozids verdeutlicht, dass die Geschichtsaufarbeitung in Deutschland zumindest bei ihm nicht gefruchtet hat. Die Dresdner Opfer von mehreren Bombennächten sind Kriegstote, aber keine Genozid-Opfer, denn anders als Nazideutschland, das in den überfallenen Ländern Genozide an Juden und den jeweiligen Völkern verübte, gehörten die Fliegerangriffe auf Dresden zur Abwehr des brutalen deutschen Aggressors durch die Alliierten. Die Methode, Städte flächendeckend zu zerstören, führte bereits während des Krieges unter den westlichen Verbündeten zu heftigen Kontroversen. Die genaue Zahl der Opfer der britischen und US-amerikanischen Bombardements konnte nie genau ermittelt werden, Experten gehen von bis zu 25 000 Menschen aus. Weiß Thomas Geisel, dass er wie die Neonazis argumentiert, die jedes Jahr das Leid der Dresdener Opfer für ihre Zwecke instrumentalisieren? Der Sozialdemokrat aus Nordrhein-Westfalen bezweifelt, dass die Ukraine den Krieg gewinnen kann, und macht sich Sorgen: nicht um die Ukraine, sondern um Russland. Ob es denn richtig sei, den Kontakt nicht nur mit Putin, sondern Russland insgesamt abzubrechen, es zu isolieren. Denn moralisch habe Putin längst verloren, deswegen wäre es eine Tragödie, den Krieg weiterzuführen. Weil Geisel, der seinen Eintrag nach massiver öffentlicher Kritik gelöscht hat, mit dieser Argumentation nicht alleinsteht, lohnt es sich, denen zuzuhören, die unter diesem Krieg am allermeisten leiden: den Ukrainern.

Diana, eine Ärztin aus Cherson, ist überzeugt davon, dass ein Nachgeben der Ukraine Russland zu einem noch größeren Krieg ermutigen würde. Die russische Armee würde erneut einfallen, so wie sie nach 2014 auch im Februar 2022 einmarschiert ist, und hätte in ihren Reihen dann möglicherweise sogar zwangsrekrutierte Ukrainer aus heute okkupierten Gebieten, die gegen ihre eigenen Landsleute kämpfen müssten. Diana ist in den Westen des Landes geflohen, denn sie hatte Angst, dass die Besatzer in ihrer Heimatstadt, die zu Kriegsbeginn erobert wurde, ein Massaker wie in Butscha veranstalten würden. Immerhin habe Putin den daran beteiligten Soldaten Medaillen verliehen. Aufgeben ist für sie, wie für viele Ukrainer, keine Option, auch weil sie sich besser als manche Deutsche an 1938 und 1939 erinnern, als Hitler nicht sofort gestoppt wurde und immer mehr Länder überfiel. Winston Churchill, der Großbritannien als Premierminister durch den Zweiten Weltkrieg führte und 1953 mit dem Literaturnobelpreis geehrt wurde, beschrieb die Verfechter der Appeasement-Politik einst so: »Ein Beschwichtiger ist derjenige, der ein Krokodil füttert, in der Hoffnung, es frisst ihn zuletzt.«

Melnyks hartnäckiger Einsatz für Waffenlieferungen an sein Land wird auch in Kiew gehört – und geschätzt. Denn dank seiner Penetranz bewegt sich in Berlin am Ende etwas, wenn auch meistens viel zu langsam. Dienstherr Selenskyj verfolgt genau, wer im Außendienst für das Land Resultate liefert. Wer weder Waffen noch Geld, Sanktionen gegen Russland oder anderweitige Unterstützung für das Überleben der Heimat beschaffen kann, wird abgesetzt, wie die ukrainische Botschafterin in Marokko und ihr Kollege in Georgien. Selenskyj, der bis zu seinem Amtsantritt 2019 ein politisches Greenhorn war, macht selbst am besten vor, wie es geht. Der Schauspieler und Komiker erweist sich als begnadeter Kommunikationsprofi, der auf der ganzen Welt Unterstützung für sein Land einwirbt. Mit seiner internationalen und nationalen Präsenz überzeugt der Oberbefehlshaber und lässt so manchen nicht im Krieg befindlichen Staats- oder Regierungschef alt aussehen. Als die USA gleich zu Kriegsbeginn anboten, ihm und seiner Familie bei der Flucht aus der

Ukraine zu helfen, lehnte Selenskyj dankend ab: »Der Kampf ist hier. Ich brauche Munition, keine Mitfahrgelegenheit.«

Jede seiner Reden ist speziell auf die Adressaten in den ausländischen Parlamenten oder Gremien zugeschnitten, nichts wiederholt sich. So ist es auch bei seinem Auftritt im Deutschen Bundestag. Wie immer im olivgrünen Shirt und auf Ukrainisch wendet er sich an die deutschen Abgeordneten. Selenskyj wird an diesem 17. März 2022 nicht minder deutlich als sein Botschafter. Deutschland gehe es immer nur um Wirtschaft, Wirtschaft, Wirtschaft. Für die Ukrainer klinge das routinemäßig in Deutschland vorgebrachte »Nie wieder!« bitter, weil »diese Worte nichts wert sind.« Selenskyj spricht über Deutschlands Weigerung, sein Land in die NATO und EU aufzunehmen und die Zögerlichkeit, mit Waffen zu helfen, während man weiter Geschäfte mit Russland betreibe. All das baue eine neue Mauer samt Stacheldraht in Europa auf, die die Ukraine abtrenne. Die Bundestagsabgeordneten applaudieren lange und im Stehen, obwohl Selenskyj ihnen gerade öffentlich den Kopf gewaschen hat. Dann wenden sich alle von dem Großbildschirm, über den der Redner aus Kiew zugeschaltet war, ab und der Parlamentsroutine zu. Kein einziges Wort zu dem Präsidenten, der in seiner Verzweiflung Tag für Tag ein Land nach dem anderen um Hilfe anfleht. Kanzler Scholz scheint wie gelähmt, regungs- und sprachlos. Der Bundestag bekommt nicht einmal eine Schweigeminute für die Kriegstoten hin. Was eine parlamentarische Sternstunde hätte werden können, mit einer breiten überfälligen Aussprache zur Ukrainehilfe und zur falsch gelaufenen Russlandpolitik, endet im Kleinklein von Geburtstagsglückwünschen. Würdelos.

Als Scholz am selben Tag zwar immer noch nicht mit dem Ukrainer, aber über dessen Land spricht, wird es nicht viel besser. Scholz äußert sich über die ukrainische Nation im Allgemeinen und die im Land verwendeten Sprachen im Besonderen:

»Es gibt eine ukrainische Nation, und sie umfasst diejenigen, die die ukrainische Sprache als Muttersprache sprechen. Und auch den einen oder anderen von denjenigen, die die russische Sprache sprechen.« Tatsächlich spricht die übergroße Mehrheit der Ukrainer Russisch, für mehr als ein Drittel ist es die Muttersprache. Sie leben meist, aber nicht nur im Osten oder im Süden des Landes. Auch auf Kiews Straßen hört man mehr Russisch als Ukrainisch. Aber der ukrainischen Nation zugehörig fühlen sich die Menschen ganz unabhängig davon, ob sie nun Ukrainisch oder Russisch als Erstes gelernt haben. Zu dieser Nationenbildung hat paradoxerweise ausgerechnet die jahrelange ukrainefeindliche Politik des Kremls den wichtigsten Beitrag geleistet.

Erst drei Tage später schaffen es die Abgeordneten, sich von ihren Plätzen im Plenarsaal zu erheben, um des 95-jährigen Holocaust-Überlebenden Boris Romantschenko zu gedenken, der in Charkiw bei einem russischen Bombenangriff ums Leben gekommen ist.

Im April schlagen die ersten Raketen auch in Odessa ein. Dort lebt Roman Schwarzman, ein guter Bekannter von Boris Romantschenko. Er habe schon seit Kriegsbeginn kaum eine Nacht geschlafen, erzählt Schwarzman am Telefon. Der 85-Jährige sehnt sich danach, endlich wieder im Pyjama zu Bett gehen zu können, anstatt angekleidet zu schlafen und bei Bombenalarm mit einem Koffer in den Keller zu eilen. Manchmal mehrmals pro Nacht. Schwarzman hat der Tod seines Glaubensbruders in Charkiw mitgenommen. Er kennt dessen Geschichte und die weiterer Überlebender gut, weil er für die von Steven Spielberg gegründete Shoa Foundation 200 Interviews geführt hat. Schwarzman war als Kind im Ghetto von Berschad, 300 Kilometer westlich von Odessa. Damals war er zu klein, um sich zu fürchten, heute dagegen hat er Angst, weniger um sich selbst als vielmehr um seine Kinder, Enkel und Urenkel. »Putin will uns befreien von den Nazis? Welche Nazis sollen das bei uns sein?

Wenn Russland von der Entnazifizierung der Ukraine spricht, klingt das für mich wie die Endlösung der Nazis. Wir Juden können das gut beurteilen. Heute ist es der *russische* Faschismus, der die ukrainische Nation vernichten will.« Und da gehe es nicht allein um die ukrainische Nationalität. »Bei uns leben außerdem Russen, Polen, Ungarn, Armenier, Griechen, Juden und noch viele mehr. Es ist Putin, der unser ganzes Volk, einschließlich uns Juden, einfach umbenennt in Nazis!«

Der kleine lebhafte Mann, der in Odessa mit Marieluise Beck das Denkmal für die im Oktober 1941 in den Munitionsbaracken Ermordeten auf den Weg bringen möchte, sorgt sich um das Vorhaben. Was, wenn Putin ihnen einen Strich durch die Rechnung macht? 275 Mitglieder hat seine Assoziation von ehemaligen jüdischen Gefangenen in Ghettos und Konzentrationslagern noch. Wie viele von ihnen hat auch er schlechte Erfahrungen mit dem staatlichen Antisemitismus der Sowjetunion gemacht. »Wenn ich ins Parteikomitee musste, war es mir unangenehm, meinen Namen zu nennen: Schwarzman. Meine Brüder nahmen lieber die ukrainischen Familiennamen ihrer Ehefrauen an, um nicht so jüdisch zu klingen. Meine Tochter durfte nicht Medizin studieren. Fast mein ganzes Leben begegnete mir diese Art Antisemitismus, jetzt nicht mehr.« Seine Enkel haben heute Universitätsabschlüsse in den Fächern, die sie sich selbst aussuchen durften. Erst in der unabhängigen Ukraine, nach dem Zerfall der UdSSR 1991, wurde es möglich, über die Juden und den Holocaust zu sprechen. Zu kommunistischen Zeiten wurde nur allgemein von sowjetischen Opfern gesprochen. Heute könne er unbehelligt in die Synagoge gehen, zu Sowjetzeiten gab es in Odessa keine. Ebenso wenig jüdische Schulen, Universitäten, Kindergärten, Organisationen oder Kulturzentren.

Dass Scholz die russische Invasion in die Ukraine beständig als »Putins Krieg« bezeichnet, bringt den rüstigen Mann auf die Palme, denn die Zustimmung zu dem Waffengang sei im gesamten russischen Volk groß. Eine bittere Enttäuschung für Roman Schwarzman, der sich nicht vorstellen kann, dass seine Enkel oder Urenkel dem russischen Nachbarn je wieder die Hand reichen. »In Russland herrscht eine andere Mentalität, da wird uns niemand um Verzeihung bitten.« Dagegen hätten sich bei ihm persönlich viele Deutsche entschuldigt, nicht nur mit Worten, sondern einige sogar mit bewundernswerten Taten, die tief aus ihrem Herzen kämen.

Trotzdem spart er nicht mit Kritik in Richtung Berlin. Er findet, dass sich Deutschland und der Westen von Putin haben einschüchtern lassen. »Nehmt Euch mal ein Beispiel an uns, an der Ukraine!« Wenn er einen Satz von deutschen Politikern nicht mehr hören könne, dann diesen: »Wir sind besorgt.« Schwarzman ist 1936 geboren, vital und hellwach, ein temperamentvoller Mann, der weiß, dass der größte Teil seines Lebens hinter ihm liegt. Gerade deswegen fragt er sich ungeduldig, weshalb der Krieg so lange dauert. Er gibt der westlichen Diplomatie die Schuld, die versäumt habe, den Weltsicherheitsrat zu reformieren. Dass dort immer noch das Veto- und nicht das Mehrheitsrecht gelte, sei einfach nur zynisch. »Macht eure Hausaufgaben!«, ruft er durchs Telefon, während schon wieder die Sirenen Luftalarm ankündigen. Er hat es trotzdem nicht eilig aufzulegen, denn er muss noch etwas loswerden: Oft sei ihm aufgefallen, dass einige Menschen in Deutschland anfällig für die russische Propaganda seien, zum Beispiel für die russische Warnung vor den Faschisten auf dem Maidan und für die Lüge, dass die Ukraine keine eigene Nation, kein eigener Staat sei. Das müssten doch die Deutschen als die ehemaligen Besatzer bzw. deren Nachfahren besser wissen. Aber leider wüssten die Deutschen wenig über die Ukraine, selbst bei dem dunklen Kapitel der gemeinsamen Geschichte gebe es große Wissenslücken.

Und in Zukunft?

Das Kriegsleid in Butscha, Irpin, Charkiw, Mariupol, Sewerodonezk und vielen anderen Orten macht ohnmächtig, hilflos. Kein Mittel scheint richtig gewählt, wenn es nicht geeignet ist, Leben zu retten und Putins todbringende Truppen zu stoppen. Was also ist zu tun?

Deutschland sollte der Ukraine geben, was sie für ihre Verteidigung benötigt. Die Politikerinnen und Politiker hierzulande haben für ihre Verhältnisse schnell umgedacht: Der Grundsatz, keine Waffen in Kriegsgebiete zu liefern, hat sich, wenn auch nicht in Luft aufgelöst, so doch einer neuen Realität angepasst. Über 50 Jahre galt die Doktrin, die die von Willy Brandt geführte sozialliberale Regierung 1971 verabschiedet hatte.

An diesem Grundsatz weiterhin festzuhalten, wäre einer unterlassenen Hilfeleistung gleichgekommen. Dennoch haben sich Abgeordnete – quer durch alle Parteien und auch innerhalb der Regierungskoalition – monatelang gestritten, welche Waffen geliefert werden dürfen. Dreh- und Angelpunkt dabei war: Liefern wir das, was die Ukraine braucht und fordert, oder das, was Deutschland nicht in Bedrängnis bringt?

Ist es unfair zu sagen, dass Kanzler Scholz wie ein Krämer wirkt, der erst einmal den Bleistift spitzt und zusammenrechnet, wie hoch die Kosten sind, bevor er das Waffenpaket endlich über die Ladentheke schiebt? Ja, das ist unfair, denn es geht ihm nicht wie früher als Finanzminister darum, die Euros beieinander und die Ausgaben möglichst gering zu halten. Die Militärhilfe für Kiew ist keine Frage des Geldes. Olaf Scholz argumentiert nicht mit der monetären Belastung, obwohl die das Land demnächst in einem enormen Ausmaß einholen wird. Denn die Waffen- und Finanzhilfe für die Ukraine, die Nachrüstung der Bundeswehr, das Sondervermögen, das in Wirklichkeit ein Darlehen ist, die zusätzlichen Ausgaben im NATO-Verbund – all das kostet. Doch das absehbare Haushaltsdefizit ist nicht der Grund, weshalb Berlin zögert, Kiews Wünsche und Begehrlichkeiten zu erfüllen. Es ist das Dilemma, einerseits im deutschen und im europäischen Sinne zu agieren, diese Interessen aber andererseits nicht auf Kosten der Ukraine durchzusetzen.

Der Streit über Berlins Waffenlieferungen hat große Versäumnisse in der öffentlichen Diskussion über Deutschlands Friedens- und Sicherheitspolitik offenbart. Ist sie von Werten geleitet oder von Interessen bestimmt? Die USA werden hierzulande wie kaum ein anderes Land kritisiert, oft berechtigt, nicht selten pauschal, aber niemand hat sich daran gestört, dass Washington all die Jahre für Deutschlands und Europas Sicherheit gesorgt und gezahlt hat. Der ehemalige polnische Botschafter in Deutschland, Janusz Reiter, hält die Zeitenwende-Rede für eine der wichtigsten Reden der Nachkriegszeit. Die Deutschen seien endlich über ihren Schatten gesprungen, in dem sie Verantwortung für die eigene Sicherheit und Verteidigung übernähmen und für die der Verbündeten. Die Bundesregierung fühle sich wieder zuständig für eine adäquat ausgerüstete Bundeswehr, die jahrzehntelang wie ein Stiefkind behandelt worden sei. Aber dann, so der Diplomat aus Warschau, schien man in Berlin plötzlich Angst vor der eigenen Courage bekommen zu haben. Zudem konstatiert Reiter, der von 1990 bis 1995 Polen in Deutschland vertrat, dass die neue Bundesregierung ihre Rolle in der Europapolitik noch nicht definiert habe.

Olaf Scholz lässt sowohl die deutsche Öffentlichkeit als auch die Partner in den EU-Mitgliedsstaaten, vor allem aber Kiew im Unklaren darüber, was er von der langfristigen EU-Mitgliedschaft der Ukraine hält. Statt in die Offensive zu gehen und die Risiken und Chancen nachvollziehbar abzuwägen, schweigt der Kanzler. Das öffnet Spekulationen Tür und Tor. Möchte er sich der Ukraine in den Weg stellen, weil sich mit diesem großen Land die Gewichte in der Union vielleicht zu weit in Richtung Osteuropa verschieben könnten? Polen und die Ukraine, zwei Länder, in denen insgesamt 80 Millionen Menschen leben, könnten zu schwer werden für den deutsch-französischen Motor, der dann nicht mehr die Zugmaschine wäre. Oder glaubt er nicht an die Reformfähigkeit der ehemaligen Sowjetrepublik? Immerhin wurde selbst Selenskyj in der Vergangenheit im Zusammenhang mit Korruption erwähnt. Scholz scheut zurück vor dem Pathos einer Ursula von der Leyen. Die EU-Kommissionspräsidentin hatte bereits drei Tage nach Kriegsbeginn verkündet: »Im Laufe der Zeit gehören sie [die Ukrainer] tatsächlich zu uns. Sie sind einer von uns, und wir wollen sie drin haben.«

Dem Kanzler fehlt auch von der Leyens angelsächsischer Pragmatismus: Wenn die EU schon den Wiederaufbau des kriegsgeschundenen Landes finanziert, dann soll dieser nach Brüsseler Regeln erfolgen. Nach außen entsteht zudem der Eindruck, dass Scholz mehr mit Putin als mit Selenskyj spricht, was nicht stimmt. Denn mit Letzterem telefoniert er regelmäßig. Aber zu lange schon spielt der Kanzler stille Post. Dass er sich zwei Monate lang zierte, endlich einen Zug nach Kiew zu besteigen, obwohl selbst Bundespräsident Frank-Walter Steinmeier den Streit mit Kiew längst beigelegt hatte, wurde immer unverständlicher. Jeder Reise, die Olaf Scholz stattdessen antrat, ob nach Afrika oder auf den Balkan, hing der Makel an, dass er die falschen Prioritäten setzt. Das Rätselraten um die Haltung der Bundesregierung ist selbst dann nicht beendet, als er sich Mitte Juni endlich aufrafft. An seine Seite hat er sich den französischen Präsidenten Emmanuel Macron und Italiens Premierminister Mario Draghi geholt. In Kiew gesellt sich noch der rumänische

Präsident Klaus Johannis hinzu. Tritt das Quartett gemeinsam vor Selenskyj, damit nicht einer allein die schlechte Nachricht einer Ablehnung des Kandidatenstatus überbringen muss? In Kiew fürchtet mancher, wie der Präsidentenberater Oleksij Arestowytsch, dass Selenskyj zu Verhandlungen überredet werden soll: »Sie werden sagen, dass wir den Krieg beenden müssen, der Ernährungsprobleme und wirtschaftliche Probleme verursacht, dass Russen und Ukrainer sterben, dass wir das Gesicht von Herrn Putin wahren müssen, dass die Russen Fehler gemacht haben, dass wir ihnen verzeihen müssen und ihnen eine Chance geben müssen, in die Weltgesellschaft zurückzukehren.« Die Ukraine möchte verhandeln, das hat sie bereits in den allerersten Kriegstagen deutlich gemacht. Damals war sie sogar bereit, auf ihr in der Verfassung verankertes Ziel eines NATO-Beitritts zu verzichten. Doch sie möchte keine Neuauflage des Minsker Abkommens, das Moskau um des Friedens willen noch mehr Land zusichert als dies 2015 der Fall war. Damals verlor sie die Krim und die Ostukraine und der Krieg ging trotzdem weiter.

Dass derartige Mutmaßungen über den Zweck der Reise des Kanzlers überhaupt angestellt werden, ist auch dessen Sprachlosigkeit und fehlender Positionierung zuzuschreiben. Vielen fällt ein Stein von Herzen, als er sich in Kiew klipp und klar für eine Beitrittsperspektive ausspricht und Präsident Selenskyj außerdem zusagt, bis zur Abstimmung unter den 27 EU-Mitgliedsstaaten dafür zu werben. Doch vom Kiew-Besuch bis zum EU-Gipfel bleibt nur noch eine Woche Zeit! Und einige Länder äußern Vorbehalte. Portugal fürchtet, dass die Ukraine nicht nur viel Geld für ihren Wiederaufbau bekommen wird, sondern mit ihr auch eine wichtige Konkurrentin um die Agrarsubventionen auf den Plan tritt. Andere sehen Probleme beim Einstimmigkeitsprinzip, mit dem die Gemeinschaft bislang ihre wichtigen Entscheidungen fällt, vor allem in der Außenpolitik. Ein neuer Verständigungsmechanismus wird nun noch dringender gebraucht, doch wie wird er aussehen? Muss ein Verfassungskonvent organisiert werden, und wie schnell? Szenarien, die die europäischen Kolleginnen und Kollegen schon eine Weile umtreiben. Hätte Scholz nicht längst hinter den Kulissen vermitteln und überzeugen müssen?

Wie ein Zuschauer, der zu spät ins Theater kommt, findet der Sozialdemokrat nur mit Mühe seinen Platz. Die Führung übernehmen mag er nicht, zu lange war er ein Politiker der zweiten Reihe. Doch am Ende kann Scholz einen Erfolg vermelden: »27 mal Ja!«, freut er sich auf Twitter. Alle EU-Staaten haben sich einstimmig für die Beitrittsperspektive der Ukraine ausgesprochen.

Viele Friedensbewegte, auch in seiner Partei, glauben, nur sie allein seien gegen den Krieg. Sie schlagen die Hände über dem Kopf zusammen und beklagen die Opfer. Als würde die Mehrheit nicht ähnlich empfinden. Aber wer sein Entsetzen laut verkündet, wird gehört und fühlt sich gut. Und man steht damit immer auf der richtigen Seite. Es kostet allerdings auch nicht viel. Als das Wünschen noch geholfen hat, hörten Kriege vielleicht von selbst auf. Häufiger aber wurden sie leider militärisch beendet, selbst wenn gleichzeitig oft verhandelt wurde. Nicht selten zeigen diese selbsternannten Pazifisten wenig Interesse an den Gründen für die Konflikte, die zu einem Krieg führten. Sie wissen mitunter nicht einmal zu unterscheiden, welche Partei Opfer und welche Aggressor ist. Der Gipfel der Scheinheiligkeit ist es, dass sie diejenigen als Kriegstreiber bezeichnen, die den Bedrängten Hilfe und Unterstützung anbieten. Selbst die Hände in den Hosentaschen behalten, andere die Arbeit machen lassen und sich als Zuschauer moralisch überlegen fühlen – das ist wohlfeil.

Dass Deutschlands Regierungschef Scholz, bei allem Drängen, die Sicherheit der Bundesrepublik niemals aus den Augen verlieren darf, ist seine Pflicht, die er mit dem Amtseid auf sich genommen hat. Permanent muss er abwägen, ob Entscheidungen zu einer unbeabsichtigten Eskalation führen können. Im Raum stehen die von Moskau ausgelösten Befürchtungen, dass Russland über Kaliningrad nach Litauen einfallen könnte oder die estnische Stadt Narva an der russischen Grenze »zurückholen« möchte, wie Putin zum 350. Geburtstag des Zaren Peter des Großen in einer Veranstaltung mit jungen Unternehmern andeutete. Wie schon sein Geschichtsaufsatz über die angebliche Einheit des russischen und ukrainischen Volkes kann eine solche Äußerung eine versteckte Ankündigung sein. »Man sollte seine Worte ernst nehmen.«, hat Angela Merkel geraten. Aber kann der Bundeskanzler solche Vorhaben tatsächlich verhindern, indem er die Lieferung bestimmter Waffengattungen an die Ukraine ausschließt? Hängt davon wirklich ab, ob Putin die NATO-Länder einzeln oder im Bündnis als Kriegspartei betrachtet? Die massive militärische Unterstützung hat den ukrainischen Soldaten und Freiwilligen geholfen, eindrucksvoll Widerstand zu leisten und die russischen Einheiten aus dem Kiewer Umland zu vertreiben. Einen Monat nach Kriegsbeginn zogen sie sich aus der Gegend nördlich von Kiew zurück. Putins erstes Kriegsziel, in einem Blitzkrieg die Hauptstadt einzunehmen und eine Marionettenregierung mit Viktor Janukowitsch an der Spitze zu installieren, wurde durchkreuzt. Angeblich soll der 2014 geflohene Ex-Präsident mit seinem »Schattenkabinett« in Belarus schon bei Fuß gestanden haben. Er sollte nach der Beseitigung von Präsident Selenskyj und dessen Team als legitimer Präsident wiedereingesetzt werden. Ungeachtet der Tatsache, dass nach Janukowitschs Abgang bereits zwei demokratische und faire Präsidentschaftswahlen in der Ukraine stattgefunden haben. Dass die Ukraine dieses Vorhaben zunichtemachen konnte, hat sie auch der militärischen Hilfe aus dem Ausland zu verdanken. Nimmt man Putin beim Wort, ist der Casus Belli längst eingetreten. Zur Erinnerung, in seiner Rede am 24. Februar hatte der russische Präsident gedroht: »Wer auch immer versucht, sich bei uns einzumischen, geschweige denn unser Land und unser Volk zu gefährden, muss wissen, dass die Antwort Russlands sofort erfolgen und zu Konsequenzen führen wird, die Sie in Ihrer Geschichte noch nie erlebt haben.«

Zu definieren, ab wann der russische Aggressor die Hilfe der Verbündeten für die Ukraine als Einmischung einstuft, ist müßig. Sind es Haubitzen oder Flugzeuge oder Panzer? Sind es NATO-Soldaten auf ukrainischem Territorium?

Polen und die baltischen Länder lassen sich auf Abstufungen, wann Moskau wohl zu welchen Maßnahmen greift, nicht ein, denn sie halten Putin längst nicht mehr für berechenbar. Er opfert Zehntausende von Soldatenleben, treibt die Elite aus dem Land, belügt sein Volk, reißt ein, was seine engsten Vertrauten und ihr korruptes Netzwerk aufgebaut haben, und riskiert, dass die einzige starke Finanzquelle seines Haushalts alsbald für immer versiegt. Putin ist der Totengräber seines Landes, das er in dem Maße zugrunde richtet, wie er es größenwahnsinnig mit aller Gewalt erweitern will. Sein Spiel mit der Angst beeindruckt die Ukrainer nicht, die Deutschen schon. Der ehemalige KGB-Mann mit detaillierter Deutschlandkenntnis ist geeicht auf die Ausnutzung der Schwachstellen seiner Gegner und weiß, dass die Angst vor einem Atomkrieg in Deutschland ganz besonders groß ist. Hat er Scholz damit gedroht? Die Besetzung von Europas größtem Atomkraftwerk in Saporischschja und der AKW-Ruine in Tschernobyl durch russische Soldaten sollte vor allem dem Ausland Angst einjagen. Dass die Deutschen selbst in einer möglichen Energiekrise vor der Weiternutzung der bestehenden Kernkraftwerke zurückschrecken, hat Putin vermutlich in seiner Einschätzung der Deutschen bestätigt. In diesem Zusammenhang erweisen sich die russischen Energieträger als wirksame Waffe.

Für seine Gegner ist es eine Wahl zwischen Pest und Cholera. Würde sich Deutschland nach dem Öl- auch noch für einen Gas-Boykott entscheiden, wäre die wichtigste Frage immer noch nicht beantwortet: Wann und unter welchen Bedingungen wird Putin seinen Krieg beenden? Noch kann er auf eine große Armee und volle Waffenlager zurückgreifen – oder den Gashahn ganz zudrehen. Mitleid mit dem eigenen Volk hat er so wenig wie die Zaren, so wenig wie Lenin oder Stalin. Das Wohlergehen oder die Nöte der Russinnen und Russen haben Kremlherren noch nie in ihrem Handeln gelenkt. Mit Ausnahme von Michail Gorbatschow. Für westliche Demokratien aber ist ausschlaggebend, dass ihre Regierungen heute so entscheiden, dass es den Menschen auch morgen noch gut geht. Ein Gas-Stopp würde Putin mutmaßlich nicht bremsen, Deutschlands Wirtschaftskraft dagegen sehr. Was nach Entschlossenheit und unverbrüchlicher Solidarität mit der Ukraine klingt, könnte sich vielleicht als Bärendienst erweisen. Denn mit einer deutlich geschwächten Wirtschaft wäre es schwerer, für die Millionen geflohener Menschen und den Nachschub an Waffen zu sorgen. Die Ukraine muss diesen Krieg gewinnen, damit Putin der Appetit auf weitere Gebiete vergeht. Wolodymyr Selenskyj hat Recht, wenn er sagt: »Es ist doch für alle in Europa klüger, uns jetzt zu helfen, damit man nicht später weitere Nationen verteidigen muss.« Deutschland muss wirtschaftlich stark sein, um die Ukraine mit einer Art Marshall-Plan zu unterstützen. Ein konzertiertes Wiederaufbauprogramm wird Russland und der Welt beweisen, dass die westlichen Demokratien füreinander einstehen, für die Freiheit und das Wohlergehen jeder einzelnen von ihnen. Deutschland und die anderen europäischen Abnehmer müssen so schnell wie möglich unabhängig werden von russischem Gas und Öl. Das ist längst nicht mehr nur eine Wirtschafts- und Klima-, sondern inzwischen auch Sicherheitsfrage, damit Putin die Wiederaufrüstung seiner Armee noch lange nach dem Ende dieses Krieges erschwert wird.

Die Bundesregierung hat im Moment viele Aufgaben gleichzeitig zu lösen, die auch über Leben und Tod entscheiden. Deswegen muss sie sich jetzt ganz besonders erklären. Die Bürgerinnen und Bürger haben Angst. Die meisten informieren sich so viel wie selten zuvor, bilden sich eine Meinung und wollen diese diskutieren. Mitsprache ist das Wesen einer Demokratie. Alle dürfen fast alles wissen und sagen, aber der Politik ist es nicht freigestellt, ob sie sich erklärt, sie hat die Pflicht, es zu tun. Leider präsentiert sich Deutschland in puncto Kommunikation derzeit als Entwicklungsland – und verspielt damit Vertrauen.

Es ist keine Ermessenangelegenheit, Antworten darauf zu geben, wie es zu einer der schlimmsten Krisensituationen in Europa seit dem Zweiten Weltkrieg kommen konnte. Es ist auch keine Majestätsbeleidigung, sie von denen einzufordern, die die Politik der vergangenen Jahrzehnte maßgeblich geprägt haben. Diejenigen, die dafür die Mitverantwortung tragen, müssen sich den Fragen der Wählerinnen und Wähler stellen. Sie müssen begründen, warum Entscheidungen so und nicht anders ausgefallen sind. Der Respekt vor den Bürgerinnen und Bürgern gebietet es, jetzt Foren zu schaffen, in denen eine Aufarbeitung möglich ist. Die Diskussion darüber verläuft noch merkwürdig verhalten.

Angela Merkel beginnt sich seit dem Ende ihrer Auszeit nach der Kanzlerschaft punktuell zu äußern. Erst zu Kiews verwehrter NATO-Mitgliedschaft, dann zur Ostsee-Gasleitung. Vielleicht fehlt es ihr noch an Abstand. Davon, dass sie selbstkritisch zurückblickt, ist bislang wenig zu spüren. Das wichtigste Argument, mit dem vor der Energieabhängigkeit von Russland gewarnt wurde, lautet, dass Putin das Gas als Waffe einsetzen könnte. Gegen die Ukraine, gegen Deutschland und die europäischen Länder, die mitbeliefert werden. Die Alt-Kanzlerin lässt dieses Argument bis heute nicht gelten. In ihrem ersten Zeitungsinterview erklärt sie, warum die Warnung, dass Gas eine Waffe werden könnte, ihrer Meinung nach nicht stimme.

»Die damalige These lautete: Wenn Nord Stream 2 in Betrieb ist, wird Putin durch die Ukraine kein Gas mehr liefern oder sie sogar angreifen. Wir haben aber dafür gesorgt, dass durch die Ukraine trotzdem Gas geliefert wurde und so gesichert war, dass die Ukraine weiter Gebühren für russische Gaslieferungen an den Westen erhält.« Merkel spielt an auf die von ihr und US-Präsident Biden im Juli 2021 in Washington verhandelte Ersatzregelung für die Aufrechterhaltung der ukrainischen Energieversorgung. Diese steht bislang aber nur auf dem Papier. An der Ausarbeitung dieser Vereinbarung war im Übrigen kein ukrainischer Unterhändler beteiligt. Zum Praxistest kam es noch nicht, denn der Gas-Transit durch die Ukraine ist selbst nach mehreren Monaten Krieg überhaupt noch nicht gestoppt. Merkels Argument zieht nicht. Ebenso wenig ihre Schlussfolgerung: »Putin hat dann die Ukraine am 24. Februar angegriffen, obwohl durch Nord Stream 2 noch kein einziger Kubikmeter Gas geflossen war. In diesem Sinne war Gas keine Waffe.« Auch hier hat sie nicht recht, denn Moskau setzt diese Waffe bereits ein. Gazprom drosselt im Unterschied zu früher die Liefermenge für die deutschen Abnehmer neuerdings nach Belieben, je nachdem, ob der Kreml Sicherheit oder Ungewissheit erzeugen möchte.

Anders als ihr Vorgänger Helmut Kohl möchte die langjährige Parteivorsitzende in der CDU keine größere Rolle mehr spielen. Trotz ihrer 30-jährigen Mitgliedschaft wollte sie nicht Ehrenvorsitzende der Union werden. Nicht einmal einem Abschiedsdinner mit Friedrich Merz, der endlich in dem von ihm so lange angestrebten Amt des Partei-bzw. Fraktionsvorsitzenden angekommen ist, stimmte sie zu. Das Tischtuch zwischen beiden ist seit Langem zerschnitten. Umso verwunderlicher ist die Zurückhaltung des amtierenden Oppositionsführers, jetzt eine Bilanz von Angela Merkels Regierungsarbeit zu ziehen. Gerade weil sie ihre Unterstützung für Nord Stream bis heute rechtfertigt. Der Zusammenhang zwischen Moskaus Exporteinnahmen und der russischen Aufrüstung muss ihr nicht erläutert werden. Die Machenschaften ihres Amtsvorgängers Schröder zusammen mit dem Ex-Stasi-Mitarbeiter Warnig verliefen keineswegs nur in dunklen Hinterzimmern. Das Nachfolgeprojekt Nord Stream 2 war für Deutschlands Versorgungssicherheit nicht nötig, sondern höchstens für die, die daran kräftig verdienten.

Wenn man den Schaden vom Ende her beurteilt, wie das Helmut Kohl zu tun pflegte, dürfte das Aufklärungsinteresse heute noch um einiges größer sein als 1999 bei der CDU-Parteispendenaffäre. Auch wenn man kriminelles Handeln keineswegs mit politischen Fehlern gleichsetzen darf, ist die Auseinandersetzung mit der christdemokratischen Ostpolitik unumgänglich. Die frühere Generalsekretärin Angela Merkel ahnte, wie angreifbar die Partei durch die Spendenaffäre auf lange Sicht sein würde, wenn sie sie nicht selbst aufzuklären versuchte. Ihr Artikel in der *Frankfurter Allgemeinen Zeitung* war ein Auftakt, der von vielen als Verrat an der CDU betrachtet wurde, in Wahrheit aber einen Neuanfang nach der Ära Kohl ermöglicht hat. Aber wo bleibt ein Zeitungsartikel von Friedrich Merz, ähnlich wie der am 22. Dezember 1999 von Angela Merkel? Er bräuchte ihren Text von damals an entscheidenden Stellen sogar nur geringfügig zu ändern.

Friedrich Merz sitzt heute als CDU- und Fraktionsvorsitzender viel fester im Sattel als Angela Merkel damals. Ex-Kanzler Helmut Kohl hatte Spenden für die CDU auf Sonderkonten geparkt, die nicht im Rechenschaftsbericht der Partei ausgewiesen worden waren, aber für Parteizwecke verwendet wurden. Zusammengekommen war eine Summe von mindestens 1,5 bis zwei Millionen DM, deren Geldgeber Kohl jedoch nie namentlich preisgab. Gemessen an den heutigen Dimensionen erscheinen die versteckten rund zwei Millionen DM Spendengelder wie Peanuts. Wo ist jetzt Friedrich Merz, der 16 Jahre von der Seitenlinie zuschaute und die ganze Zeit überzeugt war, der bessere Parteivorsitzende, der bessere Kanzler zu sein? Dass Merkel ihn 2002 als Fraktionschef absetzte, weil für sie Partei- und Fraktionsvorsitz in eine Hand gehörten, hat er ihr nie verziehen.

Als Oppositionsführer könnte Friedrich Merz leicht einen Untersuchungsausschuss im Bundestag beantragen, der die Russlandpolitik der großen Koalition Revue passieren lässt. Neben der SPD könnte dann der bayerische Ministerpräsident Markus Söder von der CSU erläutern, warum er sich nicht gegen alle Versuche verwahrt hat, die westlichen Sanktionen nach der Krim-Annexion aufzuweichen, und warum er seinen damaligen Parteifreund Peter Gauweiler nicht in die Schranken gewiesen hat, als er genau dies versuchte. Gauweiler, der ein halbes Jahr nach der Okkupation auf die Halbinsel fahren wollte, daran aber von Bundestagspräsident Norbert Lammert gehindert worden war, flog stattdessen nach Moskau, wo er kräftig gegen die Europäische Union austeilte. Die Sanktionspolitik sei eine feige Politik, die in die falsche Richtung ginge. Außerdem traf sich der stellvertretende CSU-Vorsitzende mit dem damaligen Parlamentspräsidenten Sergej Naryschkin, jenem Mann, der acht Jahre später Weltberühmtheit erlangen sollte, weil Putin ihn drei Tage vor dem Überfall auf die Ukraine abkanzelt wie einen Schulbuben.

Vor laufenden Kameras lässt der russische Präsident die Mitglieder des Sicherheitsrates im Kreml aufsagen, was sie von der derzeitigen Lage in der Ukraine und den sogenannten Donezker und Luhansker Volksrepubliken halten und zu unternehmen gedenken. Er habe sich mit ihnen bewusst vorher nicht beraten, sagt Putin zu Beginn. Die Anwesenden sitzen mehrere Meter von seinem Schreibtisch entfernt in einer Art Stuhlkreis vor ihm. Nun ist es am Ministerpräsidenten, am Verteidigungs-, Außen- und Innenminister, an den Vorsitzenden der beiden Parlamentskammern, an den Chefs der Geheimdienste zu wiederholen, was Putin quasi in einem Nebensatz vorgegeben hat.

Sie sollen vorschlagen, die Unabhängigkeit der beiden Donbass-Republiken anzuerkennen. Im Namen des Sicherheitsrats sollen sie diesen Vorschlag dann der Duma unterbreiten, die wiederum ihn, den Präsidenten, darum bittet, Selbiges zu tun. Der Präsident gibt also vor, was Sicherheitsrat und Duma machen sollen, und demonstriert so in aller Öffentlichkeit, dass die Gewaltenteilung in Russland außer Kraft ist. Sergej Naryschkin, den Peter Gauweiler in Moskau kurz nach dem Beginn des Krieges in der Ostukraine im Jahr 2014 noch als Duma-Vorsitzenden getroffen hatte, ist inzwischen an der Spitze des Auslandsgeheimdienstes SWR. Er versteht das Ansinnen seines Präsidenten in der live im Fernsehen übertragenen Sitzung nicht auf Anhieb. So schlägt er zunächst vor, es weiter mit Verhandlungen und dem Minsker Friedensprozess zu versuchen, und ist sichtbar verunsichert. Als Putin erkennt, dass sein SWR-Mann das Ziel zu verfehlen droht, examiniert er Naryschkin – und die ganze Welt kann mitverfolgen, wie Putin ihn auf Kurs bringt.

Putin verfolgt nicht nur aufmerksam, wie jeder nachfolgende Redner und die treue Vorsitzende des Föderationsrates, Walentina Matwijenko, ihr Verslein vortragen. Er sorgt auch dafür, dass sich die Vertreter des Donbass mit einem »Hilferuf« an Moskau wenden, worauf er als Oberbefehlshaber seine Truppen in Bewegung setzen kann.

Hätte Gauweiler schon 2014 den von Moskau unterstützten Krieg der prorussischen Separatisten kritisiert und angesprochen, dass die Sanktionen angesichts des Völkerrechtsbruchs durch die Okkupation der Krim eine viel zu lasche Reaktion waren, stünde er heute auf der richtigen Seite der Geschichte. Was war sein Motiv, Russland zu schonen? Warum rief Söder seinen Vize damals nicht zurück?

Auch wenn sich Söder und Armin Laschet im Bundestagswahlkampf 2021 bekriegten – in der Russland-Politik waren sie oft nicht weit voneinander entfernt. Laschet rief nur wenige

Tage nach der Krim-Annexion in der *Frankfurter Allgemeinen Zeitung* dazu auf, Putin nicht zu dämonisieren. Er warnte vor einem »Anti-Putin-Populismus« und plädierte dafür, sich doch in den Gesprächspartner hineinzuversetzen, selbst wenn das Referendum auf der Krim, mit dem der Kreml sich die Halbinsel einverleibte, »eindeutig völkerrechtswidrig« sei. Der Mann aus Aachen forderte mehr Einfühlungsvermögen für einen Präsidenten, der sich gerade als Aggressor zu erkennen gegeben hat, indem er zum ersten Mal seit dem Ende des Zweiten Weltkrieges Europas Grenzen verschob. Gedacht hat Laschet, wie die allermeisten deutschen Politiker, denen schon die Sanktionen viel zu weit gingen, in erster Linie an die Wirtschaft und die über 1000 Unternehmen in Nordrhein-Westfalen, die Handelsbeziehungen mit Russland unterhielten. Ähnlich unsicher wie bei der Annexion der Krim war er auch nach dem Anschlag auf Sergej Skripal und dessen Tochter in Großbritannien, bei dem russische Auftragsmörder den Chemiekampfstoff Nowitschok einsetzten. Die zeitgleiche Ausweisungsaktion von Diplomaten aus Großbritannien, Frankreich, den USA und Deutschland versah Laschet auf Twitter mit einem Fragezeichen. »Wenn man fast alle NATO-Staaten zur Solidarität zwingt, sollte man dann nicht sichere Belege haben? Man kann zu Russland stehen, wie man will, aber ich habe im Studium des Völkerrechts einen anderen Umgang der Staaten gelernt.«

Eine noch peinlichere Vorstellung gab Laschet als Ministerpräsident Nordrhein-Westfalens auf dem Petersburger Dialog 2019 in Königswinter bei Bonn. Windelweich mahnte der Gastgeber, dass man die Bande zwischen Deutschland und Russland »stärker knüpfen und die Verständigung intensivieren« müsse, auch wenn das Trennende offen anzusprechen sei. Das Werfen mit Wattebällchen hätte mehr Aufmerksamkeit erregt, als dieser halbherzige Versuch, den russischen Delegierten ins Gewissen zu reden. Laschet merkte nicht, dass er mit so viel Appeasement dem deutschen Außenminister auf offener Bühne in den Rücken fiel, denn der in Bezug auf Russland anfangs standfeste Heiko Maaß von der SPD hatte seinen Kollegen Lawrow gerade noch aufgefordert, die ausgestreckte Hand des damals neuen ukrainischen Präsidenten Wolodymyr Selenskyj zu ergreifen und sich in puncto Ostukraine anzunähern. Laschet setzte Lawrow auch nichts entgegen, als der den Anwesenden in Königswinter die altbekannte Lüge auftischte, dass Russland den Donbass vor Neonazis geschützt habe. Die russische Seite durfte ausführlich ihr Leid klagen, wie müde sie von den Sanktionen sei, wie misslich sich vor allem auswirke, dass die EU russischen Firmen Kredite für Investitionen vorenthielt, wie sehr die russische Bevölkerung unter den von Moskau verhängten Gegensanktionen leide, weil Lebensmittel wie Käse, Milchprodukte, Obst oder Gemüse nicht mehr aus der EU eingeführt werden dürften. Kein Wort über die Tausenden ukrainischen (!) Toten, die der inzwischen fünf Jahre während Krieg im Donbass bereits gefordert hat. Die Organisatoren des Petersburger Dialogs schafften es nicht, das eigentliche Problem, die russische Interventions- und Expansionspolitik gegen die Ukraine auf die Tagesordnung zu setzen. Das Treffen war eine reine Alibi-Veranstaltung, nützlich vor allem für den Kreml, der zeigen konnte, dass er mitnichten international isoliert ist.

Noch bei den Vorstellungsrunden zur Wahl des CDU-Vorsitzenden 2020 setzte sich Laschet für die Vollendung des Nord-Stream-2-Projektes ein, während seine Mitbewerber deutlich trittsicherer auf dem Gebiet der Russland-Politik waren. Norbert Röttgen forderte einen Baustopp, Merz ein zweijähriges Moratorium, auch um die Vergiftung des Oppositionellen Alexej Nawalny am 20. August 2020 zu sanktionieren.

Es sieht nicht danach aus, als würde sich die Union zu einer Aufarbeitung der vergangenen 16 Jahre aufraffen. Angela Merkels Russlandpolitik belaste den Neuanfang der Partei mit

Friedrich Merz an der Spitze ja gar nicht, findet Generalsekretär Mario Czaja. Wenn amtierende Politiker ihr Handeln in der Vergangenheit heute anders bewerteten und dafür auch Verantwortung übernähmen, nötige ihm das großen Respekt ab, sagt er mit Blick auf Bundespräsident Frank-Walter Steinmeier. Und über die Kanzlerin a. D.: Sie sei im Ruhestand, habe sich klar gegen den russischen Krieg positioniert, und damit deutlich gemacht, wofür sie stehe. »Das ist ausreichend.«

Der CDU-Landesverband Nordrhein-Westfalen sieht mehr Aufklärungsbedarf bei der SPD: Deren Spitzenkandidat bekommt im April 2022 – kurz vor den Landtagswahlen – einen Fragenkatalog zur »Russland-Connection« seiner Partei. Der angesprochene Thomas Kutschaty fasst die Fragen als Vorwürfe auf und weist sie allesamt zurück. Seit 160 Jahren, solange die SPD bestehe, gäbe es die immer gleichen Verleumdungen seiner Partei. Er tut sie ab als das übliche Wahlkampfgetöse, zumal sich die Bundes-CDU auffällig nachsichtig zeigt. Mario Czaja billigt Bundespräsident Steinmeier zu, bereits Verantwortung übernommen zu haben. Aber in welcher Weise? Was folgt für den ehemaligen Außenminister, Fraktions- und Kanzleramtschef, der die fragwürdige und gefährliche Russlandpolitik jahrzehntelang maßgeblich mitbestimmte? Welche Konsequenzen zieht er daraus, dass in der Bundesrepublik eine nie dagewesene Energieunsicherheit herrscht, die selbst die Ölkrise 1973 in den Schatten stellt?

Ein Gradmesser für den Umgang der SPD mit ihrer Vergangenheit dürfte auch die Schweriner Klima- und Umweltstiftung werden. Die Weigerung der Staatskanzlei, Aufzeichnungen über die Stiftung herauszugeben, der Verweis auf plötzlich wie vom Erdboden verschluckte Akten sowie das Schwarze-Peter-Spiel von Ministerpräsidentin Manuela Schwesig verheißen nichts Gutes. Angela Merkel und Olaf Scholz als ehemaliger Vizekanzler kannten die Pläne der Stiftung, einschließlich der Summen, mit denen sie von der russischen Gazprom ausgestattet wurde. Warum ließen sie zu, dass ein russisches Unternehmen die deutsche Politik kapern konnte? Inwieweit die Schweriner Landespolitik strafrechtlich zu belangen ist, wird sich zeigen. Finanzbeamte und Anwälte untersuchen bereits, ob die Stiftung für das Startkapital von 20 Millionen Euro aus Russland Schenkungssteuern hätte entrichten müssen. In Schwerin hat das politische Nachspiel längst begonnen. Die Landtags-Grünen, die nicht für die Stiftung gestimmt hatten, sind sich mit der Bundespartei darüber einig, dass die Verquickung zwischen der Schweriner Landesregierung und dem russischen Staatskonzern Gazprom als »verheerend« bezeichnet werden muss. Sie fordern, diesen Komplex endlich aufzuarbeiten.

Ob es tatsächlich eine Aufklärung geben wird und ob Manuela Schwesig sie politisch überlebt, hängt keineswegs nur von ihr selbst ab, sondern ebenso von ihrer Partei, als deren Hoffnungsträgerin sie seit Jahren gilt. Zum ersten Mal erlebt die fulminante Wahlsiegerin aus dem September 2021, dass ihr die Felle davonschwimmen. Um nicht unterzugehen, klammert sie sich an ihren früheren Energieminister Christian Pegel und drückt ihn damit bildlich gesprochen unter Wasser. Von ihm sei die Initiative für die Stiftung ausgegangen. Wer solche Genossinnen hat, braucht keine Feinde mehr. Als problematisch könnte sich noch Schwesigs Ziehvater Erwin Sellering erweisen, der am liebsten gar keine Informationen über die seiner Meinung nach privatrechtliche Stiftung preisgeben möchte. Ganz gleich, ob das Landgericht darauf besteht. Der ehemalige Verwaltungsrichter ist zudem dagegen, das Millionenkapital der Stiftung als Aufbauhilfe für die Ukraine herauszugeben. Auch der doppelte Stiftungszweck bedarf einer genaueren Untersuchung. Offiziell als Klima- und Umweltschutzorganisation gestartet, ist jetzt schwer zu verstehen, warum sich dieses Arbeitsziel erledigt hat und die Stiftung in Windeseile abgewickelt werden soll. Dass Schwesig sie lieber heute als morgen beerdigen möchte, ist aus ihrer Sicht verständlich, schließlich könnte sie über die Gazprom-Stiftung nicht nur stolpern, sondern fallen.

Die Vergangenheit lehrt, dass ein Untersuchungsausschuss nicht unbedingt das Forum ist, in dem man wirklich etwas über frühere Fehler der Politik erfährt, um aus ihnen lernen zu können. Leider werden in derartigen Kontrollgremien eher Theaterstücke mit nach Parteibüchern verteilten Rollen aufgeführt. Helmut Kohl hat die Namen der Spender nie preisgegeben, und bei Steinmeier konnte man 2008 im Murat-Kurnaz-Untersuchungsausschuss verfolgen, wie man es fertigbringt, möglichst wenig aufzuklären. Steinmeier kam jedenfalls zu dem Schluss, dass er sich völlig korrekt verhalten habe, und zog das Fazit: bedauern, ja – entschuldigen, nein.

Eine Enquete-Kommission mag sehr viel gründlicher vorgehen, deswegen wird sie in der CDU erwogen. Doch wer kennt zum Beispiel die Ergebnisse der jüngsten, die sich mit der »Berufliche[n] Bildung in der digitalen Arbeitswelt« befasste? Wem ist die Untersuchung der Enquete-Kommission zur künstlichen Intelligenz bekannt? Wohl nur besonders Interessierten. Bei der Aufarbeitung der SED-Diktatur haben sich Experten, Politiker und Zeitzeugen in gleich zwei Kommissionen mit der dunklen DDR-Geschichte befasst. Die beiden Abschlussberichte waren je rund 300 Seiten stark. Nur gelesen haben sie vermutlich nicht besonders viele Bürgerinnen und Bürger.

Bleiben die parteiinternen Geschichtskommissionen. Alles, was dazu aus der SPD zu hören ist, klingt nach Abwehr.

Vielleicht wäre ein Anfang gemacht, wenn sich die SPD erst einmal ihres Ex-Kanzlers als Altlast entledigen würde. Allem Anschein nach ist das leichter gesagt als getan, selbst wenn die meisten Mitglieder Schröders Verhalten als parteischädigend bewerten. Da mea culpa nicht sein Ding sei, wie er am 23. April 2022 erklärte, hat die Partei-Co-Vorsitzende Saskia Esken das

Mikadospiel in ihrer Parteispitze beendet und Gerhard Schröder zum Austritt aufgefordert. SPD-Co-Chef Lars Klingbeil, der früher im Wahlkreisbüro von Schröder angestellt war, konnte sich nicht dazu durchringen. Auch Generalsekretär Kevin Kühnert war gegen ein Ausschlussverfahren, angeblich, weil Schröder den Prozess als Bühne missbrauchen könnte. Stefan Weil, Ministerpräsident in Niedersachsen, mochte nicht einmal die Landesmedaille von ihm zurückfordern, Bundespräsident Steinmeier habe ja auch dessen Bundesverdienstkreuz nicht aberkannt. Für Esken jedoch war das Fass übergelaufen, als Schröder seinen Freund Putin gegen den Vorwurf der Kriegsverbrechen in Schutz nahm. In der Schiedskommission Hannover häufen sich die Anträge mehrerer Orts- und Landesverbände für ein Parteiausschlussverfahren, also Schröders Rauswurf. Nirgendwo kann sich der ehemalige Bundeskanzler mehr blicken lassen, denn er hat nicht nur seinen Ruf ruiniert, sondern den seines Landes gleich mit, an dessen Wohl ihm angeblich liegt. Mittlerweile wird er wohl nur noch in Russland mit offenen Armen empfangen.

Gerhard Schröders Ausschluss aus der SPD, die derzeit immerhin die Regierung führt, wäre noch kein Befreiungsschlag. Aber er könnte ein Zeichen sein für die Aufarbeitung einer Politik, die Deutschland einen immensen Ansehensverlust bescherte und sich für die Ukraine als verhängnisvoll erwiesen hat. Russlands Krieg gegen die Ukraine geht für die SPD mit einer Trennung einher. Sie muss ihre bisherige Ostpolitik hinter sich lassen, was ihr schwerfällt, schließlich war sie lange eine Art Alleinstellungsmerkmal der Partei. Die Genossen haben sich Jahrzehnte zugutegehalten, dass sie Russland und zuvor die Sowjetunion weitaus besser verstehen als die anderen deutschen Parteien in der Mitte. Die CDU-geführten Bundesregierungen haben diesen Kurs fortgeführt, lange gemeinsam mit der SPD. Dass sich nun ausgerechnet die Russlandpolitik als größte Schwachstelle der deutschen Außen- und Sicherheitspolitik erweist, ist für die in der Verantwortung stehenden Parteien schwer zu verkraften. Die angebliche gegenseitige Abhängigkeit – Russland von den Energieeinnahmen, Deutschland von Erdgas, Erdöl und Kohle – war eine falsche Annahme, denn sie hat immer vorausgesetzt, dass Moskaus Geschäftsinteressen ebenso groß wie die Berlins sind. Der Überfall auf die Ukraine hat Deutschland eines Besseren belehrt: Russlands Wirtschaft muss hinter Putins Imperialismus zurücktreten. Noch wehren sich die Sozialdemokraten gegen eine grundlegende Neubewertung ihrer altbewährten Russlandstrategie. Der Abschiedsschmerz ist allgegenwärtig. Dass ihn die Älteren stärker spüren als die Jüngeren, liegt auf der Hand. Doch um ihrer Zukunft willen sollte die Partei sich dringend mit diesem Kapitel beschäftigen. Sie droht sonst die jungen Parteimitglieder zu verlieren, die erwarten, dass deutsche Ostpolitik eine europäische Politik werden muss, die Osteuropa und die Ukraine mit einschließt.

Die Europäische Union und das transatlantische Bündnis entfalten dann ihre Stärke und Überzeugungskraft, wenn die Länder füreinander einstehen. Diese große demokratische Macht hat das Potential, der Ukraine zu helfen, den Krieg zu gewinnen, zu überleben. Sie hat die wirtschaftliche Fähigkeit, über einen langen Zeitraum Waffen zu liefern, auch ohne Russlands fossile Brennstoffe auszukommen und Kiew bei Friedensverhandlungen den Rücken zu stärken. Wann und über welche Gebiete die Unterhändler mit Russland sprechen, entscheiden die Politiker und Politikerinnen in Kiew. Die EU wird der Ukraine helfen, Teil der europäischen Familie zu werden in dem gemeinsamen europäischen Haus, das der sowjetische Präsident Gorbatschow so gern mit bewohnt hätte, in dem sich Putins Russland aber nicht einrichten möchte.

Quellen

Die Autorin greift auf Interviews und Recherchen zurück, die sie im Rahmen ihrer Arbeit als Osteuropa-Korrespondentin des Deutschlandfunks durchgeführt hat. Zitate und Wortlaute aus dem Russischen hat sie selbst übersetzt. Die Angabe der Quellen erfolgt kapitelweise und in der Reihenfolge, wie sie im Text erscheinen.

Das Trauerspiel

Robert Habeck im Gespräch mit Philipp May, Deutschlandfunk, 26.5.2021, online abrufbar: https://www.deutschlandfunk.de/habeck-gruene-zu-waffenlieferungen-an-ukraine-die-ukraine-100.html

SPD-Fraktion: Waffenlieferungen dürfen Konflikte nicht anheizen, dpa, 26.5.2021

Nina Breher: »Kälte, Unkenntnis und Verzerrung der Fakten«: FDP-Frau Strack-Zimmermann weist Michael Müllers Vorwürfe nach Ukraine-Reise zurück, Tagesspiegel, 22.4.2022, online abrufbar: https://checkpoint.tagesspiegel.de/langmeldung/4JvR25Hq4XqBgh7VWm96j8?utm_medium=social-button-nl-web

Sevim Dagdelen, Deutscher Bundestag, Auswärtiger Ausschuss, 26.5.2021, online abrufbar: https://www.sevimdagdelen.de/habecks-kriegsapologetik-ist-eine-gefahr-fuer-die-sicherheit-in-europa

Daria Kaleniuk, Twitter, 24.1.2022 [nicht mehr verfügbar]

Ukrainer sauer auf Deutschland. Klitschko: »5.000 Helme sind ein absoluter Witz«, t-online, 26.1.2022, online abrufbar: https://www.t-online.de/nachrichten/ausland/id_91551430/vitali-klitschko-deutsche-helmlieferung-an-ukraine-ist-ein-absoluter-witz-.html

Tschetschenien als Blaupause für die Ukraine

Jens Høvsgaard: Gier, Gas und Geld. Wie Deutschland mit Nord Stream Europas Zukunft riskiert, München 2019

Maria Scholobowa / Roman Badanin: Chechen Leader Ramzan Kadyrov Has a Second Wife — And Her Properties Are Worth Millions, Recherchegruppe »Projekt«, 7.4.2021, online abrufbar: https://maski-proekt.media/ramzan-kadyrov-family

Putin, Schröder, Warnig – ziemlich clevere Freunde

Jens Høvsgaard: Gier, Gas und Geld. Wie Deutschland mit Nord Stream Europas Zukunft riskiert, München 2019

Oliver Stock: Russische Seele, Handelsblatt, 12.1.2007, online abrufbar: https://www.handelsblatt.com/unternehmen/management/matthias-warnig-russische-seele/2755000.html

Andreas Nölting/Arne Stuhr: »Sollten wir uns als Oberrichter aufspielen?«, manager magazin, 23.2.2005, online abrufbar: https://www.manager-magazin.de/unternehmen/artikel/a-343372.html

Katrin Bennhold: The Former Chancellor Who Became Putin's Man in Germany, The New York Times, 23.4.2022, online abrufbar: https://www.nytimes.com/2022/04/23/world/europe/schroder-germany-russia-gas-ukraine-war-energy.html

Hans Michael Kloth: Indirekter Hitler-Vergleich. Polnischer Minister poltert gegen Schröder und Merkel, Spiegel Online, 30.4.2006, online abrufbar: https://www.spiegel.de/wirtschaft/indirekter-hitler-vergleich-polnischer-minister-poltert-gegen-schroeder-und-merkel-a-413931.html

Tagesschau: Es begann mit Schröder, 23.2.2022, online abrufbar: https://www.tagesschau.de/inland/innenpolitik/nordstream2-chronologie-101.html

Merkels Nein zu Kiews NATO-Mitgliedschaft

Wiktoria Bieliaszy: Einblicke in das System Putin. Interview mit Igor Wolobujew, Die Welt/Gazeta Wyborcza, 20.5.2022, übersetzt aus dem Polnischen von Klaus Geiger, online abrufbar: https://www.welt.de/politik/ausland/plus238863433/Krieg-in-der-Ukraine-Bei-Gazprom-sprachen-wir-gern-von-der-Schroederisierung-Europas.html?

Hannes Adomeit: Russische Militär- und Sicherheitspolitik. In: Heiko Pleines/Hans-Henning Schröder (Hrsg.): Länderbericht Russland. Bundeszentrale für politische Bildung, Bonn 2010, S. 268f.

Jens Høvsgaard: Gier, Gas und Geld. Wie Deutschland mit Nord Stream Europas Zukunft riskiert, München 2019

Sven Felix Kellerhoff: Was diese Notiz über die Nato-Osterweiterung tatsächlich bedeutet, Die Welt, 18.2.2022, online abrufbar: https://www.welt.de/geschichte/article237005361/Archivfund-Was-die-Notiz-ueber-die-Nato-Osterweiterung-bedeutet.html

Andreas von Westphal: Die Wurzeln des Misstrauens. Russland und die Deutsche Einheit 1990, Feature, Deutschlandfunk, 10.12.2019, online abrufbar: https://www.hoerspielundfeature.de/russland-und-die-deutsche-einheit-1990-die-wurzeln-des-100.html; https://assets.deutschlandfunk.de/c6595e5c-a1e6-4f16-85ef-47fed691e430/original.txt

Ralf Fücks/Christoph Becker: Faktencheck: Kreist die NATO Russland ein?, Russland verstehen. Ein Projekt von Zentrum Liberale Moderne, 15.1.2019, online abrufbar: https://russlandverstehen.eu/fuecks-becker-faktencheck-einkreisung-russland-nato

Petro Poroschenko im Interview mit Udo Lielischkies, ARD/WDR, 30.11.2014, online abrufbar: https://www1.wdr.de/unternehmen/der-wdr/unternehmen/interviewporoschenko100.html

Paul Flückiger: Ukraine gibt Blockfreiheit auf und will in die Nato, Tagblatt, 24.12.2014, online abrufbar: https://www.tagblatt.ch/international/ukraine-gibt-blockfreiheit-auf-und-will-in-die-nato-ld.696340

»Ich lade Frau Merkel ein, Butscha zu besuchen.«, Wolodymyr Selenskyj, Videobotschaft, tagesschau, 4.4.2022, online abrufbar: https://www.tagesschau.de/ausland/ukraine-selenkyj-merkel-sarkozy-101.html

Angela Merkel im Gespräch mit Alexander Osang, Berliner Ensemble, 7.6.2022, online abrufbar: https://www.ardmediathek.de/video/phoenix-vor-ort/angela-merkel-im-gespraech/phoenix/Y3JpZDovL3BvB2VuaXguZGUvMjgyMDAxOQ

Die Ukraine – ein Juwel in Putins Zarenkrone

Sabine Adler: EU-Gipfel. Europa steckt in einem kalten Krieg, Deutschlandfunk Kultur, 29.11.2013, online abrufbar: https://www.deutsch-
landfunkkultur.de/eu-gipfel-europa-steckt-in-einem-kalten-
krieg-100.html

Sabine Adler: Wie stark sind die Rechtsradikalen in der Ukraine?,
Deutschlandradio Berlin, 5.3.2014

Euromaidan: Keine extremistische, sondern freiheitliche Massen-
bewegung, Heinrich Böll Stiftung, 20.2.2014, online abrufbar:
https://www.boell.de/de/2014/02/20/euromaidan-freiheitliche-
massenbewegung-zivilen-ungehorsams

Ex-Präsident der Ukraine Viktor Janukowitsch in Abwesenheit zu
13 Jahren Gefängnis verurteilt, hromadske, 24.1.2019, online abrufbar: https://hromadske.ua/ru/posts/eks-prezydenta-ukrayny-
yanukovycha-pryhovoryly-k-13-hodam-tiurmy

Nils Casjens/Polina Davidenko/Johannes Edelhoff/John Goetz/Johan-
nes Jolmes: Putsch in Kiew: Welche Rolle spielen die Faschisten?,
ARD/Panorama, 6.3.2014, online abrufbar: https://daserste.ndr.
de/panorama/archiv/2014/Putsch-in-Kiew-Welche-Rolle-spielen-
die-Faschisten,ukraine357.html

Sabine Adler: Die Krim schließt sich Russland an, Deutschlandfunk,
6.3.2014

Sabine Adler: Vom Maidan auf die Krim, Deutschlandradio Kultur,
10.3.2014

Sabine Adler: Diplomatische Beziehungen um die Krim zeigen keine
Wirkung, Deutschlandfunk, 9.3.2014

Das Krim-Referendum – eine Abstimmung
unter russischer Besatzung

Jochen Gaugele: Michael Kretschmer: »Die DDR war ein Unrechtsstaat«, Berliner Morgenpost, 8.10.2019

Thesen zum 50. Jahrestag der Berliner Mauer. Ein Positionspapier der
Genossinnen und Genossen Arnold Schoenenburg, Wolfgang
Dietrich, Torsten Koplin, Birgit Schwebs, Carsten Hanke, Birgit
Krause, Waltraut Tegge, Ingrid Memmrich, Wolfhard Goldbach,
Nico Burmeister, Ralf Malachowski, Gerd Walther, Barbara
Borchardt, Christoph Küsters und Michael Knischka, 13.8.2011,

online abrufbar: http://www.originalsozial.de/fileadmin/lv/
Dokumente/LPT08_2011/NEU_Thesen_zum_50._Jahrestag_der_
Berliner_Mauer_13072011.pdf
Sabine Adler: Krim-Referendum unter Kriegsgefahr, Deutschlandfunk,
14.3.2014, online abrufbar: https://www.deutschlandfunkkultur.de/
krim-referendum-unter-kriegsgefahr-102.html

Von Sanktionen und Sanktiönchen

Verordnung (EU) Nr. 208/2014 des Rates vom 5. März 2014 über res-
triktive Maßnahmen gegen bestimmte Personen, Organisationen
und Einrichtungen angesichts der Lage in der Ukraine, Amtsblatt
der Europäischen Union, online abrufbar: https://eur-lex.europa.
eu/legal-content/DE/TXT/?uri=CELEX%3A32014R0208
Verordnung (EU) Nr. 269/2014 des Rates vom 17. März 2014 über restrik-
tive Maßnahmen angesichts von Handlungen, die die territoriale
Unversehrtheit, Souveränität und Unabhängigkeit der Ukraine
untergraben oder bedrohen, Amtsblatt der Europäischen Union, online abrufbar: https://eur-lex.europa.eu/legal-content/DE/
TXT/?uri=CELEX:32014R0269
Josef Joffe: Die bizarre Russland-Apologetik der Linken, Zeit Online,
19.3.2014, online abrufbar: https://www.zeit.de/politik/
deutschland/2014-03/sahra-wagenknecht-krim-russland
Sabine Adler: Referendum unter Kriegsgefahr, Deutschlandfunk,
14.3.2014
Ann-Dorit Boy/Friedrich Schmidt/Andreas Ross/Majid Sattar/Nikolas
Busse: Ukrainischer Marine-Kommandeur läuft über, Frankfurter Allgemeine Zeitung, 2.3.2014, online abrufbar: https://www.
faz.net/aktuell/politik/ausland/europa/krim-krise-ukrainischer-
marine-kommandeur-laeuft-ueber-12828574.html
Daniel Romein: MH17 – Potential Suspects and Witnesses from
the 53rd Anti-Aircraft Missile Brigade, Bellingcat, 23.2.2016,
online abrufbar: https://www.bellingcat.com/news/uk-and-
europe/2016/02/23/53rd-report-en/
Daniel Wechlin: Die Spur nach Russland wird deutlicher, Neue
Zürcher Zeitung, 24.2.2016, online abrufbar: https://www.nzz.
ch/international/europa/die-spur-nach-russland-wird-deutlicher-
ld.100990

Oliver Kühn: »Die russische Führung ist schuld«, Frankfurter Allgemeine Zeitung, 24.2.2016, online abrufbar: https://www.faz.net/aktuell/politik/abschuss-von-mh17-die-russische-fuehrung-ist-schuld-14087907.html

Julian Hans: Absturz von MH 17: Immer weniger Verdächtige, Süddeutsche Zeitung, 25.2.2016, online abrufbar: https://www.sueddeutsche.de/politik/ukraine-konflikt-neuer-bericht-zu-mh-17-1.2878462

François Hollande: Les leçons du pouvoir, Paris 2018

Faschisten, Patrioten und Pazifisten

Sabine Adler: Wie stark sind die Rechtsradikalen in der Ukraine?, Deutschlandradio Berlin, 5.3.2014

Sabine Adler: Das Freiwilligen-Bataillon Rechter Sektor, Deutschlandfunk, 10.9.2014

Viktoria Kolomiets: Der ehemalige Führer des Rechten Sektors Dmytro Jarosch sagt, dass er Berater des Oberbefehlshabers der Streitkräfte wurde, hromadske, 2.11.2021, online abrufbar: https://hromadske.ua/ru/posts/eks-lider-pravogo-sektora-dmitrij-yarosh-govorit-chto-stal-sovetnikom-glavnokomanduyushego-vooruzhennyh-sil

Was erwartet die ukrainischen »Asow«-Kämpfer – der Austausch oder die russische Haft?, BBC News, 19.5.2022, online abrufbar: https://www.bbc.com/russian/features-61508642

Quo Vadis, Ukraine? Ein Jahr nach den Euromaidan-Protesten, Ukraine-Analysen, Nr. 142, 26.11.2014, online abrufbar: https://www.laender-analysen.de/ukraine/pdf/UkraineAnalysen142.pdf

Sabine Adler: Kremlkritikerin lässt sich nicht den Mund verbieten, Deutschlandfunk, 10.10.2014, online abrufbar: https://www.deutschlandfunk.de/reaktion-auf-russische-zensur-kreml kritikerin-laesst-sich-100.html

Aufruf für eine andere Russland-Politik: »Nicht in unserem Namen«, Der Tagesspiegel, 5.12.2014, online abrufbar: https://www.tagesspiegel.de/politik/aufruf-fuer-eine-andere-russland-politik-nicht-in-unserem-namen/11080534.html

Internationales Konservatives Forum in St. Petersburg, Coba, 1.4.2015, online abrufbar: https://www.sova-center.ru/racism-xenophobia/publications/2015/04/d31627/

Sabine Adler: Europas Ultra-Rechte treffen sich in Sank Petersburg, Deutschlandfunk Kultur, 21.4.2015, online abrufbar: https://www. deutschlandfunkkultur.de/russland-europas-ultra-rechte-treffen-sich-in-sankt-100.html

Klaus Rimpel: »Enormer Sprengstoff für die westliche Welt« – Le Pen hat noch massive Schulden in Russland, Merkur, 24.4.2022, online abrufbar: https://www.merkur.de/politik/frankreich-wahl-le-pen-macron-praesident-russland-europa-kreml-putin-russland-91496277.html

Bahr, Eppler, Schmidt und Schröder – das Quartett der eitlen Alten

Ian Kershaw: Hitler 1889 – 1945, München 2009

Christoph von Marschall: Putin gibt Polen Mitschuld am Zweiten Weltkrieg, Der Tagesspiegel, 7.1.2020, online abrufbar: https://www.tagesspiegel.de/politik/geschichtsstreit-putin-gibt-polen-mitschuld-am-zweiten-weltkrieg/25397584.html

Erhard Eppler: »Waffenruhe nutzen«, resonanzboden. Der Blog der Ullstein Buchverlage, 23.10.2014, online abrufbar: https://www.resonanzboden.com/echtzeit/erhard-eppler-waffenruhe-nutzen/

Dietmar Neuerer: Die Rechtsverdreher. Völkerrecht und die Krim-Krise, Handelsblatt, 13.3.2014, online abrufbar: https://www.handelsblatt.com/politik/international/voelkerrecht-und-die-krim-krise-die-rechtsverdreher/9605122.html

Auszüge aus der Joschka Fischer-Rede, Der Spiegel, 13.5.1999, online abrufbar: https://www.spiegel.de/politik/deutschland/wortlaut-auszuege-aus-der-fischer-rede-a-22143.html

»Davon wird Putin nicht zittern«, Egon Bahr im Gespräch mit Jürgen Zurheide, Deutschlandfunk, 26.7.2014, online abrufbar: https://www.deutschlandfunk.de/eu-sanktionen-davon-wird-putin-nicht-zittern-100.html

Der Streit der Ideologien und die gemeinsame Sicherheit, Politikinformationsdienst der SPD, NR. 3, 3.8.1987, online abrufbar: http://library.fes.de/library/netzquelle/ddr/politik/pdf/verfemte_4.pdf

Daniel Friedrich Sturm: Die SPD und der »Wandel durch Anbiederung«, Die Welt, 20.5.2018, online abrufbar: https://www.welt.de/politik/deutschland/article176522859/Russland-Politik-SPD-und-der-Wandel-durch-Anbiederung.html

Johano Strasser: Rolf Reißig: Dialog durch die Mauer. Die umstrittene Annäherung von SPD und SED, Buchbesprechung, Deutschlandfunk, 23.9.2002, online abrufbar: https://www.deutschlandfunk.de/rolf-reissig-dialog-durch-die-mauer-die-umstrittene-100.html

Franz Walter: Wie SPD und SED die DDR destabilisierten, Der Spiegel, 26.8.2007, online abrufbar: https://www.spiegel.de/politik/deutschland/20-jahre-dialogpapier-wie-spd-und-sed-die-ddr-destabilisierten-a-502059.html

Daniel Friedrich Sturm: Die eitlen Alten der SPD nerven, Die Welt, 20.5.2014, online abrufbar: https://www.welt.de/debatte/kommentare/article128229260/Die-eitlen-Alten-der-SPD-nerven.html

Harald Wiederschein: Helmut Schmidt sagt: Die Ukraine ist keine Nation! Stimmt das überhaupt?, Focus Online, 21.5.2014, online abrufbar: https://www.focus.de/wissen/mensch/umstrittene-these-des-altbundeskanzlers-ist-die-ukraine-ueberhaupt-eine-nation_id_3859492.html

Deutsche Geschäfte im Sinne des Kremls

Julia Smirnova: Gabriel spielt in Moskau den Gerhard Schröder, Die Welt, 29.10.2015, online abrufbar: https://www.welt.de/politik/ausland/article148156440/Gabriel-spielt-in-Moskau-den-Gerhard-Schroeder.html

Katrin Bennhold: The Former Chancellor Who Became Putin's Man in Germany, The New York Times, 23.4.2022, online abrufbar: https://www.nytimes.com/2022/04/23/world/europe/schroder-germany-russia-gas-ukraine-war-energy.html

abgeordnetenwatch.de, Twitter, 23.4.2022, online abrufbar: https://twitter.com/a_watch/status/1517967584032956418

Platzeck: Krim-Annexion nachträglich legalisieren, Frankfurter Allgemeine Zeitung, 18.11.2014, online abrufbar: https://www.faz.net/aktuell/politik/affront-gegen-merkel-platzeck-krim-annexion-nachtraeglich-legalisieren-13273424.html

SPD-Politiker Platzeck nimmt Aussagen zur Krim zurück, Der Spiegel, 19.11.2014, online abrufbar: https://www.spiegel.de/politik/deutschland/matthias-platzeck-rudert-in-debatte-um-krim-annexion-zurueck-a-1003829.html

Ukraine-Eklat: Diese Aussagen von Marinechef Kay-Achim Schön-
    bach sorgen für Empörung, YouTube, 21.1.2022, online abrufbar:
    https://www.youtube.com/watch?v=MhpA3D7nZcc
Claudia Kade: Rüstung für Ukraine? »Deutschland sollte strikte
    Anti-Haltung aufgeben«, Die Welt, 23.1.2022, online abrufbar:
    https://www.welt.de/politik/deutschland/article236419637/
    Ampel-Ruestung-fuer-Ukraine-Deutschland-sollte-Anti-Haltung-
    aufgeben.html
Harald Kujat im Interview mit Judith Rakers, Tageschau24,
    23.1.2022
Rüdiger Lucassen/Joachim Wundrak: Fall Schönbach zeigt den Irrweg
    einer wertebasierten Außenpolitik, Alternative für Deutschland,
    Kreisverband Hochtaunus, 23.1.2022, online abrufbar: https://
    www.afd-hochtaunus.de/blog/2022/01/23/ruediger-lucassen-
    joachim-wundrak-fall-schoenbach-zeigt-den-irrweg-einer-
    wertebasierten-aussenpolitik
Steinmeier warnt vor schärferen Russland-Sanktionen, Der Spiegel,
    19.12.2014, online abrufbar: https://www.spiegel.de/politik/
    deutschland/russland-steinmeier-warnt-vor-schaerferen-
    sanktionen-a-1009491.html

Russlandtag und Klimastiftung
Claudia von Salzen: Mit freundlicher Unterstützung aus Moskau,
    Der Tagesspiegel, 20.9.2018, online abrufbar: https://www.
    tagesspiegel.de/themen/agenda/russlandtag-in-rostock-mit-
    freundlicher-unterstuetzung-aus-moskau/23077798.html
Russland-Tag Mecklenburg-Vorpommern. Plattform für den wirtschaft-
    lichen Austausch zwischen Mecklenburg-Vorpommern und dem
    Leningrader Gebiet, Ostinstitut Wismar, 17.10.2018, online abruf-
    bar: https://www.ostinstitut.de/russlandtag
Programm 3. Unternehmertag Russland in Mecklenburg-Vorpommern,
    17.10.2018, online abrufbar: https://www.russlandtag-mv.de/static/
    RLT/Dateien/pdf-Dokumente/STK_Konferenzunterlage_181011_
    DR.pdf
Almuth Knigge: Kritik am Rostocker Russlandtag, Deutschlandfunk,
    30.9.2014, online abrufbar: https://www.deutschlandfunk.de/
    wirtschaft-kritik-am-rostocker-russlandtag-100.html

Wladimir Putin, Rossija 24, 26.11.2010, online abrufbar: https://
www.youtube.com/watch?v=hrYTboeCpPQ

Wolfgang Kubicki im Gespräch mit Dirk-Oliver Heckmann,
Deutschlandfunk, 22.3.2018, online abrufbar: https://www.
deutschlandfunk.de/skripal-affaere-kubicki-kritisiert-den-westen-
wer-weiss-wer-100.html

Timo Lange: FDP: Wie weit reicht der Einfluss der russischen Gas-
lobby?, LobbyCONTROL, 24.11.2017, online abrufbar: https://
www.lobbycontrol.de/2017/11/fdp-wie-weit-reicht-der-einfluss-
der-russischen-gaslobby

Ist die neue Umweltstiftung von MV eine Mogelpackung, Herr
Sellering?, Ostsee-Zeitung, 17.2.2021, online abrufbar: https://
www.ostsee-zeitung.de/mecklenburg-vorpommern/ist-die-
neue-umweltstiftung-von-mv-eine-mogelpackung-herr-sellering-
2GX5ABVGB5K63MDMAFY4JZQBDM.html

Gefährlicher Hobbyhistoriker – Putin erklärt die Einheit von Russen und Ukrainern

Wladimir Putin: »Über die historische Einheit von Russen und
Ukrainern«, 12.7.2021, online abrufbar: http://kremlin.ru/events/
president/news/66181

Wolodymyr Selenskyj, Ansprache anlässlich des 1033. Jahrestages der
Taufe der Kiewer Rus, 28.7.2021, online abrufbar: https://www.
president.gov.ua/ru/news/ukrayina-kiyivska-rus-1033-zvernennya-
prezidenta-volodimira-69757

Oleksandr Tkachenko über Wladimir Putins Artikel »Über die historische Einheit von Russen und Ukrainern«, Ukrinform. Multi-
media-Plattform des ausländischen Rundfunks der Ukraine,
12.7.2021, online abrufbar: https://www.ukrinform.ru/rubric-
polytics/3279437-traktovka-istorii-v-state-putina-ne-originalna-
tkacenko.html

Shoigu befahl dem Militär, Putins Artikel über die Ukraine zu
studieren, RosBusinessConsulting, 15.7.2021, online abrufbar:
https://www.rbc.ru/politics/15/07/2021/60f0475d9a7947b
61f09f4be

Sabine Adler: Putins Geschichtsverständnis über die Ukraine, Deutschlandfunk, 26.7.2021

Wolodymyr Fesenko im Interview mit Michail Friedman, Doshd,
25.7.2021 [Der Sender Doshd ist inzwischen abgeschaltet, sein
Archiv ebenso.]

Leerstellen – Stalins Terror und der unbekannte Holocaust

Anne Applebaum: Roter Hunger. Stalins Krieg gegen die Ukraine,
München 2019

Corinna Kuhr-Korolev/Ulrike Schmiegelt-Rietig/Elena Zubkova/Wolf-
gang Eichwede: Raub und Rettung. Russische Museen im Zweiten
Weltkrieg, hrsg. Kulturstiftung der Länder und Stiftung Preußi-
scher Kulturbesitz, Köln 2019

Serhij Bilokin: Polina Kulschenko, Website Serhij Bilokin, online abrufbar: https://www.s-bilokin.name/Bio/Memoirs/Kulzhenko.html

Margaret Siriol Colley: More Than a Grain of Truth: The Biography of
Gareth Richard Vaughan Jones, Newark 2005

В Украине умерло от голода 140 тысяч немцев, Дело, Львов
14 февраля 1934

Patrick Desbois: Der vergessene Holocaust. Die Ermordung der ukrainischen Juden. Eine Spurensuche, übers. Hainer Kober, Berlin
2009

Sabine Adler: Massengräber werden Holocaust-Gedenkstätten,
Deutschlandfunk, 29.6.2015, online abrufbar: https://www.
deutschlandfunk.de/ukraine-massengraeber-werden-holocaust-
gedenkstaetten-100.html

Zur Zwangsauflösung der Menschenrechtsorganisation Memorial,
Pressemitteilung, Zentrum Liberale Moderne, 28.12.2021, online
abrufbar: https://libmod.de/pressemitteilung-menschenrechte-
russland-memorial-aufloesung/

Gabriel Berger: Umgeben von Hass und Mitgefühl. Jüdische Autono-
mie in Polen nach der Schoah 1945–1949 und die Hintergründe
ihres Scheiterns, Berlin 2016

Einseitige Rücksichtnahme aufgrund selektiver Erinnerung

Steinmeier kritisiert »Säbelrasseln« gegenüber Russland, Süddeutsche
Zeitung, 18.6.2016, online abrufbar: https://www.sueddeutsche.
de/politik/nato-in-osteuropa-steinmeier-kritisiert-saebelrasseln-
gegenueber-russland-1.3040243

Rede von Außenminister Frank-Walter Steinmeier an der Universität Jekaterinburg, Auswärtiges Amt, 15.8.2016, online abrufbar: https://www.auswaertiges-amt.de/de/newsroom/160815-bm-jekaterinburg/282744

Rede von Bundespräsident Dr. Frank-Walter Steinmeier zum 75. Jahrestag der Befreiung vom Nationalsozialismus und des Endes des Zweiten Weltkrieges in Europa, Die Bundesregierung, 8.5.2020, online abrufbar: https://www.bundesregierung.de/breg-de/service/bulletin/rede-von-bundespraesident-dr-frank-walter-steinmeier-1752232

Gedenkveranstaltung zum 80. Jahrestag der Massenmorde von Babyn Jar, Frank-Walter Steinmeier, Der Bundespräsident, 6.10.2021, online abrufbar: https://www.bundespraesident.de/SharedDocs/Reden/DE/Frank-Walter-Steinmeier/Reden/2021/10/211006-Ukraine-Babyn-Jar.html

Bettina Klein: Gezielter Putin-Hitler-Vergleich ist möglich, Deutschlandfunk, 11.6.2022, online abrufbar: https://www.deutschlandfunk.de/ukraine-historische-vergleiche-erlaubt-int-martin-schulze-wessel-historiker-dlf-c6715c55-100.html

Sabine Adler: »Ich war lebendig begraben«, Deutschlandfunk Kultur, 29.9.2016, online abrufbar: https://www.deutschlandfunkkultur.de/75-jahrestag-von-babi-jar-ich-war-lebendig-begraben-100.html

Timothy Snyder: Bloodlands. Europa zwischen Hitler und Stalin, München 2011

Mehr als nur Kunstraub – der Beutezug der Nazis durch die Ukraine

Sabine Adler: Verschleppt und versteckt. Nazi-Beutekunst aus der Ukraine, Deutschlandfunk Kultur, 8.12.2021, online abrufbar: https://www.deutschlandfunkkultur.de/verschleppt-und-versteckt-nazi-beutekunst-aus-der-ukraine-100.html

Nazarii Gutsul: Der Einsatzstab Reichsleiter Rosenberg und seine Tätigkeit in der Ukraine (1941–1944), Dissertation, Justus-Liebig-Universität Gießen, 2013, S. 159, online abrufbar: https://d-nb.info/1068591870/34

Alfred Rosenberg: Die Tagebücher von 1934 bis 1944, hrsg. v. Jürgen Matthäus und Frank Bajohr, Frankfurt am Main 2018

Hanns Christian Löhr: Kunst als Waffe. Der Einsatzstab Reichsleiter
Rosenberg. Ideologie und Kunstraub im »Dritten Reich«, Berlin
2018
Wolfgang Eichwede / Ulrike Hartung (Hrsg.): »Betr.: Sicherstellung«.
NS-Kunstraub in der Sowjetunion, Bremen 1998, S. 34

**Merkels kalter Abschied, der zähe Start von Bundeskanzler Scholz
und ein versenkter Joker**

Werner Schulz, Dankesrede zur Verleihung des Deutschen National-
preises, 14.6.2022
Pressekonferenz von Bundeskanzler Scholz und dem Präsidenten
der Vereinigten Staaten von Amerika Biden am 7. Februar 2022
in Washington, Die Bundesregierung, online abrufbar: https://
www.bundesregierung.de/breg-de/suche/pressekonferenz-von-
bundeskanzler-scholz-und-dem-praesidenten-der-vereinigten-
staaten-von-amerika-biden-am-7-februar-2022-in-washington-
2003648
Kriegserklärung. Die Ansprache des russischen Präsidenten am Morgen
des 24.2.2022, online abrufbar: https://zeitschrift-osteuropa.de/
blog/vladimir-putin-ansprache-am-fruehen-morgen-des-24.2.2022/
Polen kritisiert deutschen »Egoismus«, Tagesschau, 26.2.2022, online
abrufbar: https://www.tagesschau.de/ausland/europa/ukraine-
waffen-unterstuetzung-103.html
Scholz erklärt sich nach Kurswechsel in der Ukraine-Krise,
Die Zeit, 26.2.2022, online abrufbar: https://www.zeit.de/
politik/deutschland/2022-02/bundeskanzler-olaf-scholz-
regierungserklaerung-ukraine-russland
Anna-Nicole Heinrich im Gespräch mit Benedikt Schulz,
Deutschlandfunk, 17.4.2022, online abrufbar: https://www.
deutschlandfunk.de/anna-nicole-heinrich-praeses-evangelische-
kirche-deutschland-100.html

Die Zeitenwende-Rede

Regierungserklärung von Bundeskanzler Olaf Scholz, 27.2.2022,
online abrufbar: https://www.bundesregierung.de/breg-de/
aktuelles/regierungserklaerung-von-bundeskanzler-olaf-scholz-
am-27-februar-2022-2008356

Plenarprotokoll 20/19, Deutscher Bundestag, stenografischer Bericht, 19. Sitzung, 27.2.2022, online abrufbar: https://dserver.bundestag.de/btp/20/20019.pdf#P.1360

So haben sich die Spritpreis seit 1950 entwickelt, ADAC, 1.6.2022, online abrufbar: https://www.adac.de/verkehr/tanken-kraftstoff-antrieb/deutschland/kraftstoffpreisentwicklung/

Olaf Scholz im Interview mit Angela Ullrich, RBB, 13.3.2022, online abrufbar: https://www.youtube.com/watch?v=f1tbfhI1428

Sérgio Ferreira de Almeida: Von der Leyen verspricht Ukraine in Kiew raschen EU-Beitritt, euronews, 8.4.2022, online abrufbar: https://de.euronews.com/2022/04/08/kriegstag-44-von-der-leyen-verspricht-ukraine-in-kiew-raschen-eu-beitritt

Viktor Pintschuk: Warum Deutschland mehr tun muss, Frankfurter Allgemeine Zeitung, 15.4.2022, online abrufbar: https://www.faz.net/aktuell/politik/ausland/ukraine-krieg-warum-deutschland-mehr-tun-muss-17954907.html?premium

Claudia von Salzen/Georg Ismar: Melnyk macht den Ampel-Ministern schwere Vorwürfe, Der Tagesspiegel, 3.4.2022, online abrufbar: https://plus.tagesspiegel.de/politik/melnyk-macht-ampel-ministern-schwere-vorwurfe-habeck-ist-der-einzige-in-der-regierung-der-auf-meine-sms-antwortet-444910.html

Georg Ismar/Claudia von Salzen: Ukraine-Botschafter rechnet mit Steinmeier ab – und fordert mehr schwere Waffen, Der Tagesspiegel, 2.4.2022, online abrufbar: https://www.tagesspiegel.de/politik/andrij-melnyk-im-interview-ukraine-botschafter-rechnet-mit-steinmeier-ab-und-fordert-mehr-schwere-waffen/28222954.html

Anna Sauerbrey: Der Diplomat im Kampfeinsatz, Die Zeit, 7.4.2022, online abrufbar: https://www.zeit.de/2022/15/andrij-melnyk-botschafter-ukraine-krieg

Düsseldorfs Ex-Bürgermeister irritiert mit Aussagen zu Butscha, Der Tagesspiegel, 24.2.2022, online abrufbar: https://www.tagesspiegel.de/politik/es-reicht-herr-melnyk-duesseldorfs-ex-buergermeister-irritiert-mit-aussagen-zu-butscha/28275330.html

Patrick Reilly: »I need ammunition, not a ride«: Zelensky declines

US evacuation offer, New York Post, 26.2.2022, online abrufbar: https://nypost.com/2022/02/26/ukraine-president-volodymyr-zelensky-declines-us-evacuation-offer/

Wolodymyr Selenskyj, Rede im deutschen Bundestag, 17.3.2022, online abrufbar: https://www.bundestag.de/dokumente/textarchiv/2022/kw11-de-selenskyj-883826

Markus Wehner: Scholz' missverständlicher Satz zur ukrainischen Nation, Frankfurter Allgemeine Zeitung, 18.3.2022, online abrufbar: https://www.faz.net/aktuell/ukraine-konflikt/olaf-scholz-missverstaendlicher-satz-zur-ukrainischen-nation-17888992.html?premium

Und in Zukunft?

Jan Puhl: »Das war eine völlige Selbstüberschätzung«, Interview mit Janusz Reiter, Der Spiegel, 5.6.2022, online abrufbar: https://www.spiegel.de/ausland/polen-ex-botschafter-janusz-reiter-ueber-die-deutsche-russland-politik-a-e3ec3f00-fa5b-420e-8e42-8e3549462ce3?sara_ecid=soci_upd_KsBF0AFjflf0DZCxpPYDCQgO1dEMph

Damir Fras: Selenskyj will in die EU – doch das wird dauern, RedaktionsNetzwerk Deutschland, 28.2.2022, online abrufbar: https://www.rnd.de/politik/ukraine-in-der-eu-geht-das-und-wenn-ja-wann-X6LT7MTZ6FBRLJ46Q5TI2LMSM4.html

Ukraine gegen neues Minsker Abkommen, Forderung nach Raketenabwehr, Zeit Online, 15.6.2022, online abrufbar: https://www.zeit.de/politik/ausland/2022-06/ukraine-uebersicht-friedensvertrag-selenskyj-eu-gas-israel

Wladimir Putin, Rede am Vorabend des Internationalen Wirtschaftsforums in St. Petersburg, 9.6.2022, online abrufbar: http://kremlin.ru/events/president/news/68606

Kristina Dunz/Eva Quadbeck: »Jetzt bin ich frei«, RedaktionsNetzwerk Deutschland, 17.6.2022, online abrufbar: https://www.rnd.de/politik/interview-mit-angela-merkel-jetzt-bin-ich-frei-3XQDWM4EBFFLJG76ZSL47KWNAA.html

Michail Samus im Interview mit dem Nachrichtenportal Meduza, 3.6.2022, online abrufbar: https://meduza.io/feature/2022/06/03/s-nachala-voyny-proshlo-100-dney-chego-za-eto-vremya-dobilas-

rossiya-a-ukraina-k-chemu-idut-otnosheniya-kieva-s-zapadom-i-
kogda-mogut-vozobnovitsya-peregovory

Cathrin Gilbert: »Am 24. Februar begann der totale Krieg«, Interview
mit Wolodymyr Selenskyj, Zeit Online, 14.6.2022, online abrufbar:
https://www.zeit.de/2022/25/wolodymyr-selenskyj-ukraine-krieg-
europa

Wladimir Putin, Sitzung des Sicherheitsrates im Kreml, 21./22.2.2022,
online abrufbar: https://www.youtube.com/watch?v=_YRUlb_7T9o

CDU-Führung unzufrieden. Hinter der vordergründigen Verteidigung
der früheren Kanzlerin durch CDU-Generalsekretär Czaja verbirgt
sich Kritik, Frankfurter Allgemeine Zeitung, 11.4.2022, online
abrufbar: https://zeitung.faz.net/faz/seite-eins/2022-04-11/91019b2
c2b4fa0ae13fe39cedb932b5b/?GEPC=s9

Alle Weblinks gesehen: 24.6.2022

Dank

Über Deutschlands Verhältnis zur Ukraine ein Buch zu schreiben, war nicht meine Idee. Als Maike Nedo vom Ch. Links Verlag mit diesem Vorschlag an mich herantrat, war ich dennoch augenblicklich dazu bereit. Denn der Krieg hat eine Menge Frage aufgeworfen.

Dafür musste ein Buchprojekt verschoben werden, das ich mit meiner ukrainischen Freundin Valeriya Golovina begonnen hatte. Sie blieb eng an meiner Seite, wofür ich ihr sehr danke. Unser ursprüngliches Vorhaben setzen wir fort, sobald der Krieg vorbei ist.

Ausdrücklich danken möchte ich meinen Gesprächspartnern in der Ukraine, die sogar während des Krieges fast jederzeit ansprechbar waren. Serhij Kot leider nicht mehr, er starb in den ersten Kriegstagen. Professor Wolfgang Eichwede hat uns beide zusammengebracht und mir mit wertvollen Ratschlägen zur Seite gestanden.

Ein Buch während eines andauernden Krieges zu schreiben, ermöglicht zunächst eine Momentaufnahme. Vieles lässt sich nicht abschließend darstellen oder bewerten, was uns aber nicht an einem kritischen Blick zurück hindern muss.

Dass »Die Ukraine und wir« so schnell entstehen konnte, verdanke ich zuallererst meinem Mann Friedrich Schmidt. Er ist stets der erste Leser – zugewandt, aber nicht minder kritisch, immer ganz nah, und vor allem inspirierend. Meine Lektorin Maike Nedo lernte ich schätzen für ihre Aufgeschlossenheit, Neugier, Akribie und Geduld. Die Zusammenarbeit war eine Freude. Stephan Pauli ließ dankenswerterweise sein prüfendes Auge über die Seiten schweifen, ebenso beste Freundinnen und Freunde.

Bedanken möchte ich mich auch beim Deutschlandfunk, der das Projekt so wohlwollend unterstützte.